시간의 목소리

Bocas del Tiempo

Copyright © 2006 by Eduardo Galeano
All rights reserved

Korean translation copyright © 2008 by Humanitas Publishing Inc.
Korean translation rights arranged with Susan Bergholz Literary Services,
through EYA (Eric Yang Agency)

이 책의 한국어판 저작권은 EYA(Eric Yang Agency)를 통한 Susan Bergholz Literary Services 사와의
독점 계약으로 한국어 판권을 후마니타스(주)가 소유합니다.
저작권법에 의하여 한국 내에서 보호를 받는 저작물이므로 무단 전재와 복제를 금합니다.

시간의 목소리

1판1쇄 | 2011년 7월 25일
1판3쇄 | 2022년 2월 14일

지은이 | 에두아르도 갈레아노
옮긴이 | 김현균

펴낸이 | 정민용
편집장 | 안중철
책임편집 | 윤상훈
편집 | 강소영, 이진실, 최미정
표지 디자인 | 정재완

펴낸 곳 | 후마니타스(주)
등록 | 2002년 2월 19일 제2002-000481호
주소 | 서울 마포구 신촌로14안길 17, 2층 (04057)
전화 | 편집_02.739.9929/9930 영업_02.722.9960 팩스_0505.333.9960

블로그 | blog.naver.com/humabook
트위터, 페이스북, 인스타그램 | @humanitasbook
이메일 | humanitasbooks@gmail.com

인쇄 | 천일문화사_031.955.8303 제본 | 일진제책사_031.908.1407

값 13,000원

ISBN 978-89-6437-141-1 04870
978-89-6437-121-3 (세트)

이 도서의 국립중앙도서관 출판시도서목록(CIP)은 e-CIP홈페이지(http://www.nl.go.kr/ecip)와
국가자료공동목록시스템(http://www.nl.go.kr/kolisnet)에서 이용하실 수 있습니다.
(CIP제어번호: CIP2011002932)

시간의 목소리
Bocas del Tiempo
에두아르도 갈레아노
김현균 옮김

후마니타스

지은이 **에두아르도 갈레아노** Eduardo Galeano, 1940~2015

라틴아메리카를 대표하는 비판적 지식인이자 탁월한 이야기꾼.
우루과이 몬테비데오에서 태어났으며, 열네 살에 사회주의 성향의 주간지 『엘 솔』에 캐리커처를 그리면서 저널리즘의 길로 들어섰다. 그 후 주간지 『마르차』의 편집장(1961-64)과 좌파 일간지 『에포카』의 주간(1964-66)을 역임하면서 저널리스트로 두각을 보였다. 1973년 군사독재가 시작되면서 아르헨티나로 망명해 『크리시스』를 창간했고, 1976년 호르헤 비델라의 군사 쿠데타로 아르헨티나에서 이른바 '추악한 전쟁'이 시작되자 다시 스페인으로 망명했다. 1985년 우루과이의 군사독재가 막을 내린 뒤에는 몬테비데오에 거주하며 저술 활동에 전념했고 2015년 타계했다.
해박한 지식과 날카로운 통찰력이 돋보이는 많은 정치적 연대기를 펴냈으며, 특히 그를 고전 작가의 반열에 올린 에세이인 『라틴아메리카의 절개된 혈맥』(1971)은 20개 이상의 언어로 번역되어 건강한 세상을 꿈꾸는 세계의 젊은이들에게 널리 읽혀 왔다. 1980년대에는 라틴아메리카 대륙의 비극적 역사를 서사시적으로 서술한 대작인 『불의 기억』 3부작을 통해 독서 대중에게 필요한 정치서나 역사서의 전범을 보여 주었다. 그 뒤로도 저널리스트로서의 경험이 녹아 있는 문학적 글쓰기를 통해 독특한 자기만의 영역을 구축해 왔다. 활발한 저술 활동으로 카사 데 라스 아메리카스 상(1975, 1978), 미도서상(1989), 알로아 상(1993), 라난 재단의 문화자유상(1999) 등 국내외의 여러 상을 수상했다.
어린 시절 미술에 열정을 품었지만 능력에 한계가 있음을 깨닫고는 마음속 이미지를 글로 표현하는 데 전념했다는 갈레아노는 종종 자신의 저서를 직접 디자인하는 것으로도 유명하다. 페루의 카하마르카 지역에서 유래한 이름 없는 삽화들이 실려 있는 『시간의 목소리』 역시 그렇게 만들어졌다.

옮긴이 **김현균**
서울대학교 서어서문학과를 졸업하고 마드리드 대학에서 박사 학위를 받았다. 전공 분야는 라틴아메리카 현대문학이며, 현재 서울대학교 서어서문학과 교수로 있다. 『어둠을 뚫고 시가 내게로 왔다』, 『세계를 바꾼 현대 작가들』, 『스페인어권 명작의 이해』 등을 썼다. 『조금밖에 죽지 않은 오후』, 『너를 닮을 때 나는 삶을 연다』, 『네루다 시선』, 『봄에 부르는 가을 노래』, 『낭만적인 개들』, 『부적』, 『안트베르펜』, 『아메리카의 나치 문학』, 『휴전』, 『아디오스』, 『날 죽이지 말라고 말해줘!』 등 여러 라틴아메리카 작가의 시와 소설을 우리말로 옮겼다.

차례

시간이 말하다 13
여행 14
목격자들 15
녹색식물 16
발자국 17
시간의 유희 18
시간 너머의 시간 19
잃어버린 말들 20
병력病歷 21
결혼 제도 22
싸움과 말다툼 23
일곱 가지 중죄 24
밤의 지하실 25
윤리와 좋은 관습 26
물고기 27
새 28
큰뇌조 29
거미 30
뱀 31
내세의 삶 32
시간의 함정 33
한몸 34
입맞춤 35
세상에서 가장 나이 많은 남자 36
시간의 페이지 37
어머니 38
아버지 39
할머니 40
할아버지 41
분만 43
출생 44

세례 45
이름 46
생일 47
폭로 48
바람 49
태양 50
일식 51
밤 52
달 53
빛의 거주자들 54
모르간 55
레오 56
치치스터 경 57
페파 58
페레스 59
호기심 많은 사람들 60
유아의 불멸 지수 61
속삭임 62
나쁜 말 63
유익한 수업 64
규칙 65
건강 66
선생님 67
학생들 68
콘도르 69
노동력 70
보상 71
말 72
마지막 장난 73
표류하는 술병 74
물의 길 75

물 76
물의 주인들 77
상표 78
분수 79
호수 80
강 81
목소리들 82
홍수 83
달팽이 84
대홍수 85
그물 86
새우 87
저주 88
바다 89
응징 90
또 다른 응징 91
폭우 92
가뭄 93
사막 94
농부 95
친척들 96
가족 97
답례 98
포도 99
포도주 100
와인 바 101
맥주 102
금단의 열매 103
육체의 죄 104
짐승 사냥 105
육체의 모욕 106
다이어트 107
음식 108
살아 있는 자연 109
알몸을 드러낸 영혼 110
은행나무 111

살아 있는 역사 112
쿠신 113
기억하는 나무 114
기억하는 꽃 115
자카란다 나무 116
바나나 나무 117
녹색 대화 118
침묵의 숲 119
외로운 짐승들 120
후디니 121
개구리 122
씨앗 123
풀 124
치료하는 산 125
귀 기울이는 대지 126
말하는 화산 127
침묵하는 산 128
첫 수업 129
최후의 심판 130
시간의 지도 131
침묵 132
말 133
편지 134
편지들 135
우편배달부 137
독자 138
책 139
잉크 140
알파벳 수프 141
여자 이야기꾼 142
남자 이야기꾼 143
난파 144
신문 찬양 145
신문을 읽기 위한 지침 146
직업에서 성공하기 위한 지침 147
시대 흐름을 거슬러 148

모자 제조업자 149
모자 150
선택된 여인 151
파리 152
푸닥거리 153
기계 154
저주의 눈길 155
미로의 그림 감상 156
보지 않기 157
보기 158
관점 159
색깔 160
색깔 사전 161
황금방울새 162
왕 163
예술의 역사 164
돌의 기억 165
화가 166
사진사 167
조각가들 168
연 169
예술의 가격 170
최초의 음악 171
진보의 대가 172
피리 173
춤 174
북치기 175
피아노 176
오르간 178
전기 기사 179
가수 180
여가수 181
노래 182
또 하나의 노래 183
언어 184
민요 185

우상 186
영화 188
관객 189
텔레비전 190
극장 191
특별석 192
남배우 193
여배우 194
두 번의 박수갈채 195
5백 주년 코미디 196
백 주년 코미디 197
50주년 코미디 198
재단사 199
비행기 200
지도 없는 비행 201
비행에 대한 설명 202
기차 203
승객들 204
너 거기 있니? 205
교통사고 206
빨강, 노랑, 파랑 207
광고 208
거리 209
세계지도 210
거리距離 211
지리 212
지리학자 213
앨버트로스 214
태양을 따라 걷는 사람 215
항구 216
한 세기 전의 이민자들 217
세월의 비상 218
오늘의 이민자들 219
있었을지도 모를 역사 220
추방 221
작별 222

출발	223	도둑질과 강도짓	261
도착	224	흔히 있는 일	262
의식儀式	225	도둑맞은 기억	263
망명	226	돈으로 산 기억	264
망명자들	227	불에 탄 기억	265
시간의 교직	228	전통	266
발	229	선구자	267
예수의 길	230	또 한 명의 선구자	268
개미의 여정	232	롤 모델	269
연어의 길	233	첨단 기술	270
가난	234	세일	271
닫힌 문	235	마케팅	272
법률 수업	237	모범적인 은행가	273
의학 수업	238	정치경제학 수업	274
모성애	239	모범적인 노동자	275
어머니날	240	모범적인 여인	276
최신 패션	241	모범적인 선수	278
단서	242	대관식	279
증거	243	모범적인 조문객	280
변론	244	기적을 행한 죽은 여인	281
선고	245	인플레이션	282
감옥	246	모범적인 후보	283
처형	247	투표권과 거부권	284
초라한 장례	248	민주주의의 가격	285
호화로운 장례	249	문명과 야만	286
규율	250	세계시장	287
악惡	251	세계정부	288
선善	252	백인의 책무	289
프로	253	과학의 경이	290
또 한 명의 프로	254	관료주의의 경이	291
인생 성공법	255	주문呪文	292
거지들	256	아기 예수	293
작업복	257	명의名醫	294
강도로 돌변한 피해자	258	기적의 치료법	295
체포된 경찰	259	또 다른 기적의 치료법	296
말[言] 도둑	260	기적	297

기적에 감사드려요 298
저세상 299
성모聖母 300
다른 여인들 301
크리스마스이브 302
부활절 주일 304
두려움의 역사 305
명령의 기술 306
두려움의 해부 307
공포 308
도깨비 309
마술 피리 310
페스트 311
경계경보 312
여론 조작 313
두건을 쓴 남자 314
교수 315
풍차 316
메아리 317
수문장 318
상실 319
부재 320
조우 321
문 322
기억 323
틱 324
벌새 325
섹스 심벌 326

사자와 하이에나 327
박쥐 328
상어 329
수탉 330
암탉 331
비둘기들 332
영웅들 333
전사 334
불타는 대지 335
천둥치는 하늘 336
또 다른 전사들 337
새천년에 오신 것을 환영합니다 338
뉴스 339
글로벌 정보 340
무한 전쟁 341
객관적인 정보 342
지시 343
포병 344
또 한 명의 포병 345
그리고 또 한 명의 포병 346
시간의 무게 347
시간의 흐름 348
시간 349
고난의 시기 350
빛의 비상 351
도전 352
날들의 탄생 353

해설 354
찾아보기 359

일러두기

1. 한글 전용을 원칙으로 했다. 고유명사의 우리말 표기는 국립국어원의 외래어 표기법을 따랐다. 다만 관행적으로 굳어진 표기는 그대로 사용했으며, 필요한 경우 한자나 원어를 병기했다.
2. 본문에 사용한 대괄호([ ])와 하단의 설명주는 독자의 이해를 돕기 위해 옮긴이가 추가한 것이다.
3. 단행본, 정기간행물에는 겹낫표(『 』)를, 논문이나 시, 작품집 등에는 큰따옴표(" ")를, 공연물이나 TV 프로그램, 예술 작품에는 홑화살괄호(〈 〉)를 사용했다.

아직 흩어진 실들이었고 아직 천의 일부가 아니었을 때, 이 이야기들 중 일부는 일간지나 잡지에 발표되었다. 천을 짜는 과정에서 원작의 형태와 색깔이 바뀌었다.

* * *

이 책은 내가 몸소 겪었거나 들은 이야기들을 들려준다.
어떤 경우에는 이야기의 출처를 밝히고 있다. 언급하지 못한 많은 협조자들에게도 감사를 표하고 싶다.

* * *

페루의 카하마르카 지역의 미술 이미지들을 텍스트에 곁들인다. 이름 모를 손들에 의해 그려지고, 새겨지고, 조각된 이 작품들은 알프레도 미레스 오르티스Alfredo Mires Ortiz가 오랜 조사와 복구 작업을 통해 수집한 것들이다. 일부는 수천 년 된 것들이지만 마치 지난주에 제작된 것처럼 생생하다.

* * *

이해할 수 없는 습관이지만, 언제나 그랬던 것처럼, 엘레나 비야그라Helena Villagra는 매 순간 이 책과 함께했다. 그녀는 여기에 실린 이야기들을 공유했고, 한 쪽 한 쪽 읽고 또 읽었으며, 있는 말들을 가다듬고 불필요한 말들을 삭제하는 일을 도와주었다.
이해할 수 있는 습관이지만, 언제나 그랬던 것처럼, 이 책을 그녀에게 바친다.

EG
2003년 말, 몬테비데오

시간이 말하다

우리는 시간으로 빚어졌다.
우리는 시간의 발이며 시간의 입이다.
시간의 발은 우리의 발로 걷는다.
우리 모두가 알고 있듯이, 조만간 시간의 바람이 흔적들을 지울 것이다.
무無의 도정道程인가, 무명인無名人의 발자취인가? 시간의 목소리가 여행을 이야기한다.

여행

바르셀로나의 한 병원에서 신생아들을 담당하는 오리올 발은 인간의 최초의 몸짓은 포옹이라고 말한다. 세상에 나와 인생의 첫걸음을 내딛는 순간, 아기들은 마치 누군가를 찾는 것처럼 손을 흔든다.

이미 인생을 다 산 사람들을 담당하는 다른 의사들에 따르면, 노인들은 생의 마지막 순간에 팔을 들어 올리려고 안간힘을 쓰다가 죽는다고 한다.

이 문제에 대해 아무리 곰곰이 생각해 봐도, 또 제아무리 많은 말을 동원해도 사정은 그렇다. 모든 것은 단순히 이렇게 귀결된다. 더 설명할 것도 없이, 두 번의 날갯짓 사이에서 여행이 지나간다.

목격자들

교수와 신문기자가 정원을 거닐고 있다.
교수인 장-마리 펠트*가 걸음을 멈추고 손가락으로 가리키며 말한다.
"우리 할머니들을 소개해 드리죠."
신문기자 자크 지라르동은 쭈그리고 앉아, 풀잎 사이에서 모습을 드러낸 작은 공 모양의 거품을 찾아낸다.
미세한 남조류藍藻類의 서식지다. 습도가 높은 날이면 남조류가 모습을 드러낸다. 그것들은 뭉쳐 있으면 침 덩어리처럼 보인다. 신문기자는 코를 찡그린다. 이 같은 생명의 기원의 모습이 그다지 매력적이라고 할 수는 없겠지만, 다리나 뿌리, 지느러미 또는 날개를 가진 우리 모든 생물체는 그 더러운 타액에서 왔다.
태곳적, 세상이 색깔도 소리도 없는 유아기일 때도 남조류는 이미 존재하고 있었다. 산소를 배출하며 바다와 하늘에 색깔을 주었다. 그러던 어느 화창한 날, 수백만 년 동안 지속된 그 어느 날, 많은 남조류들은 녹조류가 되기로 했다. 녹조류는 이끼, 버섯, 곰팡이, 해파리 그리고 후에 우리 인간과 마찬가지로 바다와 육지를 온통 휘젓기 위해 아주 서서히 모든 색깔과 소리를 생성해 갔다.
그러나 다른 녹조류들은 오히려 원래의 모습대로 계속 남아 있기를 바랐다.
그래서 지금도 계속 그 상태로 있다.
그들은 까마득한 과거의 세계로부터 오늘의 세계를 바라본다.
그들이 어떻게 생각할지 우린 알지 못한다.

---
* Jean-Marie Pelt(1933~). 프랑스의 식물학자.

녹색식물

바다가 이미 바다였을 때, 육지는 아직 벌거벗은 바위에 지나지 않았다.

바다에서 온 이끼는 초원을 만들었다. 그들은 돌의 왕국을 침략해 정복하고 녹색으로 만들었다.

아득한 태곳적에 있었던 일이지만 아직도 계속되고 있다. 이끼는 얼어붙은 스텝 지대와 불타는 사막, 까마득한 산정山頂처럼 아무 것도 살지 않는 곳에 산다.

이끼는 조류藻類와 그 자식인 균류 사이의 결합이 지속되는 한 생존한다. 결합이 깨지면 이끼 역시 죽어 사라진다.

때로는 조류와 균류가 불화와 싸움으로 결별하기도 한다. 조류는 균류가 자신들을 가둬 놓고 햇빛을 보지 못하게 한다고 불평한다. 또 균류는 조류가 자신들에게, 물릴 정도로 밤낮없이 설탕을 너무 많이 먹인다고 투덜댄다.

발자국

　한 쌍의 남녀가 아프리카 동쪽에서 대초원을 가로질러 걸어가고 있었다. 그 사이에 우기가 시작되었다. 이미 직립보행을 하고 꼬리도 없었지만, 사실대로 말하자면, 그 여자와 그 남자는 아직 다분히 유인원처럼 보였다.
　지금은 사디만*이라고 불리는 가까운 화산이 입에서 재를 뿜어내고 있었다. 그때부터 재의 평원은 오랜 세월 두 사람의 발자국을 보존했다. 발자국은 잿빛 망토 아래에 손상되지 않은 본래 모습 그대로 남아 있었다. 오늘날 그 발자국들은 그 이브와 아담이 함께 걷다가 어느 지점에서 여자가 걸음을 멈추고 길을 벗어나 혼자 몇 걸음 걸어갔다는 것을 말해 준다. 그 후에 여자는 함께 걷던 길로 돌아왔다.
　가장 오래된 인류의 흔적은 의심의 표지를 남겼다.
　그 뒤로 몇 년의 세월이 흘렀다. 의심은 계속되고 있다.

● 탄자니아 북부에 있는 화산.

시간의 유희

한번은 두 친구가 그림 한 점을 감상하고 있었다고 한다. 작자를 알 수 없는 그 그림은 중국에서 온 것이었다. 꽃이 만발한 수확기의 들판이었다.

그중 한 친구는, 이유는 알 수 없지만, 바구니를 낀 채 양귀비를 따고 있는 그림 속의 많은 여자들 중에서 유독 한 여자에게 시선을 고정시키고 있었다. 풀어 헤친 그녀의 머리칼은 어깨 위에서 흩날렸다.

마침내 그녀도 그에게 눈길을 주었고, 들고 있던 바구니를 바닥에 떨어뜨렸다. 그녀는 두 팔을 뻗어 그를 데려갔다. 어떻게 데려갔는지는 알 수 없다.

그는 어딘지도 모르고 그녀의 손에 이끌려 갔고, 얼마간인지는 모르지만 그 여자와 함께 여러 날을 보냈다. 마침내 돌풍이 그를 그곳에서 떼어 내 원래 있던 곳으로 되돌려 보냈다. 그의 친구는 여전히 그림 앞에 꼼짝 않고 서있었다.

그 영원은 찰나와 같아서 친구는 그가 자리를 비운 것을 알지 못했을 정도였다. 그는 또한 그림 속에서 양귀비를 따서 바구니에 담고 있는 많은 여자들 중 한 명인 그 여자가 지금은 목뒤로 머리를 묶고 있다는 것도 눈치채지 못했다.

시간 너머의 시간

그는 유령들 중의 하나다. 생텔리* 사람들은 이 버려진 광산의 진흙 속에 빠져 계속 돌을 빻고 모래를 긁어내는 소수의 노인들을 그렇게 부른다. 이 광산에는 묘지가 없다. 죽은 사람들조차 머무르려 하지 않았기 때문이다.

반세기 전에 아주 먼 곳에서 온 이 광부는 카옌** 항에 도착해 약속의 땅을 찾아 내륙으로 깊이 들어갔다. 그 당시에는 이곳에 황금의 열매가 주렁주렁 열린 정원이 꽃을 피웠고, 운명이 원한다면, 황금은 굶어 죽어 가는 이방인을 누구나 받아들여 황금으로 퉁퉁하게 살찌운 다음 집으로 돌려보냈다.

운명은 원치 않았다. 이 광부는 옷이라고는 천 쪼가리로 아랫도리만 겨우 가리고 아무것도 먹지 못한 채 모기에 물어뜯기며 계속 이곳에 남아 있다. 그는 사나운 태양으로부터 그를 거의 지켜 주지 못하는, 자신보다 더 앙상한 나무 밑에서 상자 앞에 앉아 매일 모래를 휘저어 보지만 아무것도 찾지 못한다.

세바스치앙 사우가두***는 아무도 찾지 않는 이 폐광에 도착해 그의 옆에 앉는다. 황금 사냥꾼에게는 이빨이 하나밖에 남지 않았다. 그가 말을 할 때 컴컴한 입 속에서 반짝거리는 황금 이빨이다.

"내 마누라는 엄청 예쁘다오." 그가 말한다.

그는 알아보기 힘든, 헤지고 빛바랜 사진을 보여 준다.

"날 기다리고 있다오." 그가 말한다.

그녀는 스무 살이다.

반세기 전부터 세상 어느 곳에선가 그녀는 스무 살이었다.

---

* 남미 북동부에 위치한 프랑스 해외 주(州)인 프랑스령 기아나의 코뮌.
** 프랑스령 기아나의 수도.
*** Sebastião Salgado(1944~). 브라질 태생의 세계적인 다큐멘터리 사진작가.

잃어버린 말들

밤이면 아베우 지 알렝카르는 금지된 임무를 수행했다. 브라질리아의 한 사무실에 숨어서 매일 밤 안보 관련 군사 기밀 문서를 복사했다. 고문과 암살 기록이 담긴 보고서와 조서 카드, 서류 파일이었다.

3년간 몰래 일한 끝에 아베우는 백만 쪽 분량을 복사했다. 문서는 당시에 브라질 전체의 삶과 기적 위에 군림하는 절대 권력의 마지막 시기를 보내고 있던 독재의 실체를 거의 완벽히 보여 주었다.

어느 날 밤 아베우는 군사 문서를 펼치다가 편지 한 통을 발견했다. 15년 전에 쓰인 편지였지만, 편지에 찍힌 여자의 입술 자국은 그대로 남아 있었다.

그 이후로 그는 많은 편지를 발견했다. 각각의 편지는 주소지에 도착하지 않은 봉투와 함께 있었다.

그는 어찌할 바를 몰랐다. 이미 오랜 세월이 흐른 뒤였다. 잊힌 사람들과 죽은 사람들이 이제는 존재하지 않는 장소와 사람들 앞으로 보낸 그 메시지를 기다리는 사람은 아무도 없었다. 죽은 글자였다. 그러나 편지를 읽었을 때 아베우는 자신이 죄를 저지르고 있다고 느꼈다. 그는 그 말들을 문서 보관소의 감옥으로 돌려보낼 수 없었고, 편지지를 찢어 그 말들을 살해할 수도 없었다.

매일 밤 작업이 끝나면, 아베우는 발견한 편지를 봉투에 담아 새 우표를 붙인 다음 우체통에 넣었다.

병력病歷

그녀는 멀리서라도 그를 보면 언제나 심장박동이 빨라진다고 말했다.
곁눈질로라도 그가 자기를 쳐다보면 침이 마른다고 고백했다.
그가 인사에 화답하며 말을 건넬 때조차 땀으로 흥건해진다고 시인했다.
실수로라도 그가 자기 몸에 손을 대면 혈압이 심하게 요동친다고 인정했다.
그로 인해 어지럼증을 앓고 시야가 흐려지고 다리가 풀린다고 털어놓았다. 또 낮에는 끊임없이 실없는 소리를 지껄이고 밤이면 잠을 이루지 못한다고 했다.
"벌써 오래전 일이에요, 의사 선생님." 그녀가 말했다. "그 후론 그런 증세가 한 번도 없었어요."
의사가 눈썹을 치켰다.
"그 후론 그런 증세가 전혀 없었다고요?"
그렇게 말하고는 진단을 내렸다.
"상태가 심각합니다."

결혼 제도

카밀로 테체라 대위는 "하느님의 뜻이라면 좋은 아침", "하느님의 뜻이라면 내일 봅시다" 하는 식으로 늘 하느님이라는 말을 입에 달고 다녔다.
포병대 막사에 도착했을 때, 그는 하느님의 명에 따라 결혼한 병사가 단 한 명도 없으며 모두들 들판의 야수들처럼 뒤엉켜 시시덕거리며 죄 안에서 살고 있다는 것을 알았다.
주님을 욕되게 하는 망측한 짓을 끝장내기 위해 그는 트리니다드 시*에서 미사를 집전하는 사제를 부르도록 했다. 단 하루 만에 사제는 각자 짝을 지워 전 부대원들에게 대위와 성부와 성자와 성령의 이름으로 혼인성사를 베풀었다.
모든 병사들은 그 일요일부터 남편이 되었다.
월요일에 한 병사가 말했다.
"그 여자는 내 여자야."
그는 그녀를 쳐다보고 있던 한 동료의 배를 칼로 찔렀다.
화요일에 다른 병사가 말했다.
"따끔한 맛을 보여 주지."
그러고는 그에게 순종해야 할 의무가 있는 여자의 목덜미를 비틀었다.
수요일에는…….

---

* 볼리비아 옐베니 주의 주도(州都).

싸움과 말다툼

칠레의 산티아고 시내 어느 골목길에서 한 부랑자 노인이 밀수 담배를 팔고 있었다. 땅바닥에 주저앉아 병째 술을 벌컥벌컥 들이켰다. 나는 잠시 한담을 나누기 위해 걸음을 멈추었고, 급성 간경변증을 일으킬 것 같은 포도주를 한 모금 받아 마셨다.

그에게 담뱃값을 치르고 있을 때 회오리바람이 불어닥쳤다. 갑자기 파리들이 흩어졌고 포도주가 엎질러졌으며 작은 테이블이 날아갔다. 그리고 한 우악스러운 여인이 한 손으로 노인을 번쩍 들어 올렸다.

나는 바닥에 흩어진 물건을 줍기 시작했고, 그 사이에 부인은 허약한 노인을 흔들어 대며 고래고래 소리를 질렀다. "계집이나 밝히는 더러운 놈, 자기가 오입쟁이나 되는 줄 아는 놈, 철면피, 타락한 놈, 에바 년, 루시 년(노인이 그 이름을 더듬거리며 '난 그 여자를 알지도 못해.'라고 말했다), 파멜라 년 꽁무니나 따라다니는 놈('그 여자가 날 따라다닌 거야.'라며 그가 신음을 토해 냈다)." 융단폭격은 계속되었다. "넌 그 암말 같은 마르티타 년과 창녀 차리토 년, 베티 년, 파티 년과 뒹굴었어." 행인들은 인조 속눈썹을 붙이고 악어가죽 부츠를 신은 백금발 여인들이 줄줄이 나열돼도 전혀 관심을 보이지 않았다.

화가 치민 여자는 문제를 일으킨 장본인의 목덜미를 움켜잡고 벽으로 밀어붙였다. 그 사이에 그는 맹세의 말을 더듬거렸다. "당신이 내 유일한 여자야, 당신은 나의 대성당이고 다른 것들은 작은 예배에에당에 불과해." 마침내 그녀는 목 졸라 죽이려는 기세로 그를 바닥에 내동댕이쳤다. "내 눈앞에서 사라져." 그녀가 명령했다. "꺼져 버리라고, 다시는 내 눈앞에 얼씬거리지 마. 내 눈에 다시 띄는 날에는······."

그녀는 말없이 끔찍한 징벌을 선고했다. 성스러운 곳을 뚫어져라 노려보며 가윗날처럼 손가락을 벌려 허공을 잘랐다.

난 용감하게 자리를 떴다.

일곱 가지 중죄

    한 고해자가 고해성사실에서 무릎을 꿇고 탐욕과 폭식, 욕정, 태만, 시기, 교만, 분노의 죄를 저질렀다고 시인했다.
    "전 이제껏 고해성사를 받은 적이 없습니다. 사제 당신들이 저 자신보다 더 저의 죄를 즐기는 것을 원치 않았습니다. 그래서 탐욕에 빠져 저의 죄를 비밀로 간직했습니다."
    "폭식은? 고백컨대, 그녀를 처음 본 순간부터 산 채로 먹고 싶었습니다."
    "누군가에게 들어가서 안에서 길을 잃고 결코 다시 나오지 않으면 그게 욕정인가요?"
    "그 여자만이 절 게으르지 않게 만든 유일한 사람이었어요."
    "고백하자면 저 자신에게 질투를 느꼈습니다."
    "그다음에 그녀가 저라고 믿는 교만의 죄를 범했음을 고백합니다."
    "그리고 제가 저 자신을 보지 못하게 되었을 때 미칠 듯이 화가 치밀어 그 거울을 깨뜨리고 싶었습니다."

밤의 지하실

이 여자는 결코 입을 다물지 않았기 때문에, 그녀는 언제나 투덜댔기 때문에, 그녀는 늘 사소한 실수를 큰 문제로 확대했기 때문에, 그는 그녀를 위해 나귀처럼 일하는 데 지쳤고 게다가 이 따분한 여자와 그녀의 모든 친척들을 견디는 데 질렸기 때문에, 그는 침대에서 걸인처럼 애걸해야만 했기 때문에, 그녀가 다른 남자와 놀아나고도 요조숙녀 행세를 했기 때문에, 그녀는 어느 누구보다 큰 고통을 주었기 때문에, 그리고 그녀 없이 살 수도 그녀와 같이 살 수도 없기 때문에, 그는 마치 암탉에게 하듯 그녀의 목을 비틀지 않을 수 없었다.

이 남자는 결코 귀 기울여 듣지 않았기 때문에, 결코 그녀에게 관심을 보이지 않았기 때문에, 그에게 큰 문제는 죄다 사소한 실수였기 때문에, 그녀는 노새처럼 일하는 데 지쳤고 게다가 이 싸움꾼과 그의 모든 친척들을 견디는 데 질렸기 때문에, 침대에서 창녀처럼 순종해야 했기 때문에, 그가 다른 여자와 놀아나고 그 얘기를 동네방네 떠벌리고 다녔기 때문에, 그는 어느 누구보다 큰 고통을 주었기 때문에, 그리고 그 없이 살 수도 그와 같이 살 수도 없기 때문에, 그녀는 짐짝을 던지듯 10층에서 그를 밀어 버리지 않을 수 없었다.

그날 밤이 지나고 두 사람은 같이 아침 식사를 했다. 다른 때와 마찬가지로 라디오에서는 음악과 뉴스가 흘러나왔다. 어떤 뉴스도 그들의 관심을 끌지 못했다. 뉴스 프로그램은 꿈에 대해 이야기하지 않는다.

윤리와 좋은 관습

그들이 그녀를 방에 가두고 침대에 묶어 놓았다.
매일 한 남자가 들어갔는데, 언제나 같은 사람이었다.
몇 달 후 수감자가 임신을 했다.
그러자 그들은 그녀를 그 남자와 강제로 결혼시켰다.
교도관들은 경찰도 아니고 군인도 아니었다. 이 소녀의 아버지와 어머니였다. 실제로 어린아이에 가까운 소녀는 같은 반 여자 친구와 키스하고 서로 쓰다듬다 발각되어 체포되었다.
1994년 말, 짐바브웨에서 베브 클라크*가 그녀의 이야기를 들었다.

---

* Bev Clark. 짐바브웨의 활동가. 시민권·인권 신장을 위해 관련된 정보를 일반 시민에게 공개하는 활동을 하고 있으며, LGBT(레즈비언·게이·양성애자·트랜스젠더를 집합적으로 지칭하는 축약어) 운동을 짐바브웨에서 최초로 주도한 인물이기도 하다.

물고기

 남성일까, 혹은 여성일까? 아니면 남성이면서 여성일까? 혹 때로는 남성이 여성이고, 때로는 여성이 남성일까? 깊은 바닷속에서는 결코 알 수 없다.
 농어와 다른 물고기들은 외과 수술 없이도 성을 전환하는 솜씨가 뛰어나다. 누워서 떡 먹듯이 쉽게 암컷은 수컷이 되고 수컷은 암컷으로 변한다. 누구도 자연 혹은 신의 법칙을 거스른다는 이유로 비난받지도 또 조롱의 대상이 되지도 않는다.

새

지푸라기와 작은 나뭇가지로 지은 집은 그 집에 사는 거주자보다 훨씬 더 크다.

가시투성이 덤불 속에 집을 짓는 데는 2주일이면 족하다. 그러나 그 집을 꾸미는 데는 오랜 시간이 걸리고 품도 많이 든다.

똑같이 생긴 집은 없다. 딸기를 짓이겨 만든 물감으로 각자 원하는 대로 색칠을 하고 각자 자기 식으로 장식한다. 집 주변은 산이나 인근 마을의 쓰레기통에서 가져온 보물로 말끔하게 단장한다. 작은 돌멩이와 꽃, 달팽이 껍질, 풀과 이끼가 조화롭게 배치되고, 맥주병 뚜껑과 작은 색유리 조각들 — 특히 푸른색을 선호한다 — 로는 바닥에 반지나 부채를 그린다. 매일매일의 빛을 가장 잘 받게 할 장소를 찾을 때까지 수없이 사물들의 위치를 바꾼다.

무슨 이유에선지 이 새들은 '카세리토스'*라고 불린다. 그들은 대양주(오세아니아)의 섬들을 통틀어 가장 현란한 건축가들이다.

집과 정원을 다 짓고 나면 새들은 각자 기다린다. 노래하며 암컷들이 지나가기를 기다린다. 어떤 암컷이 날갯짓을 멈추고 그의 작품을 보기를. 그리고 자기를 선택하기를 기다린다.

* caseritos. 스페인어로 '텃새'를 뜻한다.

큰뇌조

겨울이 가고, 마녀와 부엉이가 사는 아스투리아스*의 너도밤나무 숲에 차가운 안개가 걷혔다.

그때 야생 닭인 큰뇌조가 가지에서 노래한다. 수컷은 암컷을 부르고 암컷은 쫓아간다. 아직 어두운데 무대에서는 흥겨운 춤판이 벌어진다. 빨간 눈가리개와 하얀 부리, 검은 턱수염. 수컷 큰뇌조와 암컷 큰뇌조는 가면을 쓰고 카니발을 즐기는 사람들처럼 몸을 흔든다.

사냥꾼들이 손가락을 방아쇠에 갖다 대고 숲에 웅크리고 있다.

일체의 위험에서 안전한 은닉처에 살기 때문에 큰뇌조를 잡기란 매우 어렵다. 그러나 사냥꾼들은 이 축제와 짝짓기 춤이 계속되는 동안 그들이 눈멀고 귀먹는다는 것을 알고 있다.

---

* 스페인 북서부의 비스카야 만(灣)에 면한 자치 지방.

거미

한 발 한 발, 한 줄 한 줄, 수컷 거미가 천천히 암컷에게 다가간다.
거미줄로 하프를 타듯 암컷에게 음악을 들려주고 그녀를 위해 춤을 춘다. 그러고는 혼절할 때까지 서서히 암컷의 벨벳 같은 몸을 애무해 간다.
그런데, 여덟 개의 팔로 포옹하기 전에 수컷은 암컷을 거미줄로 말아서 꽉 묶는다. 묶어 놓지 않으면 사랑을 나눈 뒤에 암컷이 수컷을 집어삼키기 때문이다.
수컷은 이런 암컷의 습관이 전혀 달갑지 않다. 그래서 사랑을 나눈 뒤에는 사라진다. 잠자리만으로는 만족하지 못한 포로가 거미줄에서 풀려나 음식을 요구하기 전에.
누가 수컷 거미의 마음을 이해할까? 그는 죽지 않고 사랑을 나눌 수 있었고 그 위업을 달성하기 위해 술수를 썼다. 그리고 원한에 찬 분노를 피해 무사히 달아난 지금, 암컷을 그리워한다.

뱀

숯불이 타오르고 초리소*에서는 즙이 흘러나왔다. 또 황금빛 살코기에서는 파멸의 향기가 풍겼다. 깊은 미나스 산맥**에 있는 커다란 돌집 앞에서, 돈*** 베난시오는 도시에서 온 친구들에게 구운 고기를 대접하고 있었다.
  먹기 시작할 찰나에 꼬맹이 막내아들이 말했다.
  "집에 독사가 한 마리 있어."
  몽둥이를 집어 들며 아들이 물었다.
  "제가 죽여도 돼요?"
  허락이 내려졌다.
  그 뒤에 돈 베난시오가 들어가서 일이 잘 되었음을 확인했다. 몽둥이로 때려서 납작해진 머리에서는 아직도 노란 십자가 모양이 어렴풋이 보였다. 2미터, 아니 3미터쯤 되는 살무사로 매우 큰 놈이었다.
  돈 베난시오는 아들을 칭찬하며 구운 고기를 건네준 다음 자리에 앉았다. 푸짐한 포도주를 곁들인 연회는 여러 번 반복되며 오래 계속되었다.
  마침내 돈 베난시오가 도살자를 위해 건배했고, 그에게 뱀 가죽을 전리품으로 주겠다고 말하며 모든 사람들에게 와서 보라고 청했다.
  "보러 갑시다. 그 썩을 놈이 엄청 커요."
  그러나 집 안에 들어갔을 때 뱀은 없었다.
  돈 베난시오는 입 속으로 투덜거리며 더럽게 엿 같다고 말했다.
  "뱀의 친구가 동굴로 가져가 버렸어."
  그는 언제나 그렇다고 말했다. 수컷이든 암컷이든, 암뱀이든 수뱀이든 언제나 누군가가 사체를 찾으러 온다고 말했다.
  그때 모두 테이블로 돌아가 포도주를 마시며 잡담과 재담을 나눴다.
  한 사람만 남았다. 내게 이 이야기를 해준 피니오 웅헤르펠드****는 발걸음을 떼지 못한 채 바닥에 말라붙은 검은 얼룩을 응시하면서 그 집 안에 오래 머물렀다.

• 돼지고기, 소금, 빨간 피망 다진 것 등을 넣어 순대처럼 만든 스페인식 소시지.
•• 과테말라 남동부 베라파스 주에 있는 산맥.
••• Don. 스페인어로 남자 이름 앞에 붙이는 경칭.
•••• Pinio Ungerfeld. 환경 운동가. 이 책 261쪽에 나온 포스터를 붙인 사람이기도 하다.

내세의 삶

태양이 삼나무 뒤로 숨고 있을 때, 아우로라 멜로니가 산 안토니오 데 아레코* 공동묘지에 도착한다. 사람들이 그녀에게 전화를 했던 것이다.
"우린 공간이 필요합니다. 이해하시겠지만, 많은 사람들이 죽고 있습니다."
한 직원이 그녀에게 말한다.
"반갑습니다, 부인. 3백 페소입니다. 받으세요."
그러고는 그녀에게 쓰레기봉투 같은 비닐봉지를 건넨다.
초대형 승용차가 그녀를 기다리고 있다.
모자부터 구두까지 온통 검정색으로 차려 입은 운전기사는 말없이 차를 몬다.
그녀는 그런 침묵에 감사한다.
차창 밖으로 세상이 흘러간다. 공터에서 아이들 몇이 축구를 하고 있다. 아우로라는 그런 기만적인 행복을 견디지 못하고 얼굴을 돌린다. 그녀는 운전기사의 목덜미를 바라본다. 바닥에 놓인 봉지에는 눈길을 주지 않는다.
이 비닐봉지 안에는 누가 있을까? 다니엘일까? 몬테비데오**의 시장에서 그녀와 함께 수제 치즈와 밀크잼을 팔던 그 소년? 세상을 바꾸겠다고 맹세했다가 몸에 서른여섯 발의 총알을 맞고 이런 길에서 객사한 그 사람? 모든 것이 그토록 잠시만 지속될 뿐이라고 왜 아무도 그들에게 알려 주지 않았을까? 말해지지 않은 말들은 어디에 있을까? 행하지 않은 것들은 어디에 있나?
총을 쏜, 제복 입은 살인자들은 아직도 그 자리에 있다. 그러나 그녀는 어디에 있나? 그녀는 한없이 길고 괴상하게 장식된, 이 빌린 영구차 안에 있나? 입술을 깨물고 바늘이 눈을 찌르는 것처럼 아파하는 이 여자가 바로 그녀인가? 이것은 자동차일까? 아니면 언젠가 그녀를 태운 채 궤도를 이탈해 어디로도 그녀를 데려가지 못한 그 유령 열차일까?

---

* 아르헨티나 부에노스아이레스 북쪽에 있는 산 안토니오 데 아레코 주의 주도.
** 우루과이의 수도인 항구도시.

시간의 함정

그녀는 침대에 웅크리고 앉아 그를 천천히 응시했고, 그의 반점과 땀구멍을 유심히 살피듯이 머리끝에서 발끝까지 그의 벗은 몸을 훑어보았다. 그리고 말했다.
"내가 유일하게 바꿀 것은 당신의 주소뿐이야."
그때부터 그들은 함께 살았고 함께 지냈다. 아침 식사 때 서로 신문을 먼저 보려고 티격태격하며 즐거워했다. 또 새로운 메뉴를 만들어 음식을 마련했고 서로 엉켜서 잠을 잤다.
이제 그녀가 없어 수족이 잘린 이 남자는 그녀의 과거 모습을 회상하려고 애쓴다. 과거의 그녀였던 많은 여자들 모두가 제각각 고유한 기품과 힘을 갖고 있었다. 왜냐하면 그녀는 틈만 나면 다시 태어나는 놀라운 습관의 소유자였기 때문이다.
그러나 뜻대로 되지 않았다. 기억은 거부한다. 기억은 그녀 없는 그 차가운 육체, 한때 그녀였던 그 많은 여자들이 비어 있는 육체만을 돌려줄 뿐이다.

한몸

　그들은 흰 지팡이와 몇 모금의 물에 의지해 틀라케파케*의 좁은 거리를 힘겹게 걸어갔다.
　금방이라도 넘어질 것처럼 보였지만 넘어지지 않았다. 그녀가 넘어질 듯하면 그가 부축해 주었고, 그가 비틀거리면 그녀가 똑바로 세워 주었다. 그들은 이중주로 걸었고 이중창으로 노래했다. 그들은 언제나 건물 사이의 그늘진 장소에서 걸음을 멈추고, 사랑과 전쟁을 노래하는 멕시코의 옛 코리도**를 애끓는 목소리로 노래했다. 장단을 맞추려고 악기를 사용하기도 했다. 잘 기억나지 않지만 아마도 기타였을 것이다. 그들은 노래와 노래 사이에 사기그릇을 흔들었고 마음씨 좋은 관객들이 동전을 던져 주었다.
　그러고 나서 자리를 떴다. 지팡이를 앞세우고 뙤약볕 아래서 인파를 헤치고 멀리 사라졌다. 누더기 차림에 한몸처럼 꼭 붙어서 흔들리는 세상 속을 비틀거리며 걸어갔다.

---

* 멕시코 중서부 할리스코 주에 있는 도시.
** 이야기 형식으로 전개되는 가사 중심의 멕시코 노래.

입맞춤

안토니오 푸히아*는 평생 동안 구입해 온 카라라**의 대리석 석재 중에서 하나를 임의로 골랐다.

그것은 비석이었다. 어딘지 모르지만 어느 무덤에서 왔을 것이다. 그 비석이 어떻게 그의 작업실까지 오게 되었는지는 알 길이 없었다.

안토니오는 비석을 받침대 위에 눕혀 놓고 작업을 하기 시작했다. 어떻게 조각하면 좋을지 모종의 아이디어가 있었을 것이다. 아니면 아이디어가 전혀 없었을 수도 있다. 그는 먼저 남자의 이름과 생몰 연도가 적힌 비문碑文을 지우기 시작했다.

그다음에 정이 대리석을 파고들었다. 그런데 안토니오는 돌 속에서 그를 기다리고 있는 놀라운 사실을 발견했다. 대리석의 결이 두 개의 얼굴이 한 덩어리가 된 형상을 하고 있었다. 두 옆얼굴이 마주보며 하나로 합쳐진 것처럼 코와 입이 서로 붙어 있었다.

조각가는 돌에 순응했다. 그는 돌에 담긴 만남이 드러날 때까지 돌을 조심스럽게 파갔다.

이튿날 그는 작업이 끝났다고 생각했다. 그런데 조각품을 들어 올렸을 때, 전에는 눈에 띄지 않았던 것이 보였다. 비석 뒷면에 여자의 이름과 생몰 연도가 적힌 또 다른 비문이 있었다.

---

* Antonio Pujía(1929~). 아르헨티나의 조각가.
** 이탈리아의 대표적인 대리석 광산으로 세계에서 규모가 가장 크며, 대리석의 품질 또한 뛰어나다.

세상에서 가장 나이 많은 남자

여름이었다. 물고기 떼의 철이었다. 돈 프란시스코 바리오스누에보가 그곳에 정착한 이후 헤아릴 수 없이 많은 여름이 지나갔다. "그는 세월을 먹는 사람이에요." 이웃 여자가 말했다. "거북들보다도 나이가 더 많아요."

이웃집 여자는 칼로 물고기의 비늘을 긁어냈고 파리들은 향연饗宴 앞에서 다리를 비볐으며, 돈 프란시스코는 구아바 주스를 마셨다. 먼 곳에서 온 구스타보 타티스*가 그의 귀에 대고 물었다.

평온한 세계, 평온한 대기. 늪지에 묻힌 마하구알** 마을의 다른 사람들은 모두 낮잠을 자고 있었다.

구스타보는 그의 첫사랑에 대해 물었다. 똑같은 질문을 여러 번 반복해야 했다. 첫사랑, 첫사랑이요, 첫사랑 말이에요. 노인은 손으로 귀를 동그랗게 감쌌다.

"뭐라고? 뭐라는 거여?"

그러고는 마침내 말한다.

"아, 그려."

노인은 흔들의자에 몸을 맡긴 채 얼굴을 찡그리고 눈을 감았다.

"내 첫사랑은……."

구스타보는 기다렸다. 기억이 낡은 돛단배처럼 여행하는 동안, 그리고 기억이 충돌하고 침몰하고 사라지는 동안 그는 기다렸다. 1세기가 훨씬 넘는 항해였다. 기억의 바다에는 안개가 짙게 끼어 있었다. 돈 프란시스코는 자글자글한 주름으로 구겨지고 오므라든 얼굴로 그의 첫사랑을 찾아갔다. 구스타보는 다른 쪽으로 시선을 돌리고 기다렸다.

마침내 돈 프란시스코가 비밀스럽게 속삭이듯 말했다. "이사벨."

그는 지팡이를 짚고 자리에서 일어나더니 수탉처럼 솟아올라 울부짖었다.

"이사베에에에에에에에엘!"

---

* Gustavo Tatis(1961~). 콜롬비아의 작가·저널리스트.
** 콜롬비아 북부 수크레 주에 속해 있다.

시간의 페이지

"언제예요?" 그녀는 묻곤 했다. "언제냐고요?"
일주일에 한 번, 미겔 미글리오니코는 그녀의 집 앞을 지나갔다. 도냐 엘비리타는 언제나 현관 버드나무 안락의자에 꼼짝 않고 앉아 거리를 바라보고 있었다. 그녀는 그의 부인의 임신에 대한 질문을 퍼부었다.
"예정일이 언제예요?"
그리고 미겔은 되풀이했다. "6월이요."
도냐 엘비리타는 하얀 옷차림에 언제나 흰머리를 단정하게 빗고 매우 정숙한 모습으로 평화를, 시간의 위엄을 발산하고 있었다. 그리고 그에게 충고했다.
"부인의 배를 만져 줘요. 행운을 가져다준다오."
"젖이 잘 나오게 맥아가 든 우유나 흑맥주를 마시게 해요."
"아무리 변덕을 부려도 뭐든 원하는 대로 해줘요. 여자가 하고 싶은 걸 못하면 반점이 있는 아이가 태어난다오."
금요일마다 도냐 엘비리타는 미겔이 오기를 기다렸다. 장밋빛 연기처럼 그녀의 몸을 감싸고 있는 피부는 호기심으로 돌출된 실핏줄들이 투명하게 비쳐 보였다.
"배는 끝이 뾰족한가요? 그럼 틀림없이 사내아이예요."
차가운 남풍*이 불었고, 가을은 몬테비데오의 거리에서 물러가고 있었다.
"이제 곧 출산이지요? 그렇죠?"
어느 날 오후, 미겔이 부리나케 지나갔다.
"의사 말로는 시간문제래요. 오늘내일한다네요."
도냐 엘비리타는 눈을 동그랗게 떴다.
"벌써요?"
다음 금요일에 버드나무 의자는 텅 비어 있었다. 도냐 엘비리타는 1980년 6월 17일에 사망했다. 그 시각에 미글리오니코 씨 집에서는 마르틴**이라는 사내아이가 태어났다.

---

* 우루과이에서는 순다라고 불리는 온난 건조한 북풍과 팜페로라고 하는 한랭한 남풍이 교대로 불어 일기가 급변하기도 한다.
** Leonardo Martín Migliónico(1980~). 우루과이 출신 축구 선수.

어머니

아디다스 운동화 한 짝,
서명이 희미하게 남은 연애편지 한 통,
조화가 꽂혀 있는 작은 화병 열 개,
형형색색의 풍선 일곱 개,
아이라이너 한 개,
립스틱 한 개,
장갑 한 짝,
모자 한 개,
앨런 래드*가 찍힌 오래된 사진 한 장,
닌자 거북이 인형 세 개,
동화책 한 권,
마라카스** 한 개,
머리빗 열네 개
그리고 장난감 자동차 몇 개가 아베야네다*** 지구 근처에 살면서 도둑질을 하는 한 암고양이의 전리품의 일부다.
암고양이는 평평한 지붕과 처마돌림에서 미끄러져 가며 아들을 위해 그것들을 훔친다. 불구인 아들은 부정하게 얻은 그 선물들에 둘러싸여 살아간다.

---

* Alan Ladd(1913~64). 미국의 영화배우.
** 라틴아메리카 음악에서 쓰이는 리듬 악기. 마라카의 열매 속을 파낸 뒤 말려 그 속에 말린 씨를 넣은 것으로, 흔들어서 소리를 내며 고음과 저음을 내는 두 개를 한 짝으로 쓴다.
*** 아르헨티나 부에노스아이레스 외곽에 있는 상공업 도시.

아버지

베라*는 학교를 빠지고 온종일 집에 틀어박혀 있었다. 해가 질 무렵, 그녀는 아버지 앞으로 편지를 썼다. 베라의 아버지는 많이 편찮으셔서 병원에 계셨다. 그녀는 이렇게 썼다.
"아빠, 자신을 사랑하세요, 자신을 돌보세요, 자신을 지키세요, 응석을 부려요, 자신을 안쓰럽게 여기세요, 자신을 사랑하세요, 자신을 아끼세요, 즐기며 사세요. 아빠, 사랑해요, 아빠를 돌봐드릴게요, 아빠를 지켜드릴게요, 아빠의 응석을 받아드릴게요, 아빠를 안쓰럽게 여길게요, 아빠를 사랑할게요, 아빠를 즐겁게 해드릴게요."
엑토르 카르네발레는 며칠을 더 버텼다. 그러고는 베개 밑에 딸의 편지를 두고 잠을 자다 세상을 떠났다.

---
* Vera Carnevale. 아르헨티나의 여배우.

할머니

산을 바라볼 때, 미리암 미게스는 시선으로 그 산을 가로질러 세상의 저편으로 들어가고 싶어 한다. 자신의 유년 시절을 바라볼 때, 그녀는 또한 시선으로 흘러간 세월을 가로질러 시간의 저편으로 들어가고 싶어 한다.

시간의 저편에는 할머니가 계신다.

할머니는 코르도바에 있던 집에 비밀 상자 몇 개를 감춰 두곤 했다. 이따금 미리암과 단 둘이 있고 누군가 불청객이 들이닥칠 위험이 없을 때면, 할머니는 보물 상자를 반쯤 열어 손녀가 안을 들여다볼 수 있게 했다.

그 스팽글,* 작은 메달, 새의 깃털, 오래된 열쇠, 뜨개바늘, 색 리본, 마른 나뭇잎 그리고 잡지 스크랩은 대수롭지 않아 보였다. 그러나 그 물건들의 진정한 가치는 두 사람만이 알고 있었다.

할머니가 돌아가셨을 때 그것들도 모두 사라졌다. 아마도 불태워졌거나 쓰레기통에 던져졌을 것이다.

지금 미리암은 자신의 비밀 상자들을 가지고 있다. 이따금씩 그것들을 열어 본다.

---

* 옷에 장식으로 붙이는 반짝거리는 얇은 조각.

할아버지

지질학자들이 코르타데라라는 작은 구리 광산의 유적을 찾고 있었다. 그 광산은 한때 존재했지만 이제는 지도 어디에서도 찾을 수 없었다.

세리요스 마을에서 누군가가 그들에게 말했다.

"그건 아무도 몰라요. 혹시 오노리오 노인이 알지 모르겠네요."

포도주와 지병에 찌든 돈 오노리오는 작은 접침상에 누워서 지질학자들을 맞았다. 그들은 노인을 설득시키느라 애를 먹었다. '그럴 거야, 몰라, 곧 알게 되겠지'라는 말과 함께 술 몇 병과 담배 여러 개비가 오간 뒤에야 노인은 이튿날 그들과 동행하는 데 동의했다.

노인은 실랑이를 하느라 기진맥진한 상태로 길을 떠났다.

처음엔 행렬의 뒤쪽에 처져서 걸었다. 노인은 도움을 받아들이지 않았기에, 그들은 노인이 따라오기를 기다려야 했다. 그는 힘겹게 말라붙은 강바닥까지 다다를 수 있었다.

그다음에 걸음걸이가 조금씩 안정되었다. 협곡을 따라 걷고 돌밭을 가로지르며 그의 구부정한 몸은 꼿꼿해져 갔다.

"저기야! 저기!" 그가 방향을 가리켰다. 오랫동안 잃어버렸던 장소들을 알아보았을 때 그의 목소리는 활기가 넘쳤다.

꼬박 하루 동안 하이킹을 한 끝에, 출발할 때 입을 굳게 다물었던 돈 오노리오는 어느새 일행 중에서 가장 수다스러운 사람으로 변해 있었다. 그는 언덕을 오르고 세월을 거슬러 오르고 있었다. 또 계곡으로 내려갔을 때는 녹초가 된 젊은이들을 제치고 앞서 걸었다.

그는 하늘의 별을 올려다보며 잠을 잤다. 아침에는 맨 먼저 일어났다. 그는 어서 빨리 광산에 도착하려는 다급한 마음에 길을 벗어나지도 한눈을 팔지도 않았다.

"저게 쇄석기고 저건 굴착기야." 그가 가리켰다. 추호의 망설임도 없이 갱도 입구와 최고의 광맥을 자랑하던 곳들, 한때 기계였던 녹슨 쇠, 집터였던 폐허 그리고 당시에 샘이었던 메마른 땅을 정확히 찾아냈다. 돈 오노리오는 각 지점과 각각의 물체들 앞에서 이야기를 하나씩 들려주었고, 각각의 이야기에는 사람들과 웃음이 가득 넘쳤다.

마을로 돌아왔을 때, 그는 손자들보다도 한층 젊어져 있었다.

분만

동틀 무렵, 도냐 토타는 라누스* 지구의 한 병원에 도착했다. 그녀는 뱃속에 사내아이를 품고 있었다. 병원 입구에서 그녀는 바닥에 떨어져 있는 브로치 모양의 별 하나를 발견했다.

한쪽은 반짝였고 다른 한쪽은 그렇지 않았다. 별이 땅에 떨어져 흙 속에 처박힐 때면 언제나 그런 일이 일어난다. 한쪽은 은이어서 세상의 어둠을 몰아내며 눈부시게 반짝이지만, 다른 한쪽은 단지 양철일 뿐이다.

분만을 하는 동안 도냐 토타는 은과 양철로 된 그 별을 손에 꼭 쥐고 있었다.

신생아의 이름은 디에고 아르만도 마라도나였다.

---

* 아르헨티나 부에노스아이레스 주의 도시.

출생

리우데자네이루의 가장 으리으리한 구역에 위치한 공공 병원은 매일 천 명의 환자를 받았다. 환자들은 하나같이 가난하거나 극빈자들이었다.
한 당직 의사가 후안 베도이안*에게 말했다.
"지난주에 두 명의 갓난아기 중에서 한 명을 선택해야만 했어요. 이곳엔 인공호흡기가 하나밖에 없거든요. 두 영아 모두 동시에 빈사 상태로 태어났고, 난 둘 중에서 누가 살아남을지 결정해야만 했지요."
'이건 내가 아니라 하느님께서 결정하실 일이야.'라고 의사는 생각했다.
그러나 하느님은 아무 말이 없었다.
누구를 선택하든 의사는 하나의 죄를 범하게 되는 상황이었다. 그러나 손을 놓고 있으면 두 개의 죄를 저지르는 셈이었다.
머뭇거릴 시간이 없었다. 갓난아기들은 거의 숨이 끊어져 가고 있었다.
의사는 눈을 감았다. 한 아기는 죽음을, 그리고 다른 아기는 삶을 선고받았다.

---

* Juan Bedoian. 아르헨티나의 저널리스트. 『클라린』(*Clarín*)의 편집장이다.

세례

사나운 폭풍이 부에노스아이레스 시를 강타하고 있었다.
아버지는 아기를 어머니 품에서 잡아채 지붕으로 데려갔다. 그리고 차가운 빗속에서 아기를 알몸인 채로 높이 들어 올렸다. 그는 번갯불이 번쩍이는 가운데, 아기를 바쳤다.
"내 아들아, 하늘의 물이 너에게 축복을 내리길."
아무도 어찌된 영문인지 몰랐지만, 갓난아기는 폐렴으로 죽지 않고 목숨을 구했다.
또한 그는 '데스칸소 도미니칼'*이라는 이름으로 불리는 것을 피할 수 있었다. 가난한 아나키스트 시인이었던 아버지는 늘 경찰과 빚쟁이들에 쫓기는 신세였는데, 최근에 있었던 노동자들의 승리**를 기리는 의미에서 아기에게 그 이름을 지어 주길 바랐지만 시 등기소에서 받아들이지 않았다. 그러자 가난한 아나키스트 시인들로 늘 경찰과 빚쟁이들에 쫓기는 신세인 친구들이 모여 이 문제를 놓고 의논했다. 그들은 아이가 문학을 할 운명을 타고났으므로 로마 시인 카툴루스***의 이름을 따서 카툴로로 불려야 마땅하다고 결정했다.
호적에는 강세 부호를 붙여 카툴로 카스티요****로 올렸다. 그는 훗날 〈마지막 만취〉La última curda를 비롯해, 모자를 벗고 일어서서 경청할 만큼 훌륭한 여러 탱고 곡을 썼다.

---

* Descanso Dominical. 스페인어로 '일요일 휴무'라는 뜻이다.
** 노동운동의 주된 요구 사항의 하나였던 '일요일 휴무' 쟁취를 의미하는 것으로 보인다.
*** Gaius Valerius Catullus(BC 84?~BC 54?). 고대 로마에서 가장 뛰어난 서정 시인으로 꼽히며, 사랑과 증오를 읊었다.
**** Cátulo Castillo(1906~1975). 아르헨티나의 시인·탱고 작곡가.

이름

세로 차토* 마을에는 낮은 언덕도 뾰족한 언덕도 결코 없었다. 그러나 하비에르 세바요스는 유년 시절 세로 차토에 세 명의 경찰관과 세 명의 재판관, 그리고 세 명의 독토르[박사]**가 있었던 것으로 기억한다.

그들 중 시내에 살았던 한 사람은, 심부름을 시킬 때 나침반 같은 존재였다. 하비에르의 엄마는 이렇게 길을 일러 주곤 했다.

"독토르 갈라르사 집에서 두 블록 더 내려가거라."

"그건 독토르 갈라르사의 집 근처에 있다."

"독토르 갈라르사의 집 모퉁이에 있는 약국에 가거라."

하비에르는 걸어서 그곳을 지나가곤 했다. 낮이든 밤이든 어느 시각에 지나가도 독토르 갈라르사는 언제나 손에 마테차※가 담긴 잔을 들고 자기 집 현관에 앉아 "굿 모닝, 독토르", "굿 애프터 눈, 독토르", "굿 이브닝, 독토르"와 같은 이웃 사람들의 인사에 공손하게 응답하고 있었다.

이제 성인이 되었을 때, 하비에르는 독토르 갈라르사가 왜 진료소도 법률사무소도 가지고 있지 않은지 물어봐야겠다는 생각이 들었다. 그리고 그제야 그는 깨달았다. 그 남자는 진짜 박사가 아니었고 독토르는 그의 이름이었다. 호적에 이름은 독토르이고 성은 갈라르사라고 기록되어 있었다.

그의 아버지는 아들이 학위를 받기를 간절히 원했지만, 그를 신뢰할 수는 없었던 것이다.

---

* Cerro Chato. 우루과이 중부의 소도시. 스페인어로 '납작한 언덕'이라는 뜻이다.
** doctor. 스페인어 '독토르'는 박사나 의사를 뜻하는, 영어의 '닥터'에 해당한다.

46

생일

미소 짓는 개미의 얼굴, 개구리의 엉덩이, 닭의 다리. 샐리는 첫 돌을 맞았다.

돌잔치는 성대하게 치러졌다. 어머니 베아트리스 모네갈은 어디서 났는지 발설할 수 없는, 꽃 자수를 놓은 커다란 테이블보를 바닥에 펼쳐 놓았고, 샌드위치 상점에서 돈을 한 푼도 쓰지 않고 구한 케이크 위에 작은 초를 밝혔다.

금세 케이크가 동나고 춤판이 벌어졌다. 그 사이에 첫돌을 맞은 아기는 풀 먹인 깨끗한 옷에 싸여 장바구니에서 깊은 잠에 빠졌다.

새벽 2시 45분, 포도주가 담긴 술병이 동났을 때, 베아트리스는 마지막으로 사진을 찍고 라디오를 끈 다음 사람들을 모두 밖으로 내보내고는 서둘러 자신의 물건들을 챙겼다.

세 시 정각에 경찰 사이렌 소리가 울렸다. 베아트리스는 두 달 전, 발길질로 문을 부수는 데 일가견이 있는 건장한 새 애인과 많은 자녀들을 데리고 그 저택에 침입했다. 경찰이 집을 비우라는 통지서를 들고 들이닥쳤을 때, 베아트리스는 이미 새로운 순례를 떠나고 없었다.

그녀는 아이들과 누더기를 잔뜩 실은 수레를 끌고 길 한복판으로 걸어 내려갔다. 그 뒤를 그녀의 애인과 큰 아이들이 따라 걸었다. 그녀는 침입할 새로운 집을 물색하는 중이었다. 그녀의 웃음소리가 몬테비데오에 내린 밤의 침묵을 깨뜨리고 있었다.

폭로

막 세상에 도착한 한 시민*이 알몸으로 요람에서 잠을 자고 있었다. 누나인 이본 갈레아노가 그 모습을 보고는 밖으로 달려 나갔다. 그녀는 이웃집 친구들의 문을 두드렸고, 쉿 하고 입술에 손가락을 대며 그녀들을 구경거리에 초대했다. 그녀들은 인형을 내팽개친 다음 옷을 대충 걸치고 머리를 빗는 둥 마는 둥 하고는 서로 손을 잡고 발끝으로 살금살금 걸어서 아이의 요람 안을 엿보았다. 그녀들은 부러움에 얼굴이 빨개지지도, 그렇다고 거세 콤플렉스 때문에 창백해지지도 않았다. 그녀들은 웃음을 꾹 눌러 참으며 말했다.
"이 괴짜가 쉬하려고 가져온 것 좀 봐."

---

* 이 책의 저자인 갈레아노로 보인다.

바람

디에고 로페스*가 네 살이 되던 날 아침에 기쁨이 그의 가슴에서 깡충깡충 뛰고 있었다. 기쁨은 스카이콩콩 위에서 뛰고 있는 캥거루 위에서 뛰고 있는 개구리 위에서 뛰고 있는 벼룩이었다. 그 사이에 거리는 바람에 날렸고 바람이 창문을 때렸다. 디에고는 글로리아 할머니를 꼭 껴안고 그녀의 귀에 은밀하게 속삭였다.
"우리 바람 속으로 들어가자."
그리고 그는 할머니를 집에서 끌어냈다.

---
* Luis Diego López(1974~). 우루과이 출신 축구 선수.

태양

펜실베이니아의 어떤 곳에서 앤 메락이 태양의 조수로 일하고 있었다.

그녀는 기억이 미치는 때부터 줄곧 그 일을 해왔다. 밤이 끝날 때면 앤은 매일 두 팔을 들어 태양을 하늘로 밀어 올린다. 또 낮이 끝날 때면 언제나 두 팔을 내려 태양을 지평선에 누인다.

그녀는 아주 어려서 이 일을 시작했지만 단 한 번도 빼먹은 적이 없다.

반세기 전에 그녀는 미친 여자로 취급당했다. 그때 이후 그녀는 여러 정신병원을 전전했고, 수많은 정신과 의사들에게 진료를 받았으며, 헤아릴 수 없이 많은 알약을 삼켰다.

그들은 결코 그녀를 치료할 수 없었다.

불행 중 다행이다.

일식

달이 태양을 가릴 때 카야포족* 원주민들은 태양에 잃어버린 빛을 되돌려 주기 위해 하늘을 향해 불화살을 쏜다. 바리족**은 태양이 돌아오도록 북을 울린다. 아이마라족***은 울며 자신들을 버리지 말라고 목소리를 높여 태양에 탄원한다.

1994년 말에 포토시****는 공포에 휩싸였다. 아침나절이 한창일 때 밤이 찾아왔고 하늘이 갑자기 검게 변하며 별이 나타났다. 얼어붙은 그 죽음의 세계, 시간의 끝의 세계에서 원주민들은 울부짖었고, 개들은 짖어 댔고, 새들은 숨었으며, 꽃들은 순식간에 시들었다.

엘레나 비야그라*****는 그곳에 있었다. 일식이 끝났을 때, 그녀는 한쪽 귀가 허전하다는 느낌을 받았다. 작은 태양 모양의 귀고리가 떨어지고 없었다. 그녀는 결코 발견하지 못할 것임을 알면서도 오랫동안 바닥에서 작은 태양을 찾았다.

---

* 아마존 동남부에 거주하는 원주민 종족.
** 수단 남부 주바 부근에 사는 원주민 종족.
*** 볼리비아와 페루에 거주하는 원주민 종족.
**** 볼리비아 남부 고지(高地)에 있는 도시.
***** 갈레아노의 부인.

밤

옛날에 어렸을 때 엘레나는 잠자는 척하다가 침대를 빠져나왔다. 마치 [성당에 미사를 드리러 가는] 일요일인 것처럼 격식을 갖춰 옷을 챙겨 입고는, 소리 없이 살금살금 안뜰로 빠져나갔다. 그러고는 투쿠만*의 밤의 신비를 발견하기 위해 자리를 잡고 앉았다.

그녀의 부모는 잠이 들었고, 자매들도 마찬가지였다.

그녀는 밤이 어떻게 변해 가는지, 달과 별이 어떻게 움직이는지 보고 싶었다. 누군가가 그녀에게 천체는 움직이고 때로는 땅으로 떨어지며, 밤이 흐르는 동안 하늘의 색이 변한다고 말해 주었다.

밤의 계시를 받은 그날 밤, 엘레나는 눈도 깜박이지 않고 지켜보았다. 목덜미가 뻐근하고 눈이 아파 왔다. 그녀는 눈을 문지르고 나서 다시 바라보았다. 몇 번이고 바라보고 또 바라보았지만 하늘엔 변화가 없었고 달과 별은 꼼짝 않고 원래의 자리를 지키고 있었다.

동틀 녘의 햇살이 그녀를 깨웠다. 엘레나는 눈물을 글썽였다.

나중에 그녀는, 밤은 누가 자신의 비밀을 훔쳐보는 것을 좋아하지 않는 모양이라고 생각하며, 스스로를 위로했다.

---

* 아르헨티나 북서쪽에 있는 도시.

달

볼록한 달은 대지를 수태시키고, 베어진 나무를 목재 안에서 계속 살아 있게 한다.

보름달은 미치광이들과 정신이상자들, 여자들 그리고 바다를 흥분시킨다.

초록빛 달은 농작물을 죽인다.

노란 달은 폭풍우를 동반한다.

붉은 달은 전쟁과 페스트를 불러온다.

전혀 달 같지 않은 검은 달은 세상을 슬프게 하고 하늘을 침묵하게 한다.

첫발을 내딛을 때, 카탈리나 알바레스 인수아는 달 없는 하늘을 향해 두 팔을 벌리고 불렀다.

"달아, 나오너라!"

빛의 거주자들

카탈리나에게는 눈에 보이는 친구들이 많았지만, 그들을 데리고 다닐 수는 없었다.

반면에 눈에 보이지 않는 친구들은 그녀가 가는 곳마다 동행했다. 그녀는 스무 명이라고 말하곤 했다. 그녀는 더 큰 수를 셀 줄 몰랐다.

그녀는 어디든 그들과 함께 갔다. 그들을 호주머니에서 꺼내 손바닥에 올려놓고 대화를 나누곤 했다.

그러고 나서 그들에게 "안녕, 내일 보자."라고 말하고는 태양을 향해 불어서 날려 보냈다.

보이지 않는 친구들은 빛 속에서 잠을 잤다.

모르간

태양이 그를 붙잡는다. 모르간은 달아난다. 그는 모래 위로 날아가고 파도 속에서 물결친다. 사람들은 그 붉은 돌풍에 박수갈채를 보내고 싶어 한다.

그러나 모르간이라는 이름은, 그의 해적 같은 습성을 따서 지어졌다.* 그의 희생양들은, 구경꾼들과는 달리 그를 감탄 어린 눈으로 바라보지 않는다. 태양은 모르간을 쫓고, 물건의 주인들은 모르간이 이빨 사이에 물고 있는 전리품과 함께 물속에 빠트리려 약탈한 테니스공·샌드위치·운동화·속옷을 쫓는다.

그는 결코 철이 들지 않았다. 우리가 아는 한, 지금까지 그가 얌전히 앉아 있는 것을 본 사람은 아무도 없고, 또한 그가 조금이라도 피로나 후회의 기색을 보인 적도 없다.

모르간이 세상에서 망나니짓을 한 지 4년이 되었을 때, 동갑내기인 마누엘 몬테베르데가 바위에 앉아 이 문제에 대해 곰곰이 생각했다.

"맞아." 그가 말했다. "모르간은 망나니야. 하지만 사람들한테 웃음을 주지."

---

* 웨일스의 제독이자 사략선장인 헨리 모건(Henry Morgan, 1635~88)을 가리키는 것으로 보인다. 카리브 해 연안에 있는 스페인의 식민지를 주로 습격해 악명을 떨쳤다.

레오

리카르도 마르치니는 진실의 순간이 왔다고 느꼈다.
"가자, 레오." 그가 말했다. "할 얘기가 있어."
둘은 출발해서 거리를 걸어 올라갔다. 그들은 한동안 말없이 빙빙 돌며 사아베드라 지구를 걸었다. 레오나르도는 평소처럼 많이 뒤처져 있었다. 나중에 리카르도를 따라잡기 위해 발걸음을 재촉했다. 리카르도는 호주머니에 양손을 찌른 채 얼굴을 찌푸리고 걸었다.
광장에 도착했을 때, 리카르도가 자리에 앉았다. 그는 침을 삼켰다. 두 손으로 레오나르도의 얼굴을 감싸고 그의 눈을 바라보며 쉬지 않고 말을 쏟아 냈다.
"애야 레오야 내가 이런 말 하는 걸 용서해라 하지만 넌 아빠 엄마의 아들이 아니야 레오야 네가 알고 있는 게 좋겠다 널 길에서 주워 왔단다."
그는 심호흡을 했다.
"너한테 그 얘길 해줘야 했어, 레오."
레오나르도는 갓 태어났을 때 쓰레기통에서 발견되었지만, 리카르도는 그런 시시콜콜한 사연까지 그에게 알려 주고 싶지 않았다.
이윽고 그들은 집으로 돌아갔다.
리카르도는 휘파람을 불며 갔다.
레오나르도는 좋아하는 나무들 밑에서 걸음을 멈추었고, 꼬리를 흔들며 이웃 사람들에게 인사했다. 또 어떤 고양이의 달아나는 그림자를 보고 짖어 댔다.
이웃들은 그를 좋아했다. 거의 이겨 본 적이 없는, 그 지역 축구 클럽인 플라텐세* 문양과 유니폼처럼 그가 갈색과 흰색이었기 때문이다.

---

* 아틀레티코 플라텐세. 아르헨티나 부에노스아이레스 북부 지역을 연고로 하는 축구 클럽.

치치스터 경

부에노스아이레스에 있는 많은 주차장들 중 한 곳에서, 라켈은 그가 우는 소리를 들었다. 누군가가 그를 자동차들 사이에 던져 버렸다.

라켈의 집에 입양된 그 고양이는 치치스터 경卿이라 불렸다. 태어난 지 얼마 안 되었지만 털이 윤기를 잃었고 머리통이 컸다. 나중에 자라서 암고양이 밀롱가를 놓고 사랑의 결투를 벌이다 애꾸가 되었다.

어느 날 밤, 라켈과 후안 아마랄이 정신없이 깊은 잠에 빠졌을 때, 사나운 울음소리가 그들을 침대에서 벌떡 일어나게 했다. 산 채로 껍질을 벗기기라도 한 것처럼 치치스터 경이 날카로운 소리를 내고 있었다. 드문 일이었다. 그는 못생겼지만 조용한 편이었기 때문이다.

"어디가 많이 아픈 모양이야." 후안이 말했다.

그들은 울음소리를 따라 복도 안쪽에 다다랐다. 라켈은 귀를 쫑긋 세우고 생각을 말했다.

"어디선가 물이 샌다고 말하고 있어."

그들은 낡고 커다란 집을 구석구석 헤매고 다니다가 마침내 욕실에서 물이 떨어지는 곳을 찾아냈다.

"그 파이프는 늘 물이 샜잖아."

"물이 넘칠 거야." 라켈이 걱정했다.

두 사람은 옥신각신했고 마침내 후안이 시계를 봤다. 거의 새벽 다섯 시였다. 하품을 하며 그가 간청했다.

"우리 자러 가자."

그러고는 결론을 내리듯 말했다.

"치치스터 경은 완전히 돌았어."

여전히 들려오는 고양이 울음소리를 뒤로하고 막 침실에 들어가려는 찰나에 금이 간 낡은 천장이 침대 위로 무너져 내렸다.

페파

페파 룸펜은 나이가 들어 온몸이 만신창이가 되었다. 이제는 짖지 않았고 걸핏하면 걷다가 넘어지기 일쑤였다. 고양이 마르티뉴가 다가와 그녀의 얼굴을 핥았다. 페파는 언제나 이빨을 드러내고 으르렁거리며 그가 얼씬거리지 못하게 했다. 그러나 그 마지막 날에는 입을 맞추도록 가만히 있었다.

페파가 없는 집엔 정적이 흘렀다.

그 후 밤이면 엘레나는 바닥에 구멍이 난 냄비에 요리를 하는 꿈을 꾸었고, 또 페파가 그녀에게 전화를 걸어, 자기를 땅속에 묻었다고 화를 내는 꿈도 꾸었다.

페레스

마리아나 막타스가 여섯 살이 되었을 때, 칼레야 델 라 코스타* 의 한 이웃이 그녀에게 파란 병아리를 선물해 주었다.

병아리는 햇빛 속에서 자줏빛 섬광을 발산하는 파란 깃털이 달렸을 뿐만 아니라 파란 오줌을 누었고 삐악삐악 파랗게 울었다. 자연의 기적이었다. 아마도 알 속에 파란 염료가 주입되어 생긴 현상일 것이다.

마리아나는 병아리에게 페레스라는 이름을 지어 주었다. 둘은 친구였다. 그들은 테라스에서 얘기를 나누며 몇 시간씩 보내곤 했다. 그 사이에 페레스는 빵 부스러기를 쪼아 먹으며 걸어 다녔다.

병아리는 오래가지 못했다. 그 짧은 파란 삶이 끝났을 때, 마리아나는 결코 다시 일어나지 않을 것처럼 땅바닥에 주저앉았다. 그녀는 타일을 뚫어지게 쳐다보며 읊조렸다.

"페레스 없는 세상은 칙칙해."

• 스페인 바르셀로나 북동쪽 마레스메 해안에 위치한 도시.

호기심 많은 사람들

후아니타 페르난데스의 다섯 살 난 딸 솔레다드.
"왜 개들은 디저트를 안 먹나요?"
엘사 비야그라의 여섯 살 난 딸 베라.
"밤은 어디에서 자나요? 여기 침대 밑에서 자요?"
프란시스카 베르무데스의 일곱 살 난 아들 루이스.
"제가 하느님을 믿지 않으면 화내실까요? 하느님께 어떻게 말해야 할지 모르겠어요."
실비아 어워드의 아홉 살 난 아들 마르코스.
"하느님께서 혼자 자신을 만드셨다면, 자기 등은 어떻게 만들었을까요?"
마리아 스카글리오네의 마흔 살 난 아들 카를리토스.
"엄마, 제가 몇 살 때 젖을 뗐어요? 정신과 의사가 알고 싶어 해요."

유아의 불멸 지수

한 살 반이었을 때 마누엘은 왜 손으로 물을 움켜쥘 수 없는지 알고 싶었다. 그리고 다섯 살 때는 사람들이 왜 죽는지 궁금했다.
"그런데 죽는 게 어떤 거예요?"
"할머니는 늙어서 돌아가신 건가요? 그럼 어제 텔레비전에 나온, 저보다 더 어린 갓난아이는 왜 죽었어요?"
"아픈 사람들은 죽나요? 그럼 아프지 않은 사람들은 왜 죽어요?"
"죽은 사람들은 잠시 죽나요, 아니면 영원히 죽나요?"
적어도 마누엘은 가장 골치 아픈 물음에 대한 답은 알고 있었다.
"내 동생 펠리페는 절대 죽지 않을 거야. 언제나 놀 궁리만 하니까."

속삭임

루이자 자과리비는 파수푼두* 교외의 자기 집 정원에서 놀고 있었다. 한쪽 다리로 깡충깡충 뛰며 옷의 단추를 세어 갔다.
"하나, 둘, 쌀에 강낭콩."
단추를 세면서 그녀는 운명이 점지해 줄 남편을 점쳤다. 그녀는 왕이나 대장과 결혼할까, 아니면 병사나 악당과 결혼할까?
"셋, 넷, 접시에 강낭콩."
그녀는 공중제비를 돌고 나서 두 팔을 벌리고 노래를 불렀다.
"다섯, 여섯. 왕과 결혼한다!"
돌다가 아버지의 발에 걸려 땅바닥에 쓰러졌다. 산만 한 덩치의 아버지는 태양을 등지고 우뚝 서서 말했다.
"됐다, 루이징냐.** 그만해라."
그래서 그녀는 모루 삼촌이 이제 더 이상 없다는 것을 알았다. 하늘나라로 갔다고 했다. 그녀에게 말없이 얌전히 있어야 한다고 했다.
며칠이 지나고 축제일이 되었다.
그날 크리스마스이브 만찬에 온 가족이 한자리에 모였다. 루이자는 한 번도 본 적이 없는 친척들, 상복을 입은 한 무리의 사람들을 발견했다.
지젤라 숙모는 끝이 없이 긴 테이블 맨 앞쪽에 앉아 있었다. 옷깃 끝까지 단추가 달린 검정 드레스는 더없이 예뻤고 그녀는 왕비 같았다. 그러나 루이자는 감히 그 말을 할 수 없었다.
고개를 세우고 멍하게 허공을 응시할 뿐 지젤라 숙모는 음식에 손을 대지 않았고 아무 말도 하지 않았다. 마침내 한밤중에 한창 와자지껄할 때 그녀가 입을 열었다.
"하느님을 사랑해야 한다고들 말합니다. 하지만 전 하느님을 증오해요."
거의 소리 내지 않고 나지막이 속삭였다. 오직 루이자만 그녀의 말을 들었다.

---

* 브라질의 리우그란데두술 주 북쪽에 있는 도시.
** 루이자의 애칭.

나쁜 말

히메나 담은 안절부절못하고 있었다. 그날 아침 학교생활이 시작되기 때문이었다. 그녀는 온 집 안을 휘저어 놓으며 이 거울 저 거울 쫓아다녔다. 그렇게 부산하게 오가다가 가방에 걸려 바닥에 벌러덩 넘어졌다. 그녀는 울지 않았지만 화가 났다.
"이 똥 덩어리는 왜 여기 있는 거야?"
어머니가 그녀를 타일렀다.
"애야, 그런 말 하면 못써."
히메나는 바닥에 쓰러진 채 물었다.
"엄마, 쓰지 않는 말은 도대체 왜 있는 거예요?"

유익한 수업

호아킨 데 소우사는 읽는 법을 배우는 중이고, 그래서 표지판이 눈에 띌 때마다 연습한다. 그는 세상에서 '금지'라는 단어가 가장 중요하다고 생각한다. 모든 것들이 그 단어로 끝나기 때문이다.
"통행금지."
"개 출입 금지."
"쓰레기 투척 금지."
"흡연 금지."
"침 뱉기 금지."
"주차 금지."
"전단지 부착 금지."
"취사 금지."
"소음 금지."
"…… 금지."

규칙

체마는 공을 갖고 놀았고 공은 체마와 함께 놀았다. 공은 형형색색의 세상이었고 세상은 미친 듯이 자유롭게 날았다. 공중에 떠다녔고, 어디든 가고 싶은 데로 날아갔으며, 제멋대로 이리 튀고 저리 튀었다. 그러나 어머니가 와서 그만하라고 했다.

마야 로페스는 공을 잡아 자물쇠를 채워 보관했다. 그녀는 체마는 가구家具와 집과 이웃, 그리고 멕시코시티에 위험한 존재라고 말했고, 그에게 억지로 구두를 신기고 규정대로 앉아 학교 숙제를 하게 만들었다.

"규칙은 규칙이다." 그녀가 말했다.

체마는 머리를 들었다.

"저 역시 저의 규칙이 있어요." 그가 말했다. 그러고는 자기 생각으로는 좋은 어머니는 자식의 규칙에 따라야 한다고 말했다.

"뭐든 제 마음껏 놀게 내버려 두세요, 맨발로 다니게 해주세요, 절 학교나 그 비슷한 어디에도 보내지 마세요, 일찍 자라고 강요하지 마세요, 그리고 매일 새집으로 이사하면 좋겠어요."

그러고는 짐짓 무심한 어조로 천장을 바라보며 덧붙였다.

"그리고 제 여자 친구가 돼주세요."

건강

　어느 정거장에서 한 무리의 아이들이 합승 버스 안으로 쳐들어왔다.
　그들은 책과 공책, 갖가지 필기도구를 짊어지고 올라와 쉬지 않고 계속 웃고 떠들었다. 고성을 지르고 서로 밀치고 흔들리며 모두가 한꺼번에 왁자지껄 이야기했다. 또 별것도 아닌 시시껄렁한 일에도 웃음을 터뜨렸다.
　한 남자가 가장 시끄러운 아이들 중 한 명인 안드레스 브랄리치를 꾸짖었다.
　"무슨 일이냐, 이놈아? 허파에 바람이라도 들어간 거냐?"
　그 합승 버스의 다른 승객들은 이미 제때에 치료를 받아 모두 웃음 병이 완치됐다는 것을 한눈에 알 수 있었다.

선생님

몬테비데오의 한 학교에서 6학년 학생들이 소설 경연 대회를 조직했다.

모든 학생들이 참가했다.

심사 위원은 소맷부리는 닳아빠졌고 쥐꼬리만 한 월급을 받는 오스카르 선생님, 작가 대표인 여학생 한 명과 나 이렇게 셋이었다.

시상식에는 학부모를 비롯한 어른들의 입장이 금지되었다. 우리 심사 위원들이 작품 각각의 장점을 치켜세운 심사평을 낭독했다. 경연 대회에서는 모두가 수상자가 되었다. 수상자 각자에게 박수갈채와 색 테이프가 비 오듯 쏟아졌고, 그 지역의 보석상 주인이 기증한 작은 메달이 주어졌다.

시상식이 끝난 뒤에 오스카르 선생님이 나에게 말했다.

"한 가족처럼 똘똘 뭉친 기분이구나. 마음 같아선 모두 유급시키고서라도 좀 더 같이 지내고 싶단다."

외딴 시골 마을에서 이곳으로 전학 온 한 여학생과 담소를 나눴다. 그녀는 전에는 말을 한마디도 하지 않았는데, 지금은 말을 안 하고는 한시도 못 배기는 게 문제라고 웃으며 말했다. 그녀는 선생님을 좋아한다고 했다. 그녀는 선생님을 하늘만큼 땅만큼 좋아했다. 왜냐하면 그녀에게 실수를 두려워하지 않는 법을 가르쳐 주었기 때문이다.

학생들

선생님이 커서 뭐가 되고 싶으냐고 물으면 여학생들은 대답하지 않는다. 나중에 이 아이들은 나지막이 털어놓는다. '더 하얘지고 싶어요, 텔레비전에서 노래하고 싶어요, 해가 중천에 뜰 때까지 자고 싶어요, 저를 때리지 않는 남자와 결혼하고 싶어요, 자동차를 가진 남자와 결혼하고 싶어요, 아무도 저를 찾을 수 없는 먼 곳으로 떠나고 싶어요.'

또 남학생들은 말한다. '더 하얘지고 싶어요, 세계적인 축구 스타가 되고 싶어요, 스파이더맨이 되어 벽을 타고 다니고 싶어요, 은행을 털어 더 이상 일하지 않았으면 좋겠어요, 레스토랑을 사서 쉬지 않고 실컷 먹어 봤으면 좋겠어요, 아무도 저를 찾을 수 없는 먼 곳으로 떠나고 싶어요.'

그들은 투쿠만 시에서 그리 멀지 않은 곳에 살고 있지만 눈으로 직접 도시를 본 적은 단 한 번도 없다. 그들은 걷거나 말을 타고 등교한다. 하루 학교에 가고 다음 이틀은 건너뛴다. 하나밖에 없는 앞치마와 신발 한 켤레를 형제자매들과 번갈아 사용해야 하기 때문이다. 그리고 그들이 선생님에게 가장 자주 던지는 질문은 '점심은 언제 오나요?'이다.

콘도르

페데리코 오카란사는 노새나 오토바이를 타고, 혹은 직접 두 발로 걸어서 살타*의 산들을 돌아다닌다. 그는 그 황량하고 가난한 땅에서 이[齒]를 치료하고 다닌다. 고통의 적인 치과의사의 도착은 희소식이다. 그곳에선 모든 것이 드물 듯 희소식도 거의 들려오지 않는다.

페데리코는 아이들과 축구를 한다. 그들은 학교에 거의 다니지 않는다. 산양을 키우고 구름 속에서 누더기 공을 쫓아다니며 지금 알고 있는 것을 배웠다.

골과 골 사이에서 그들은 콘도르**를 놀리며 즐거워한다. 아이들은 돌바닥에 대자로 눕는다. 콘도르가 공격해 오면 죽은 척하고 있던 조무래기들은 벌떡 일어난다.

---

* 아르헨티나 북단에 위치한 살타 주의 주도.
** 안데스 산맥 둥지에 살며 짐승의 시체 따위를 먹으며 살아가는 새.

노동력

모하메드 아쉬라프는 학교에 가지 않는다.

그는 해가 뜰 때부터 달이 나타날 때까지 축구공을 재고, 자르고, 모양을 만들고, 구멍을 뚫고, 꿰맨다. 그 축구공은 파키스탄의 우마르 코트 마을에서 세계의 축구장들을 향해 굴러간다.

모하메드는 열한 살이다. 다섯 살 때부터 이 일을 해오고 있다.

그가 읽는 법을 안다면, 영어를 읽을 줄 안다면, 그는 자신이 만드는 제품 하나하나에 부착하는 문구를 이해할 수 있을 것이다. "이 공은 아이들이 만든 것이 아님."

보상

집도 정처도 없이, 거처할 곳도 갈 곳도 없이, 호세 안토니오 구티에레스는 과테말라시티*의 거리에서 살고 자랐다.

배고픔을 피하려고 남의 물건을 훔쳤다. 외로움을 피하려고 본드를 흡입했고 그때 자신이 할리우드의 스타가 되는 상상을 했다.

어느 날 그는 떠났다. 낙원을 향해 멀리 북쪽으로 떠났다. 경찰의 눈을 피해 몰래 열네 번이나 기차를 훔쳐 타고 무수한 밤을 걸어 마침내 캘리포니아에 도착했다. 그리고 그곳에 머물렀다.

6년 후, 과테말라시티의 가장 궁핍한 구역에서, 문을 두드리는 소리가 엔그라시아 구티에레스를 깨웠다. 제복 차림의 남자들 몇이 미 해병대에 입대한 그녀의 남동생 호세 안토니오가 이라크에서 사망했음을 통보하러 왔다.

그 거리의 소년은 2003년 전쟁에서 침략군의 첫 전사자가 되었다.

당국은 그의 관에 성조기를 둘렀고 그에게 군장軍葬의 예를 베풀었다. 그리고 그를 미국 시민으로 만들었다. 그에게 약속했던 대가였다.

장례식을 생중계한 텔레비전은 이라크 군에 맞서 싸우다 전사한 용맹한 군인의 영웅적 행위를 찬양했다.

나중에 그가 '아군의 포격'으로 사망했음이 밝혀졌다.

---

* 과테말라의 수도이자 과테말라 주의 주도.

말

매일 오후, 파울루 프레이리*는 헤시피**의 카자 포르치 지구에 있는 영화관에서 줄을 섰고, 눈 한 번 깜박이지 않고 톰 믹스***의 영화를 보고 또 보았다.

악당들의 손아귀에서 무방비의 힘없는 여자들을 구출하는, 챙 넓은 모자를 쓴 카우보이의 무훈도 상당히 흥미로웠지만, 정말로 파울루가 좋아한 것은 날아다니는 그의 말[馬]이었다. 얼마나 말을 유심히 쳐다보고 또 얼마나 경탄했던지, 둘은 친구가 되었고, 톰 믹스의 말은 그때부터 평생 동안 파울루와 함께였다.

파울루는 세상 곳곳을 돌아다녔다. 배우면서 가르치는 혁명적 교육자로서의 직업 때문이었다. 그러나 때로는 칭송을 받고 때로는 응징을 받으며 오랜 세월 숱한 길을 걸어가는 동안 빛의 색을 띤 그 말은 결코 지치지 않고 그의 기억과 꿈속을 계속 질주했다.

파울루는 어디를 가든 유년기의 그 영화들을 찾았다.

"톰 뭐라고요?"

조금이라도 그를 아는 사람이 아무도 없었다.

마침내 일흔넷의 나이에 뉴욕 어느 거리에서 그 영화들을 발견했다. 그는 그 영화들을 다시 보았다. 믿을 수 없는 일이 일어났다. 그의 평생 친구인 빛나는 말은 톰 믹스의 말과 전혀 닮지 않았던 것이다. 털끝만큼도 닮지 않았다.

이런 고통스러운 뜻밖의 발견 앞에서 파울루는 중얼거렸다.

"괜찮아……. 하지만 괜찮지 않아."

---

* Paulo Freire(1921~97). 혁명의 교육학을 설파한 브라질의 교육학자. 대표적인 저서로 『페다고지』(1970)가 있다.
** 브라질 북동부 페르남부쿠 주의 주도.
*** Tom Mix(1880~1940). 서부영화에서 두각을 나타낸 미국의 영화배우.

마지막 장난

브라질의 아이들은 몬테이루 로바투*의 동화를 듣거나 읽으면서 브라질 사람이 되고 마법사가 되는 법을 배웠다. 작가가 죽었을 때, 그들은 모두 고아 신세가 되었다.

그러나 아이들은 묘지로 향하지 않았다. 두 명의 성인 연사가 몬테이루 로바투에게 고별사를 바쳤다. 두 사람 다 그를 자기 당의 투사로 재평가했다. 호시니 카마르구 과르니에리는 공산주의자 동지에게 작별을 고했고, 페부스 지코바치는 트로츠키주의자 동지에게 경의를 표했다.

그들의 애도사가 끝나자마자 두 사람이 격론을 벌였다. 세계혁명의 문제라도 되는 것처럼 집단으로 언쟁을 했다.

"변절자들!"
"분열주의자들!"
"관료주의자들!"
"선동가들!"
"횡령자들!"
"반역자들!"
"암살자들!"

처음에는 주장들을 내세웠으나, 갈수록 고성만이 오가는 이념 다툼이 되었다. 그러다 마침내 두 명의 논객이 주먹을 휘두르기에 이르렀고 서로 치고받고 싸우다, 파놓은 묘 구덩이로 굴러떨어졌다.

미망인인 도나 푸레징냐가 두 팔을 들어 고인에게 예의를 지켜 달라고 간청했다.

분명 그녀는 몬테이루 로바투가 다시 죽어 가고 있다는 것을 깨닫지 못했을 것이다. 그러나 이번엔 웃겨서 죽어 가고 있었다. 난투극을 이끌고 있는 장본인은 바로 그였다.

---

* Monteiro Lobato(1882~1948). 브라질의 작가·출판업자. 브라질 모더니즘 문학 운동의 선구자.

표류하는 술병

그날 아침, 호르헤 페레스는 일자리를 잃었다. 어떤 설명도 듣지 못했고 충격을 누그러뜨려 줄 어떤 조치도 없었다. 그는 여러 해 동안 일해 온 정유소에서 느닷없이 쫓겨났다.

그는 걷기 시작했다. 이유도 모른 채 정처 없이 발길 닿는 대로 걸었다. 그의 다리는 그 자신보다는 더 활기찼다. 어느 누구도 그 무엇도 세상에 그림자를 드리우지 않는 시각에, 발길이 그를 푸에르토 로살레스*의 남쪽 해안으로 데려갔다.

그는 강굽이의 골풀** 사이에서 병을 발견했다. 병은 마개로 막은 다음 밀봉되어 있었다. 그의 불행을 위로하기 위한 하느님의 선물처럼 보였다. 그러나 병에서 진흙을 닦아 냈을 때 호르헤는 포도주가 아니라 종이로 채워져 있다는 것을 알게 되었다.

그는 병을 바닥에 팽개치고 계속 걸어갔다.

얼마 지나지 않아 가던 길을 되돌아왔다.

그는 바위에 내리쳐 병의 주둥이를 깨뜨렸다. 병 속에는 그림이 몇 점 들어 있었는데, 물이 스며들어 다소 얼룩이 번진 상태였다. 태양과 갈매기를 그린 그림이었다. 태양은 날아다니고 갈매기는 빛났다. 편지도 한 통 있었다. 바다를 향해해 멀리서 온 그 편지는 이 메시지를 발견하는 사람 앞으로 쓰인 것이었다.

안녕, 내 이름은 마르틴이야.
여덟 살이야.
난 쿠키랑 달걀 프라이 그리구 초록색을 좋아해.
난 그림 그리기를 좋아해.
난 물의 길을 통해 친구를 찾구 있어.

---

* 아르헨티나의 부에노스아이레스 주 남쪽에 있는 항구.
** 들의 물가나 습한 땅에서 자라는 골풀과의 여러해살이풀.

물의 길

그는 정말로 좋은 아이처럼 보였다. 카에타누*는 그를 알지 못했다. 해변을 돌며 게를 팔던 소년은 자기 배로 한 바퀴 돌아보자며 카에타누를 초대했다.
"그러고 싶어." 카에타누가 말했다. "하지만 그럴 수 없어. 할 일이 태산이야. 장도 봐야 하고 처리해야 할 일도 있고……."
그러나 결국 그들은 갔다. 배를 타고 시장과 은행, 우체국 그리고 그 밖의 다른 곳에 갔다. 그들은 해안가를 따라 바다에서 도시로 들어갔다. 순전히 도시를 바라보는 게 즐거워 잔잔한 바다에 떠서 꾸물거렸다.
그렇게 사우바도르 지 바이아**가 새롭게 발견되었다. 걸어 다니면서 보는 결코 평온한 적이 없는 번잡한 도시와, 배를 타고 돌아다니며 보는 도시는 완전히 달랐다. 카에타누 벨로주는 그렇게 호젓하고 축축하게 젖은 물 위에서 도시를 바라본 적이 전혀 없었다.
날이 저물었을 때, 배는 그를 태웠던 해변에 카에타누를 다시 내려놓았다. 그때 그는 자신에게 이전과는 다른 새로운 도시를 알게 해준 그 소년의 이름이 궁금했다. 소년이 마지막 햇살을 받아 반짝이는 검은 몸통을 드러낸 채 배 위에 서서 이름을 말했다.
"내 이름은 마르코 폴로야. 마르코 폴로 멘데스 페레이라."

---

* Caetano Veloso(1942~). 브라질 태생의 작곡가·가수·연주가·작가·활동가.
** 브라질 북동부에 있는 바이아 주의 주도이자 유서 깊은 항만 도시. 브라질 최초의 수도이기도 하다.

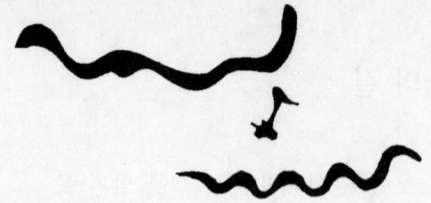

물

태초에는 개미의 허리가 가늘지 않았다.

콜롬비아의 태평양 연안에서 입에서 입으로 전해지는 설에 따르면, 창세기에 그렇게 나와 있다. 개미는 몸통이 둥글고 온통 물로 가득 차 있었다.

그런데 하느님이 물로 세상을 적시는 것을 깜빡 잊고 말았다. 이내 자신의 실수를 알아차린 하느님은 개미에게 도움을 청했다. 그러나 개미가 거절했다.

그러자 하느님의 손가락이 개미의 배를 쥐어짰다.

이리하여 7대양과 모든 강들이 생겨났다.

물의 주인들

바로 그 개미와 같은, 그러나 덩치가 훨씬 더 큰 기업들이 있다.
20세기 말, 코차밤바*에서 물 전쟁이 일어났다.

미국 기업인 벡텔이 하룻밤 사이에 수도료를 세 배로 인상하자 원주민 공동체들은 계곡부터 행진해 나와 코차밤바를 봉쇄했다. 도시에서도 폭동이 일어나 바리케이드가 설치됐고 아르마스 광장에 큰 모닥불을 피워 요금 고지서를 불태웠다.

볼리비아 정부는 평소처럼 발포로 대응했다. 계엄령이 내려지고 사망자와 수감자가 속출했지만 폭동은 밤낮 그치지 않고 2개월간 계속되었다. 그리고 마침내 마지막 공세에서 코차밤바 주민들은 민영화되었던 물의 권리를 되찾아 다시 몸에 물을 뿌리고 밭에 물을 댈 수 있게 되었다.

반면에 라파스**에서도 시위가 있었지만, 프랑스 기업인 수에즈가 물의 주인이 되는 것을 막지 못했다. 수도료가 천정부지로 치솟았고, 요금을 감당할 수 있는 사람은 거의 없었다. 그런데 왜 이런 일이 벌어졌을까? 유럽의 전문가들과 정부 관리들은 의아해 했다. 이유는 명백했다. 문화적 후진성 때문이었다. 거의 전 국민이 빈곤계층인 볼리비아 사람들은, 유럽에서 불과 얼마 전부터 습관이 된 것처럼, 하루에 한 번 몸을 씻어야 한다는 것을 알지 못한다. 또 그들이 갖지 못한 자동차를 세차해야 한다는 것도 이해하지 못한다.

---

* 볼리비아 중서부 고원에 있는 도시.
** 볼리비아 서부 라파스 주의 주도. 볼리비아의 사실상의 수도이며 최대의 도시다.

상표

손님들이 손사래를 치며 식당에서 내오는 물을 사양하자 즉시 소믈리에가 테이블로 달려와 큰 소리로 생수 목록을 길게 읊었다.

손님들은 캘리포니아에서 알려지지 않은 상표가 붙은 몇 종류의 생수를 시음했다. 가격은 병당 7달러 정도였다.

그들은 식사를 하면서 물을 여러 병 마셨다. 브라질 밀림에서 온 아마소나스 생수는 퍽 좋아 보였고, 피레네 산맥에서 온 스페인 상표는 탁월하게 생각되었다. 그러나 최고는 프랑스 상표인 오 뒤 로비네*였다.

로비네 생수는 모두 수돗물이었다. 한 인쇄소와 짜고 위조 상표를 만들어 부착한 병들에 담긴 물은 주방에서 채워졌다.

로스앤젤레스의 이름 있는 고급 레스토랑에서 있었던 이 점심 식사 장면은 몰래카메라로 촬영되었다. 그리고 〈펜 앤드 텔러 쇼〉**를 통해 텔레비전에 방영되었다.

---

* Eau du Robinet. 프랑스어로 수돗물을 뜻한다. 직역하면 '수도꼭지에서 나온 물'이기도 하다.
** 펜 질렛(Penn Jillette, 1955~)과 레이먼드 조지프 텔러(Raymond Joseph Teller, 1948~)가 진행하는 코믹 마술 쇼.

분수

물이 공기처럼 공짜였고 상표가 존재하지 않았던 12세기에 교황과 파리 한 마리가 어느 분숫가에서 마주쳤다.

바티칸 역사상 유일한 영국인 교황이었던 하드리아누스 4세[*]는 '사악한' 윌리엄 1세[**] 및 '붉은 수염' 프리드리히 1세[***]와의 끝없는 전쟁으로 눈코 뜰 새 없는 삶을 살았다. 파리의 삶에 대해서는 언급할 만한 사건이 전혀 알려져 있지 않다.

신의 기적 혹은 운명의 장난으로 인해 1159년 여름 한낮에 그들은 아그나니 마을 광장의 분수에서 마주쳤다.

교황이 목이 말라 흐르는 물을 마시려고 입을 벌렸을 때 파리가 그의 목구멍으로 넘어갔다. 파리는 전혀 관심이 없는 그곳에 실수로 들어가게 되었지만 아무리 날갯짓을 해도 빠져나올 수 없었고 교황이 손가락을 넣어 봐도 그를 꺼낼 수 없었다.

발버둥을 치다 결국 둘 다 사망했다. 교황은 파리 때문에 숨이 막혀 죽었고, 목구멍에 갇힌 파리는 교황 때문에 죽었다.

- Hadrianus IV(?~1159). 제169대 교황(1154~59년 재위)으로 본명은 니콜라스 브릭스피어(Nicholas Breakspear).
- William I(1131~66). 시칠리아의 제2대 국왕(1154~66년 재위).
- Friedrich I(1122?~90). 슈타우펜 왕조의 신성로마제국 황제(1152~90년 재위). 6차에 걸친 대규모 이탈리아 원정을 감행했으나 레냐노 전투에 패해 화의를 맺었다. 턱수염이 붉어 '붉은 수염'이라 불렸다.

호수

홀든 콜필드*는 역사 선생님에게서 꾸중을 듣고 있었다. 지독한 잔소리에서 벗어나기 위해 뉴욕 센트럴파크의 오리들을 생각하고 있었다. 호수가 얼음으로 뒤덮인 겨울에 오리들은 어디로 갔을까? 그 문제는 그에게 이집트인들과 그들의 미라보다 훨씬 더 큰 관심사였다.

샐린저가 어느 유명한 소설에서 그 얘기를 한 적이 있다.

몇 년 뒤에 아돌포 길리**가 정처 없이 거닐다 센트럴파크의 호수에 이르렀다. 얼음은 없었다. 가을날의 정오였고 어느 선생님이 학생들에게 큰 소리로 소설 속 그 대목을 읽어 주고 있었다.

아이들은 둥글게 둘러앉아 귀를 기울였다.

그때 한 떼의 오리들이 전속력으로 헤엄쳐 가까이 다가왔다. 오리들은 호숫가에 바짝 붙어서 계속 머물렀고 그 사이에 선생님은 오리들에 대해 얘기하는 대목을 읽었다.

그 후에 선생님은 아이들을 데리고 떠났고 오리들 역시 떠났다.

---

* Holden Caulfield. 제롬 데이비드 샐린저(Jerome David Salinger, 1919~2010)의 소설『호밀밭의 파수꾼』의 주인공.
** Adolfo Gilly(1928~). 멕시코 국립자치대학(UNAM)의 역사 및 정치학 교수. 세계화와 사파티스타 투쟁에 관한 연구로 주목받았다.

강

3세기 전에 강은 프랑스인들을 따돌렸다. 그 뒤에 영국인들도 강을 붙잡을 수는 없었다. 강은 결코 지도에 표시된 곳에 있지 않았다. 어느 날 한 개척자가 강의 진로를 그렸는데, 바로 그날 밤에 강은 달아나서 다른 방향으로 흐르기 시작했다.

1830년에 강이 붙잡혔다. 시카고 시는 강이 다시는 도망치지 못하도록 강기슭에 터를 잡고 성장했다.* 19세기 말에 이 도시는 강을 강제로 역류시키고 높은 시멘트 벽 사이에 가두어 넣으며 야만의 문명을 완성했다.**

강이 얌전하게 지내 온 지도 오래된 1992년 어느 봄날 아침, 도시는 발이 젖은 채 눈을 떴다.*** 끔찍한 상황이었다. 지하철에 물이 샜고 지하실도 마찬가지였다. 길들여진 강은 사슬을 끊고 풀려났고 막을 방법은 없었다. 강은 벽의 구멍에서 솟아 나왔다. 처음에는 방울방울 떨어지다 나중에는 콸콸 쏟아졌고, 끝내는 도시를 덮쳐 거리를 물바다로 만들었다.

며칠간의 전쟁을 치르고 나서 반란자는 진압되었다.

그때부터 도시는 한쪽 눈을 뜨고 잠을 잔다.

• 시카고 시는 1830년대까지 미시간 호 남서쪽 끝 부근에 있는 늪지성 강어귀의 작은 교역소에 불과했다. 내륙에 있으면서도 수로(水路)를 낀 입지 조건 덕분에 미국의 팽창과 더불어 세계적인 공업 및 상업 단지의 중심으로 도약했다.
•• 원래 미시간 호로 흘러들어 간 시카고 강의 흐름은, 1900년에 시카고 운하가 완성되면서 그 흐름이 거꾸로 바뀌었다. 운하 바닥이 미시간 호 수면보다 낮기 때문이다.
••• 1992년 4월 13일 시카고에서 대홍수가 있었다.

목소리들

페드로 사아드*는 볼가 강의 얼어붙은 물 위를 걸었다. 그는 살을 에는 한겨울 어느 오후에 러시아의 한복판에 있었다. 혼자였지만 동행이 있었다. 걸어가는 동안 그는 두꺼운 부츠 밑창을 통해 얼음 아래서 살아 움직이는 강의 진동을 느낄 수 있었다.

---

* Pedro Saad. 에콰도르의 지식인.

홍수

거리들은 꽃가게의 작품이었고 교회들은 제과점의 과자처럼 달콤했다. 또 궁전들은 장난감처럼 앙증스러웠다.
그러나 과테말라의 아름다운 수도 안티구아는 성난 대지의 구토와 진동 사이에서 겁에 질려 있었다. 화산들이 그 도시에 영원한 고통의 형벌을 내렸다. 눈물과 한숨의 연속이었다.
1773년 대지는 유례없이 거칠게 날뛰었다. 설상가상으로 강물이 둑을 뛰어넘어 사람들을 익사시키고 가옥을 휩쓸었다. 홍수에서 살아남은 사람들은 줄행랑을 쳤고, 멀리 떨어진 곳에 새로운 도시를 세워야 했다.
범람한 강은 '펜사티보'*라고 불렸고 지금도 그렇게 불린다.

---

* Pensativo. 스페인어로 '생각에 잠긴'이라는 뜻이다.

달팽이

우리는 신들과 악마들, 그리고 하늘의 별들에 도움을 청한다. 아무도 달팽이들을 찾지 않는다.

그러나 쉬피보족*은 달팽이들 덕분에 우카얄리 강**이 심기가 불편해 성난 물결이 육지를 침범하고 닥치는 대로 휩쓸어 버릴 때마다 익사하지 않고 살아남는다.

달팽이들은 위험을 미리 경고한다. 큰 재앙이 닥치기 전에 언제나 그들은 물마루가 닿지 못할 만큼 충분히 높은 곳의 나무 몸통에 알을 낳는다. 그들의 계산은 결코 틀리는 법이 없다.

---

* 페루 아마존의 원주민 종족.
** 페루 남동부의 안데스 산맥에서 발원하는 아마존 강의 주요 원류.

대홍수

숱한 불복종과 죄악에 진력이 난 하느님은 지구상에서 자신의 손으로 창조한 모든 생물체를 없애 버리기로 마음먹었다. 인간과 짐승, 뱀은 물론 하늘의 새들까지도 몰살당할 상황이었다.

현자 요하네스 슈퇴플러*가 1524년 2월 4일 만물이 수장될 것이라며 우주의 두 번째 대홍수가 일어날 정확한 날짜를 예고했을 때, 폰 이글레하임 백작은 어깨를 으쓱했다. 그런데 그의 꿈에 하느님께서 번개 턱수염을 기른 모습으로 나타나 우레 같은 목소리로 이르셨다.

"넌 익사할 것이다."

성서를 통째로 암송할 수 있었던 폰 이글레하임 백작은 침대에서 벌떡 일어나 황급히 그 지역 최고의 목수들을 부르도록 했다. 눈 깜짝할 사이에 린 강** 위에 거대한 방주가 나타났다. 삼층 높이의 방주는 틈을 뱃밥으로 채운 목재로 만들어졌고 안팎에 송진을 발랐다. 백작은 가족 및 모든 하인을 데리고, 양식을 넉넉히 챙겨 방주에 올랐다. 그는 땅과 공중에 사는 모든 짐승의 종을 각각 암수 한 쌍씩 방주로 가져갔다. 그리고 기다렸다.

예고된 날에 비가 내렸다. 빗줄기는 굵지 않았고, 오히려 가랑비에 가까웠다. 그러나 첫 몇 방울만으로도 공포를 불러일으키기에 충분해, 군중들은 혼비백산해 미친 듯이 부두로 몰려들어 방주를 점령했다.

백작은 그들에게 저항했지만 강물 속에 던져져 익사했다.

---

* Johannes Stöffler(1452~1531). 독일의 수학자·점성가·천문학자·사제. 그는 1524년 2월 20일에 대홍수가 일어날 것이라고 예언했다. 본문에서 2월 4일로 나온 것은 오류로 보인다.
** 독일 브란덴부르크 주에 있는 강으로 하펠 강의 지류.

그물

과라치바*의 모래톱에서 갈매기들의 요란한 웃음소리가 들린다. 배들은 물고기와 고기잡이에 얽힌 사연들을 풀어 놓고 있다.

어부들 중의 한 명인 클라우지오노르 다 시우바는 머리를 쥐어뜯으며 탄식을 내뱉는다. 그는 꽤 큰 도미를 잡았으나 물고기가 지느러미로 뒤쪽을 가리키며 말했다. "저기 저보다 훨씬 더 큰 다른 애가 와요." 그는 도미의 말을 믿고 그를 놓아주었다.

조르즈 안투니스는 새 옷을 보여 준다. 그는 바다에서 길을 잃고 여러 날을 보냈는데, 격렬한 파도가 그를 발가벗겨 놓았고 그의 물통을 쓸어 갔다. 이제 꼼짝없이 뙤약볕 아래 갈증에 시달려 죽을 운명이라고 체념하고 있었는데, 그때 그물에 상어 한 마리가 걸려 올라왔다. 상어 뱃속에는 제법 시원한 코카콜라 캔과 모자, 바지, 완전히 새것인 셔츠가 각각 하나씩 들어 있었다.

헤이나우두 아우비스는 틀니를 한껏 드러내고 웃는다. 행운을 우습게 아는 건 아니지만, 자신이야말로 정말 행운아라고 말한다. 그는 한창 항해 중일 때 틀니를 잃어버렸다. 재채기를 하다가 틀니가 물속으로 날아간 것이다. 그는 물속에 뛰어들어 틀니를 찾아보았지만 소용이 없었다. 이틀 뒤에 그는 운 좋게도 자신의 틀니를 끼고 있던 넙치를 낚아 올렸다.

• 브라질의 리우데자네이루에 위치한 지역의 하나.

새우

하루해가 저물어 가는 시각에 어부들이 캘리포니아 만의 해안에서 그물을 준비한다.

늙은 마법사 태양이 마지막 빛을 던질 때, 그들의 마상이*는 이제 해안의 작은 섬들 사이로 미끄러진다. 그리고 그곳에서 달을 기다린다.

낮 동안 새우들은 진흙이나 모래에 바싹 엎드려 바다 깊은 곳에 숨는다. 달이 떠오르면 새우들은 곧바로 올라온다. 달빛이 그들을 부르고 그들은 그곳으로 향한다. 그때 어부들은 어깨에 걸치고 있던 그물을 던진다. 그물은 날개처럼 공중에 펼쳐졌다 떨어지면서 새우를 포획한다.

이처럼 새우들은 달을 향해 여행하면서 최후를 맞는다.

그들을 보고, 이 수염 난 피조물이 생김새는 흉해도 고매한 시적 취향을 지녔다고 말할 사람은 아무도 없을 것이다. 그러나 그들을 맛볼 때면 어느 인간의 입이라도 옳거니 맞장구를 칠 것이다.

---

* 통나무를 파서 만든 작은 배.

저주

그녀는 랭런드라는 이름을 가지고 태어났다. 그녀는 돛대가 세 개이고 선체가 철로 된 배로, 칠레 초석*과 페루의 구아노**를 유럽으로 실어 날랐다.

스무 살이 되었을 때, 그녀의 이름은 마리아 마드레로 바뀌었고, 그때 불운이 시작되었다. 그녀는 계속 바다를 횡단했지만, 불행이 그녀를 쫓아다녔고 상황은 갈수록 악화되었다.

이미 여러 차례의 고장으로 만신창이가 된 배는 20세기 초에 파이산두*** 항에 좌초해 있었다. 그리고 계약 불이행을 둘러싼 알다가도 모를 복잡한 법적 분쟁으로 인해 40년 동안 그곳에 포로로 잡혀 있었다.

1942년, 배는 다시 띄워졌다. 그리고 한 번 더 이름을 바꾸었다. 클라라라는 이름을 가지고 바다로 돌아갔다. 천 톤의 소금을 싣고 출항했다.

얼마 안 있어 클라라호가 라플라타 강****을 빠져나가고 있을 때, 시가cigar 형상의 거대한 구름이 수평선 위로 떠올랐다. 나쁜 징조였다. 팜파스*****에서 불어오는 바람이 배를 향해 돌진했고, 배를 산산조각 낸 다음 잔해를 육지 쪽으로 휩쓸어 갔다. 클라라호는 라스 델리시아스 해변의 어느 집 아래에 죽어 널브러져 있었다. 그것은 로렌소 마르세나로의 여름 별장이었는데, 그는 파이산두 부두에서 그녀에게 세 번째 이름을 지어 준 장본인이었다.

그때 이후 어떤 배도 이 남쪽 바다에서 감히 이름을 바꾸지 않는다. 바다는 자유롭다. 그러나 그 딸들은 그렇지 않다.

• 질산염 광물로 질소 비료, 화약, 초산, 유리 따위의 원료로 쓴다.
•• 바닷새의 배설물이 응고·퇴적된 것을 말하며 주로 인산비료로 이용된다. 특히 페루의 건조한 해안 지방이 산지로 유명하다.
••• 우루과이 파이산두 주의 주도. 몬테비데오에서 북서쪽으로 3백 킬로미터 떨어진 우루과이 강 연변에 위치한다.
•••• 아르헨티나와 우루과이 사이를 흐르는 강. 세계에서 아마존 강 다음으로 크다.
••••• 아르헨티나 부에노스아이레스를 중심으로 한 초원 지대.

바다

라파엘 알베르티*는 벌써 한 세기 가까이 세상을 살았지만, 마치 처음인 것처럼 카디스 만灣을 응시하고 있었다.
테라스에서 해를 보고 누워 갈매기와 돛단배의 여유로운 비행, 푸른 미풍, 물과 대기 속을 오가는 거품을 쫓고 있었다.
그는 옆에 잠자코 있던 마르코스 아나** 쪽으로 돌아서서 팔을 꽉 움켜잡으며 마치 전혀 몰랐다는 듯이, 아니 이제 막 깨달았다는 듯이 말했다.
"인생은 얼마나 짧은가."

---

* Rafael Alberti(1902~99). 스페인의 27세대 시인이자 극작가. 공산당 활동으로 스페인 내전 후에 망명길에 올랐으며 프랑코 사후인 1977년 귀국했다. 27세대는 바로크 시인 루이스 데 공고라(Luis de Góngora) 사망 3백 주기였던 1927년을 기점으로 스페인 시문학의 부흥기를 이끌었던 시인들을 가리킨다.
** Marcos Ana(1920~). 스페인의 시인. 프랑코 독재 시대의 대표적인 양심수로, 국제사면위원회의 활동으로 1961년 석방되었다.

응징

카르타고 시는 아프리카 해안의 여왕이자 주인이었다. 카르타고의 전사들은 경쟁 도시이자 적의 도시인 로마의 문 앞에 다다랐고, 바야흐로 말과 코끼리의 발아래 로마가 짓밟히려던 순간이었다.

몇 년 뒤, 이번에는 로마가 복수했다. 카르타고는 무기와 전함을 모두 넘겨주지 않을 수 없었고, 굴욕적인 종속관계와 조공의 의무를 받아들였다. 카르타고는 머리를 조아리고 모든 것을 받아들였다. 로마는 카르타고 인들에게 바다를 버리고 해안에서 멀리 떨어진 내륙으로 이주하라고 명했다. 로마인들이 보기에 바다는 그들의 오만과 대담함의 원천이었기 때문이다. 그러나 카르타고 인들은 떠나기를 거부했다. 그럴 수 없었다. 절대 그럴 수 없었다. 그래서 로마는 카르타고를 저주하고 몰살을 선고했다. 로마 군단이 그곳으로 출정했다.

수륙 양쪽에서 모두 포위된 채 카르타고 시는 3년을 버텼다. 이제 곡물 창고가 바닥을 드러냈고 사원의 신성한 원숭이들까지도 잡아먹은 상태였다. 신들에게 버림받고 유령들만 살게 된 카르타고는 무너졌다. 엿새 동안 밤낮으로 불길이 치솟았다. 그 뒤에 로마의 병사들은 연기가 피어오르는 잿더미를 휩쓸어 버리고 다시는 그곳에서 그 무엇도 자라지 못하고 그 누구도 번영하지 못하도록 땅에 소금물을 뿌렸다.

스페인 해안에 있는 카르타헤나 시는 옛 카르타고의 딸이다. 그리고 훨씬 뒤에 아메리카 해안에 생겨난 카르타헤나 데 인디아스 시는 카르타고의 손녀다. 어느 날 밤, 카르타헤나 데 인디아스가 나에게 나지막이 자신의 비밀을 털어놓았다. 그녀는 언젠가 바다에서 멀리 떠나라고 강요당한다면, 할머니가 그랬던 것처럼 죽음을 택하겠다고 말했다.

또 다른 응징

뱃사람들이 꼭 추방의 형벌을 통해서만 그들의 바다를 잃는 것은 아니다.

끈적끈적한 시커먼 죽음의 조수가 매일 바다와 그 해안을 공격한다. 2002년 말, 두 동강이 난 유조선이 갈리시아*와 그 너머로 독을 토해 냈다.

석유로 시커멓게 된 해변에는 십자가가 즐비했다. 죽은 물고기들과 죽은 새들이 썩은 물 위에 둥둥 떠다녔다.

관계 당국은? 눈먼 소경이었다. 정부는? 귀머거리였다.

그러나 어부들과 정박한 배들과 둥글게 말아 놓은 그물은 혼자가 아니었다.

수많은 자원봉사자들이 그들과 함께 적의 침략에 맞서 싸웠다. 사람들은 삽과 냄비로 무장하거나 손에 잡히는 대로 도구를 집어 들고 석유가 상복을 입혀 놓은 모래와 바위를 힘겹게 벗겨 나갔다. 작업은 매주 날마다 계속되었다.

그 수많은 손들은 침묵했을까? 그 손들은 호들갑스럽게 연설하지 않았다. 행동으로 말했다. '눈카 마이스'**라고.

---

* 스페인 북서부에 있는 지방.
** Nunca máis. 갈리시아어로 '제발 이제 그만'이라는 뜻이다. 아르헨티나에서 라울 리카르도 알폰신(Raúl Ricardo Alfonsín, 1927~2009) 민선 정부가 들어선 뒤, '실종자 진상조사 국가위원회'(CONADEP)가 추악한 전쟁 시기(1976~83)에 자행된 군부독재의 범법 행위를 조사해 펴낸 방대한 분량의 보고서 제목도 같은 뜻의 스페인어 표현인 '눈카 마스'(Nunca más)이다.

폭우

하늘이 갈라지면서 머금고 있던 물을 마지막 한 방울까지 쏟아 부었다. 마치 영영 하늘을 비워 버릴 듯이 비가 내렸고 모든 빗물은 바다 위로 쏟아졌다.

수평선의 한쪽 끝에서 다른 쪽 끝까지 요동치며 퍼져 가는 물마루 위로 전함 한 척이 항해하고 있었다. 한 젊은 병사가 두 손을 목덜미에 대고 갑판 위에 누워 비를 흠뻑 맞고 있었다. 그는 자신에게 질문을 던졌다.

병역의 의무를 수행하고 있었지만 그의 관심사는 과학이었다. 그는 거친 바다에 비가 내리는 것을 지금까지 본 적이 없었고, 그래서 그런 터무니없는 현상에 대한 설명을 찾고 있었다. 훌륭한 과학자로서 그는 자연은 때때로 정신이 나가거나 실성한 것처럼 가장하지만 언제나 자신이 무슨 일을 하고 있는지 안다고 믿었다. 아니 그렇게 믿고 싶었다.

아이작 아시모프*는 하늘에서 쏟아지는 총탄에 벌집이 된 채 그곳에 누워 많은 시간을 보냈다. 그러나 그는 아무 답도 찾아내지 못했다. 세상에는 구름에게 비를 뿌려 달라고 애원하는 말라 죽은 땅이 널렸는데, 왜 자연은 물이 넘치는 바다에 비를 뿌리는 걸까?

---

* Isaac Asimov(1920~92). 미국의 SF 작가·생화학자·과학 해설자.

가뭄

라민 사네*와 그의 형제들은 놀이를 멈추었다. 가뭄이 시작된 이후 그들은 태양에 폭격당한 땅을 헤집어 파는 데 필사적으로 매달렸지만 헛수고였다.

어머니는 귀와 목에서 귀고리와 목걸이를 떼어 내 팔았고, 나중에는 옷가지와 가재도구까지 팔았다.

그녀는 아무것도 남지 않은 집의 한복판에서 냄비에 둥둥 떠있는 알량한 먹을거리를 위해 매일 불을 지폈다.

마지막 남은 곡식까지 동이 났다.

어머니는 이웃 사람들이 연기를 볼 수 있도록 계속 불을 지폈다.

기나긴 포위 공격이었다. 라민과 그의 형제들은 가뭄에 둘러싸여 뜬눈으로 밤을 지새웠고 낮에는 끊임없이 하품을 하고 추운 날처럼 몸을 떨며 시간을 보냈다. 뼈만 앙상한 팔을 무릎 위에 올려놓고 불 주위에 둘러앉은 그들은, 이제 하늘에 비를 내려 달라고 간청할 기운조차 없었다.

그때 어머니가 밖에 나갔다 돌아왔고, 이제 그녀가 마룻바닥 밑에 감춰 두었던 작은 은 숟가락은 사라지고 없었다.

그 숟가락은 그녀의 조국 감비아**가 나라를 이루기 훨씬 전부터 조상 대대로 물려받은 그녀의 비밀스러운 보물이자 유일한 재산이었다.

마지막으로 숟가락을 팔아 식구들은 알량한 한 끼 식사를 할 수 있었다.

"하지만 어머닌 생명이 다하셨지요." 라민이 말한다.

그 뒤 어머니는 다시는 일어나지 못했다. 이제 집 한복판에서 타오르던 불도 꺼졌다.

---

* Lamin Sanneh. 감비아 태생으로 예일 신학대학교 교수이다.
** 아프리카 서부에 있는 나라로, 1965년 영국에게서 독립했다.

사막

아직도 세상이 채 만들어지지 않았을 때 투누파 산*은 아들을 잃었다. 그녀는 가슴에서 나오는 시큼한 젖을 땅 위에 뿌려 아들의 죽음에 복수했다. 침수된 안데스의 스텝 지대는 끝없이 펼쳐진 소금 사막으로 변했다.

그 분노로부터 생겨난 우유니 염전은 여행자들을 삼킨다. 그러나 로만 모랄레스**는 그곳을 횡단하기 위해 야마***와 비쿠냐****들이 걸음을 멈추는 기슭에서 길을 떠났다.

얼마 지나지 않아 세상의 마지막 표지가 시야에서 사라졌다.

장화 밑에서 소금 결정체가 뽀드득거리는 동안 시간이 흘렀고 낮과 밤이 지나갔다.

그는 돌아가고 싶었지만, 방법을 알지 못했다. 또 계속 나아가고 싶었지만, 어디로 가야 할지 몰랐다. 눈을 아무리 문질러 봐도 지평선은 어디에도 보이지 않았다. 그는 하얀 빛에 눈먼 채, 눈처럼 눈부신 새하얀 공허만을 보며 무작정 걸었다.

걸음을 내딛을 때마다 통증이 왔다.

로만은 시간 개념을 잃어버렸다.

그는 여러 차례 쓰러졌다. 또 얼음 같은 밤과 불타는 낮의 발길질에 채여 잠을 깨기 일쑤였다. 그는 일어나 남의 살 같은 다리로 계속 걸었다.

사람들이 발견했을 때, 그는 알투차 마을 근처에 쓰러져 있었다. 소금이 그의 장화를 물어뜯어 삼켜 버린 지 오래였고 물통에는 물이 한 방울도 남아 있지 않았다.

그는 서서히 의식을 되찾았다. 자신이 있는 곳이 천국도 지옥도 아니라는 것을 깨달았을 때, 로만은 궁금했다. "그 사막을 횡단한 사람은 과연 누구였을까?"

---

* 볼리비아에 있는 화산. 투누파는 코야족이 섬기는 신으로, 화산과 광선을 주재한다.
** Román Morales García. 스페인 카나리아제도 출신 여행가·탐험가. 1988년부터 3년 반 동안 안데스 산맥을 통해 남미를 도보로 돌아보고 여행서 『남쪽을 찾아서』(*Buscando el sur*)(1995)를 펴냈다.
*** 낙타과의 포유류. 야생의 과나코를 가축화한 종으로 낙타와 비슷하나 훨씬 작다.
**** 남아메리카 안데스 산맥 고지대에 서식하는 낙타과 동물로, 식성이 까다로워 여러해살이풀만 먹는다. 페루·볼리비아 등지에 분포한다.

농부

가난한 농가에서 태어나 자란 안젤로 주세페 론칼리*는 농촌에서 보낸 유년 시절을 회상할 때 결코 감정이 복받쳐 우는 법이 없었다.

"남자들은 인생을 망치는 세 가지 방법을 가지고 있습니다. 여자, 도박 그리고 농사가 그것이죠. 나의 아버지는 가장 따분한 방법을 택하셨습니다." 그는 말하곤 했다.

그러나 그는 매일 바티칸에서 가장 높은 탑인 바람의 탑에 올랐다. 그리고 그곳에 앉아 아래를 굽어보았다. 손에 작은 망원경을 들고 거리를 빠르게 훑어보고 나서 로마 교외의 언덕 일곱 개를 찾았다. 그곳에선 아직도 땅이 온전한 모습으로 남아 있다. 그는 업무를 돌봐야 해서 어쩔 수 없이 교감을 중단해야 할 때까지 멀리 녹지를 바라보며 시간을 보냈다.

내려와서는 펜, 가슴의 십자가와 함께 그가 이 세상에서 가진 유일한 재산인 흰색 수단**을 걸치고 성좌聖座로 돌아가 다시 교황 요한 23세가 되었다.

---

* Angelo Giuseppe Roncalli(1881~1963). 제261대 교황(1958~63년 재위).
** soutane. 성직자가 제의 밑에 받쳐 입거나 평상복으로 입는, 발목까지 오는 긴 옷.

친척들

1992년, 아메리카를 구원한 것으로 묘사되는 어떤 사건*의 오백 주년 기념식이 거행되는 동안, 가톨릭 사제가 멕시코 남동부의 한 오지 마을에 도착했다.

미사 전에 고해성사가 있었다. 원주민들은 토홀로발 말로 죄를 고했다. 카를로스 랜케르스도르프는 그 신비스러운 이야기를 통역하는 것은 불가능하다는 것을 잘 알고 있었지만 최선을 다해 그들이 고해한 내용을 일일이 통역했다.

"옥수수를 내버려뒀다는군요." 카를로스가 통역했다. "옥수수 밭이 슬퍼한다네요. 가보지 않은 지 여러 날 됐답니다."

"불을 함부로 다뤘다네요. 잘 타지 않아 불을 때렸답니다."

"신성한 오솔길을 더럽혔답니다. 이유 없이 정글 칼을 휘두르며 걸어갔대요."

"소를 다치게 했답니다."

"나무 한 그루를 쓰러뜨렸는데 이유를 말해 주지 않았다네요."

사제는 모세의 목록[십계명]에 나오지 않는 그런 죄를 어떻게 해야 할지 몰라 난처했다.

---

* 콜럼버스의 신대륙 발견을 가리킨다.

가족

주제 사라마구*의 조부인 제로니무는 글을 몰랐지만 박식했다. 그는 자신이 아는 것을 말하지 않았다.

병이 났을 때 그는 때가 되었다는 것을 알았다. 그는 말없이 과수원을 거닐며 나무들 옆에서 걸음을 멈추고 일일이 껴안아 주었다. 그는 무화과나무와 월계수, 석류나무, 그리고 서너 그루의 올리브나무와 포옹했다.

길에 차가 기다리고 있었다.

차는 그를 리스본으로, 죽음으로 데려갔다.

---

* José Saramago(1922~2010). 포르투갈의 소설가·언론인. 1998년 노벨문학상을 수상했다.

답례

엔리케 카스타냐레스가 생일을 맞아 파티가 열렸다.
마누엘라 고도이는 초대받지 못했지만, 기타 소리가 그녀를 불렀다.
그녀는 남들과 어울려 지내는 성격이 아니었다. 누구와도 왕래가 없었다. 그녀는 아무도 없이 홀로 세월을 살고 마셨다. 어느 누구를 위해 살지도 않았다. 로블레스 마을 교외의 작은 오두막에 들어박혀 몇 년을 그렇게 지냈는지 아무도 몰랐다. 사람들은 그녀가 찢어지게 가난하며 술병을 껴안고 잠이 들 만큼 지독하게 외롭다는 것을 알았을 뿐이다.
그러나 파티가 있던 그날 밤, 마누엘라는 카스타냐레스 가족의 집 주위를 빙빙 돌며 창문으로 기웃거리고 있었다. 마침내 사람들이 그녀에게 안으로 들어오라고 했고 그녀는 춤판에 합류했다.
그녀는 모두가 지쳐 나가떨어질 때까지 쉬지 않고 춤을 추었고 포도주를 모두 마셔 버렸다.
그녀는 마지막으로 자리를 떴다. 사람들은 그녀에게 구운 고기 몇 토막과 엠파나다* 몇 개를 싸주었다. 그녀는 깊은 밤에 음식 꾸러미를 짊어지고 떠났다. 비틀거리며 옥수수밭으로 들어가더니 모습을 감추었다.
이튿날 아침, 생일을 맞았던 엔리케가 문밖을 내다보니 그녀가 기다리고 서있었다.
"뭘 두고 가셨나요, 도냐 마누엘라?"
그녀는 고개를 가로저었다. 그녀의 손에서는 마치 잔에 담긴 것처럼 작은 호박 하나가 반짝이고 있었다. 그녀가 밭에서 처음 수확한 것이었다.
"당신께 드리려고요." 그녀가 말했다.

---

* 저민 고기, 생선, 야채, 과일 등을 재료로 만든 라틴아메리카의 파이.

포도

그건 불꽃놀이가 아니었다. 전쟁의 소리였다.
총격과 폭격이 예광탄으로 환해진 자그레브*의 하늘을 뒤흔들었다.
한 해가 스러져 가고 있었고 유고슬라비아도 죽어 가고 있었다. 그 사이 프란 세비야**는 마드리드의 국영 라디오 방송국으로 그해의 마지막 기사를 송고했다.
프란은 수화기를 내려놓고 라이터를 켜 시계를 보았다. 그는 침을 삼켰다. 그는 텅 빈 호텔에 혼자 있었다. 날카로운 사이렌 소리와 우레와 같은 포성만 들려왔다. 새해가 바로 코앞이었다. 창문으로 들어오는 전쟁의 섬광이 방안의 유일한 불빛이었다.
프란은 침대에 기대 포도송이에서 포도 열두 알을 떼어 냈다. 그리고 12시 정각에 그것을 먹었다.
한 알 한 알 포도를 먹는 동안 프란은 포크로 스페인에서 가져온 질 좋은 라 리오하***산 포도주 병을 열두 번 가볍게 쳤다.
그는 병을 두드리는 법을 어린 시절 아버지에게서 배웠다. 그때 그의 가족은 마드리드 변두리에 있던, 종鐘도 없는 동네에 살고 있었다.****

---

* 크로아티아의 수도.
** Fran Sevilla(1961~). 스페인의 저널리스트. 스페인 국영 라디오 방송국의 이라크 특파원으로 활동하던 2004년 5월 21일 이라크 나자프에서 저항 세력에게 납치된 뒤 4시간 만에 풀려나기도 했다.
*** 포도주 생산지로 유명한 스페인 중북부의 자치 지방.
**** 스페인에는 새해가 시작되는 순간 종소리에 맞춰 포도 열두 알을 먹는 풍습이 있다.

포도주

 루실라 에스쿠데로는 나이에 걸맞게 행동하지 않았다.
 이미 일곱 명의 아이를 땅에 묻었지만 여전히 신생아의 눈으로 세상을 바라보았다. 그녀는 칠레 산티아고의 집에 있는 세 개의 안뜰, 그녀가 매일 물을 주던 세 개의 작은 정글 주위를 어슬렁거리곤 했다. 식물들과 얘기를 나누고 나서 그녀는 자신의 비애와 고통, 그리고 모든 슬픈 시간의 목소리들에 귀를 막은 채 이웃 동네의 거리를 걷기 위해 집을 나섰다.
 루실라는 천국을 믿었고 자신이 천국에 갈 자격이 있다는 것을 알았다. 그러나 그녀는 집에 있는 것이 훨씬 좋았다.
 그녀는 죽음을 따돌리기 위해 매일 밤 자리를 옮겨 다니며 잠을 잤다. 언제나 침대 옮기는 것을 도와줄 고손자가 있었다. 그녀는 운명의 여신이 자기를 찾으러 왔다가 낙담할 것을 생각하며 입이 째지게 웃었다.
 그때 그녀는 나무를 깎아 만든 긴 파이프에 그날의 마지막 담뱃불을 붙이고 마이포 계곡°의 적포도주로 잔을 채운 다음 홀짝거리며 잠에 빠져들었다. 주기도문과 성모송聖母誦을 바치는 동안 아멘이 나올 때마다 한 모금씩 마셨다.

• 칠레 중부에 있는 마이포 강을 따라 형성된 계곡.

와인 바

그곳은 라모나라는 거미가 몬테비데오 항의 이웃들에게 근면성의 모범을 보이며 천장에 쉬지 않고 거미줄을 쳐서 '라스 텔리타스'*라고 불렸다.

라스 텔리타스는 낮에는 청과물 상점이었고 밤에는 와인 바였다. 별들 아래서 우리 올빼미족들은 마시고 노래하고 이야기를 나누었다.

외상값은 카운터 뒤의 벽에 적어 놓았다.

"저 벽은 너무 지저분해서 금방 무너질 거야." 손님들이 술을 마시는 중에 이따금씩 말하곤 했다.

달레산드로 형제인 뚱보 리토와 홀쭉이 라파는 손님들의 말을 들은 척도 하지 않았다. 마침내 벽에 숫자를 적을 공간이 남지 않게 되었다.

그때 용서의 밤이 펼쳐졌고 치부장置簿帳은 석회로 희게 칠해졌다.

단골들은 와인 잔으로 이마를 가볍게 쳐서 새로운 손님들에게 세례를 주며 그 행사를 기렸다.

---

* Las telitas. 스페인어로 '작은 거미줄'이라는 뜻이다.

맥주

이 묘약은 달팽이들을 파멸로 이끈다.

날이 어두워지면 달팽이들은 은신처에서 나와 식물들의 초록빛 살을 삼킬 태세로 느릿느릿 앞으로 나아간다.

채소밭 한가운데서 한 잔의 맥주가 보초를 서고 있다. 참을 수 없는 유혹이다. 달팽이들은 향기에 이끌려 맥주잔 꼭대기로 기어 올라간다. 심연의 가장자리에서 향기로운 거품을 지긋이 바라보다가 아래로 미끄러져 떨어진다. 그리고 맥주의 바다에서 행복하게 술에 취해 익사한다.*

---

* 달팽이를 꾀는 데 맥주가 효능이 있는 것으로 알려져 있다. 농가에서는 민달팽이가 (주로 상추 같은) 작물에 해를 끼치는 것을 막기 위해, 유인 물질인 맥주에 독성 물질을 섞어 쓰기도 한다.

금단의 열매

다마소 로드리게스에게는 암소들은 있었지만 목장이 없었다. 그의 암소들은 사방팔방 헤매고 다녔다. 주인인 그가 조금만 한눈을 팔아도 우레냐 마을에 들어가 자신들을 유혹하는 공원으로 향했다.

소들은 곧장 공원의 거대한 망고 나무 숲으로 갔다. 그곳에는 넘치도록 부풀어 오른 관목들이 있었고, 또 망고 카펫이 바닥을 뒤덮고 있었다.

경찰이 그들의 연회를 중단시키곤 했다. 소들을 몽둥이로 때리고 감옥에 가두었다.

다마소는 긴 기다림과 훈계를 참으며 경찰서에서 몇 시간씩 보내고서야 비로소 벌금을 물고 소들을 빼내올 수 있었다.

딸인 아우라가 이따금씩 그와 동행했다. 그녀는 눈물을 머금은 채 돌아왔고, 그 사이에 아버지는 경찰들도 자신들이 무슨 짓을 하고 있는지 알고 있다고 귀띔해 주었다. 지천으로 널린 망고가 바닥에 나뒹굴며 썩어 가고 있었지만 동물들은 그런 맛의 향연을 누릴 자격이 없었다. 삶의 위안을 위해 오로지 인간에게만 허락된, 진한 즙의 황금빛 성찬을 즐길 가치가 없었다.

"얘야, 울지 마라. 경찰은 경찰이고 소는 소고 인간은 인간이란다." 다마소가 말했다.

경찰도 소도 인간도 아닌 아우라가 그의 손을 꼭 잡았다.

육체의 죄

그는 평소처럼 숫자를 셌다. 그의 일꾼들은 셈을 할 줄 모르거나, 아니면 셈을 속였다. 그는 셈을 몇 번이고 반복해서 분명히 확인했다. 송아지 한 마리가 비었다.

그는 의심이 가는 일꾼을 붙잡아 끈으로 단단히 묶었다. 그러고는 말에 올라타 그를 질질 끌고 멀리 데려갔다.

돌밭에 살이 벗겨진 일꾼은 살았다기보다는 죽은 사람에 가까운 몰골이었지만, 돈 카르멘 이트리아고는 서두르지 않고 아주 조심스럽게 그를 말뚝에 맸다. 차례차례 말뚝을 박고는 각각의 말뚝에 축축한 가죽 끈으로 죄인의 손과 발, 허리, 목덜미를 묶었다.

일꾼이 애타게 울부짖었다.

"송아지 값을 물어 줄게요, 돈 카르멘. 말씀만 하시면 뭐든지 드릴게요. 제 목숨까지도 내놓을 수 있어요."

"드디어 거부할 수 없는 제안을 하는군." 주인은 말 위에서 내려다보며 이렇게 말하고는 말을 달려 먼지 속으로 멀어졌다.

말 말고는 증인이 없었다. 그런데 말은 이미 죽고 없다.

개미와 태양에 먹힌 일꾼에 대해서는 이름조차 남아 있지 않다. 붉은 땅 위에는 십자가상처럼 두 팔을 벌리고 있는 그의 뼈만 남았다. 돈 카르멘은 이런 일을 떠벌리고 다닐 위인이 아니었다. 왜냐하면 사유재산은 사생활의 일부이고 사생활은 누구도 상관할 일이 아니기 때문이다.

그럼에도 알프레도 아르마스 알폰소*는 그 사연을 이야기했다. 그는 그곳에 있지 않고도 그곳에 있었고 눈으로 보지 않고도 보았다. 그는 우나레 강**에 의해 반으로 갈리는 이 드넓은 계곡에서 세상이 만들어진 이후에 일어난 모든 일들을 봐왔기 때문이다.

---

* Alfredo Armas Alfonzo(1921~90). 베네수엘라의 작가·비평가·역사학자. 마술적 사실주의(magical realism)의 선구자이자 현대 우화의 거장.
** 베네수엘라 중부에 있는 강.

짐승 사냥

아르날도 부에소는 열다섯 살이 되었다.
집안 어른들은 아하구알* 강변 숲에서 성대한 사냥을 벌여 그의 생일을 축하해 주었다. 사냥이 처음이어서 그에게는 후위의 한 자리가 배정되었다. 그는 꼼짝 말고 있으라는 지시와 함께 울창한 숲의 어느 장소에 남겨졌다. 그는 자신을 향하고 있는 22구경 소총을 응시하며 누워 있었다. 그 사이에 사냥꾼들은 개를 풀어놓고 전속력으로 말을 달렸다.
개 짖는 소리가 멀어졌고 소리가 사라졌다.
소총은 나뭇가지에 묶인 긴 벨트에 걸려 있었다.
아르날도는 감히 총을 건드리지 못했다. 두 손을 목덜미에 대고 누워 숲 속에서 훨훨 날아다니는 새들을 즐겁게 바라보았다. 기다림은 길었다. 그는 새들의 노랫소리를 자장가 삼아 잠이 들었다.
그는 나뭇가지가 부러지는 요란한 소리에 잠이 깼다. 그는 깜짝 놀라 온몸이 얼어붙었다. 거대한 사슴이 갑자기 자기 쪽으로 달려드는 것을 가까스로 볼 수 있었다. 사슴은 뛰어오르다가 총의 벨트에 휘감겼다. 아르날도는 총소리를 들었다. 짐승은 총을 맞고 쓰러져 죽었다.
산타 로사 데 코판 마을 전체가 그의 공적을 칭송했다. 결코 본 적이 없는 일이었다. 사슴이 높이 뛰어올랐을 때 밑에서 정확히 발사되어 심장을 꿰뚫었던 것이다.
몇 년이 지난 뒤에 아르날도는 집에서 친구들과 흥겨운 럼주 파티를 하다가 잠시 중단시켰다. 그는 마치 연설이라도 시작할 것처럼 조용히 해달라고 부탁했다. 그는 자신의 사냥꾼 인생에서 처음이자 마지막 영광을 증명하는 거대한 뿔을 가리키며 고백했다.
"그건 자살이었어."

---

* 온두라스의 렘피라 주에 있는 강.

육체의 모욕

욕망의 포로인 한 외로운 남자가 폭풍우 속에서 길을 걷고 있었다. 몬테비데오에서 멀지 않은 시골의 부드러운 언덕들이 부풀어 올라 가슴이나 허벅지의 고혹적인 곡선이 되었다. 파코*는 육체의 유혹을 떨쳐 버리고 싶어 위를 올려다보았다. 그러나 하늘 역시 그의 눈에 평화를 허락하지 않았다. 하늘 위의 구름들은 보조를 맞춰 움직이고 하나로 엉켜 흔들리더니 서로에게 몸을 내어 주고 있었다.

농장을 소유하고 있던, 파코의 누이 빅토리아는 그에게 주의를 주었었다.

"안 된다. 닭 스튜는 절대 안 돼. 닭은 만지지도 마." 그러나 파코 에스피놀라는 그리스인들을 연구했고 운명의 문제에 대해 얼마간 알고 있었다.** 그의 다리는 금지된 영역을 향해 걸어갔고, 그는 숙명의 목소리가 이끄는 대로 순순히 따라갔다.

한참 뒤에 빅토리아는 그가 다가오는 것을 보았다. 느릿느릿 걸어오는 파코의 한 손에 꾸러미가 매달려 달랑거리고 있었다. 그 꾸러미가 죽은 닭임을 알아차렸을 때, 빅토리아는 격노했다.

파코는 조용히 해달라고 부탁했다. 그리고 있었던 일을 사실대로 털어놓았다.

그는 그늘을 찾아 오두막에 들어갔는데, 그때 깃털이 빨간 닭을 보았다. 그는 옥수수를 한 줌 던져 주었고, 닭은 옥수수를 먹으며 말했다. "대단히 감사해요."

그때 눈처럼 하얀 닭이 다가왔고, 역시 예의가 발라 옥수수를 먹으며 고마움을 표했다.

"그런데 그 뒤에 이놈이 왔어." 목 잘린 닭을 흔들며 파코가 말했다. "낟알을 좀 던져 줬는데 건드리지도 않았어. 그래서 '얘야, 넌 안 먹니?'라고 물었지. 그랬더니 볏을 세우고 나한테 '저리 가서 니 에미나 해!'라고 말했어. 상상할 수 있어, 빅토리아? 우리 엄마를? 우리 엄마를!"

---

* Francisco(Paco) Espínola(1901~73). 우루과이의 작가·저널리스트·중등교육 교사.
** 그리스인들의 사유에서는 운명의 불변성이 두드러지며, 가장 본질적인 탐구 대상 역시 운명이다.

다이어트

사라 탈러 베르크홀츠는 키가 무척 작았다. 그녀는 인자한 얼굴부터 배꼽까지 치렁치렁 내려오는 곱슬머리를 손자들이 빗질할 때, 자리에 앉을 필요가 없었다.

사라는 너무 뚱뚱해서 이젠 숨도 제대로 쉴 수 없었다. 시카고의 한 병원에서, 의사는 그녀에게 키와 몸무게의 균형을 되찾으려면 엄격하게 다이어트를 하고 지방을 제거해야 한다고 뻔한 말을 했다.

그녀는 비단결처럼 고운 목소리를 가지고 있었다. 아무리 기력 넘치게 말을 해도 은밀한 고백처럼 들렸다. 그녀는 비밀스러운 얘기를 하듯이 의사를 뚫어지게 쳐다보며 말했다.

"살라미* 없이 사는 게 어떤 의미가 있는지 잘 모르겠네요."

그녀는 죽음의 원인을 끌어안고 이듬해에 사망했다. 심장이 멎었다. 의학적 사인은 분명했지만, 심장이 살라미에 질렸는지, 아니면 폭식하다가 심장이 지쳤는지 결코 알 수 없을 것이다.

● 향미가 강한 소시지.

음식

니콜라사의 숙모는 그녀에게 걷는 법과 요리하는 법을 가르쳐 주었다.

아궁이 앞에서 숙모는 전수받았거나 자신의 손으로 창안해 낸 요리들의 비법을 털어놓았다. 그렇게 니콜라사는 멕시코 식탁의 오랜 신비를 발견하며 성장했고, 또한 전에는 결코 만남의 기쁨을 누리지 못했던 향긋한 맛과 톡 쏘는 향신료 사이의 놀라운 결합을 찬미하는 법을 배웠다.

숙모가 죽고 나서 곧 공동묘지에서 불평하는 소리가 들려왔다. 그녀의 무덤에서 나는 소음 때문에 망자들은 잠을 이루지 못했다. 자신의 조리법으로 요리가 만들어질 때까지 그녀는 영원한 안식을 얻을 수 없었을 것이다.

니콜라사는 식당을 열지 않을 수 없었다. 그곳에선 불행하게도 아주 멀리 살지만 않았다면 신들도 기꺼이 맛보러 올 만한 음식들을 제공한다.

살아 있는 자연

알프레도 미레스 오르티스*는 카하마르카**에서 관습과 날씨에 관한 기억을 수집하고 싶었다. 그 지역 사람들이 그에게 몇 가지 범주를 제안했다.

일식,
비,
홍수,
안개,
서리,
돌풍,
회오리바람.

알프레도는 고개를 끄덕였다.
"아, 예." 그가 말했다. "자연현상들이로군요."
세월이 지나 알프레도는 알게 되었다.
해와 달은 불과 물처럼 서로 견원지간이라 일식이 일어나며, 둘이 만나면 서로 으르렁거리는데 해가 달을 불태우거나 달이 해를 적셔서 꺼버린다는 것을,
비는 강들의 누이라는 것을,
강을 통해 대지의 피가 흐르며 피가 뿌려질 때 홍수가 일어난다는 것을,
또 안개는 나그네들을 놀리며 키득거린다는 것을,
서리는 애꾸눈이어서 농작물을 한쪽만 말라비틀어지게 한다는 것을,
돌풍은 초록빛 달에 뿌려진 씨앗들을 먹어 치우며 입맛을 다신다는 것을,
회오리바람은 다리가 하나뿐이어서 빙글빙글 돈다는 것을.

* Alfredo Mires Ortiz. 페루의 인류학자·작가. 머리말에서 밝혔듯, 이 책에 실린 미술 이미지를 수집한 사람이기도 하다.
** 페루 북부 안데스 산맥에 있는 고원 도시. 케추아어로 '가시들의 마을'을 뜻한다.

알몸을 드러낸 영혼

구전으로 전해 내려오는 몇몇 이야기에 따르면, 생명의 나무는 거꾸로 자란다. 몸통과 가지는 아래쪽을 향하고 뿌리는 위쪽으로 자란다. 우듬지*는 땅으로 가라앉고 뿌리들은 하늘을 바라본다. 나무는 열매가 아니라 기원을 제공한다. 가장 내밀한 것과 가장 연약한 것을 땅속에 감추지 않으며 위험을 무릅쓰고 그것들을 악천후에 드러낸다. 맨살의 뿌리를 세상 풍파에 건네준다.

"그게 삶이다." 생명의 나무가 말한다.

---

* 나무의 꼭대기 줄기.

은행나무

　가장 오래된 나무다. 공룡시대부터 지구상에 존재하고 있다.
　그 잎은 천식을 막아 주고 두통을 가라앉히며 노환을 줄여 준다고 한다.
　또 은행나무는 기억력이 나쁜 사람에게 최고의 치료약이라고 한다. 이것은 입증된 사실이다. 핵폭탄이 히로시마 시를 암흑의 사막으로 바꿔 놓았을 때, 늙은 은행나무 한 그루가 폭발 지점 근처에서 충격을 받고 쓰러졌다. 나무는 그가 지켜 주던 불교 사원처럼 재로 변하고 말았다. 3년 뒤에 누군가가 숯덩이에서 희미한 초록빛이 고개를 내밀기 시작하는 것을 발견했다. 죽은 나무 몸통이 싹을 틔웠던 것이다. 나무는 다시 살아나 가지를 펼치고 꽃을 피웠다.
　학살에서 살아남은 그 나무는 지금도 그 자리에 있다.
　우리 인간이 보고 느끼도록.

살아 있는 역사

베라크루스* 사람들 말에 따르면, 이 집은 멕시코 땅에 있는 에르난 코르테스**의 첫 번째 집이다.

코르테스는 아도비 벽돌과 우이칠라판 강의 돌, 그리고 그의 기함旗艦이 닻을 내렸던 곳 연안의 산호초로 집을 짓도록 했다.

아직도 서있는 그 집은 살아 있는 것처럼 보이지만 질식해 죽었다. 거대한 나무 한 그루가 무수한 팔로 정복자의 집을 목 졸라 죽였다. 나뭇가지와 덩굴식물과 뿌리가 벽을 으스러뜨리고 안뜰을 침범했다. 또 창문을 막아 지금은 햇볕이 전혀 들지 않는다. 무성한 나뭇잎들이 문 하나를 열어 두었지만 아무도 들락거리지 않는다. 그 사이, 이웃들의 무관심 또는 경멸 속에서 수 세기 동안 계속돼 온 느린 파괴의 의식儀式이 아직도 하루하루 진행되고 있다.

• 멕시코 동부 베라크루스 주에 있는 항구도시. 멕시코시티의 외항이자 멕시코 최대의 무역항.
•• Hernán Cortés(1484~1547). 멕시코를 정복한 스페인의 정복자.

쿠신

그녀는 그곳에서 태어났고, 그곳에서 첫발을 내디뎠다.

리고베르타*가 수년 뒤 과테말라로 돌아가게 되었을 때, 그녀의 공동체는 사라지고 없었다. 군인들은 라흐-치멜이라고 불렸던 공동체에 살아 있는 것이라고는 아무것도 남겨 두지 않았던 것이다. 라흐-치멜은 '작은 치멜'이란 뜻으로 손바닥 위에 올려놓을 수 있을 만한 곳이었다. 군인들은 마을 사람들과 옥수수와 암탉을 죽였다. 가까스로 울창한 숲으로 달아난 소수의 원주민들은 개 짖는 소리 때문에 발각될까 두려워 자신들의 개를 목 졸라 죽여야 했다.

리고베르타 멘추는 안개 속에서 고산지대의 고향 마을을 거닐었다. 유년 시절의 개울을 찾아 산을 오르내렸지만 아무것도 남아 있지 않았다. 그녀가 멱을 감았던 시냇물은 말라 버렸다. 어쩌면 그곳을 떠나 멀리 가버렸는지도 몰랐다.

그녀가 영원히 서있을 것이라 믿었던 고목들은 썩은 그루터기만 남아 있었다. 튼튼했던 가지는 교수대로 사용되었고 몸통은 총살대의 벽으로 사용되었다. 그런 뒤에 나무는 죽도록 방치되었다.

리고베르타는 안개를 뚫고 계속 걸었다. 물 없는 물방울, 가지 없는 작은 나뭇잎을 찾아 안개 속을 걸었다. 그녀는 친구 쿠신을 찾았다. 그가 살던 곳에서 그를 찾았다. 그러나 찾아낸 것은 밖으로 노출된 말라비틀어진 뿌리뿐이었다. 그녀가 망명 시절에 꿈속에서 찾곤 했던 나무, 노란 가슴의 하얀 꽃들이 무성하던 그 나무에서 남은 거라곤 그게 전부였다.

쿠신은 하루아침에 늙었고 자신의 몸을 송두리째 뽑아 버렸다.

● Rigoberta Menchú(1959~). 과테말라의 여성 인권 운동가로 전 세계에 라틴아메리카 원주민들의 참상을 알리는 일에 힘썼다. 1992년 노벨평화상을 수상했으며, 그녀의 구술을 엘리자베스 부르고스(Elizabeth Burgos)가 정리한 자서전적 성격의 책인 『내 이름은 리고베르타 멘추, 내 의식은 이렇게 탄생되었다』(*Me llamo Rigoberta Menchú y así me nació la conciencia*)가 있다.

기억하는 나무

일곱 명의 여인들이 둥글게 둘러앉았다.
아주 멀리 떨어진 고향 마을 모모스테낭고*에서 움베르토 아카발**이 그녀들에게 삼나무 밑에서 주운 마른 잎사귀 몇 개를 가져다주었다.
여인들은 각자 나뭇잎을 하나씩 귓가에 대고 가만히 바스러트렸다. 그러자 나무의 기억이 열렸다.
한 여인은 귓가를 간질이는 바람을 느꼈다.
다른 여인은 나뭇가지가 부드럽게 흔들리는 소리를,
또 다른 여인은 새들의 날갯짓 소리를 들었다.
또 다른 여인은 귀에서 비가 내린다고 했다.
또 다른 여인은 작은 벌레가 종종걸음으로 뛰어가는 소리를,
또 다른 여인은 목소리들의 메아리를,
그리고 마지막 여인은 느린 발걸음 소리를 들었다.

---

* 과테말라의 토토니카판 주에 있는 유서 깊은 마을.
** Humberto Ak'abal(1952~). 과테말라 출신의 시인.

기억하는 꽃

난초처럼 보이지만 난초가 아니다. 치자나무 향을 풍기지만 치자나무도 아니다. 하얀 날개 같은 커다란 꽃잎은 꽃자루를 떠나 날아가고 싶어 몸을 떤다. 아마도 이런 이유로 쿠바에서는 마리포사*라는 이름으로 불릴 것이다.

알레산드라 리치오는 나폴리 땅에 아바나에서 가져온 마리포사 알뿌리를 심었다. 낯선 땅에서 마리포사는 잎을 틔웠지만 꽃이 피지 않았다. 몇 달 몇 년 시간이 흘러도 마리포사는 여전히 잎사귀만 틔웠을 뿐이다. 그때 알레산드라의 쿠바인 친구들 몇 명이 나폴리에 도착해 일주일간 그녀의 집에 머물게 되었다.

그런데 그 식물 주위에서는 고향의 목소리들, 즉 노래하듯 말하는 앤틸리스 제도** 특유의 말투가 울리고 또 울렸다. 마리포사는 칠일 동안 밤낮 없이 그 음악적인 대화에 귀를 기울였다. 쿠바인들은 깨어 있을 때도 잠들었을 때도 말하기 때문이다.

공항에서 친구들을 배웅하고 집에 돌아왔을 때, 알레산드라는 갓 피어난 하얀 꽃을 발견했다.

---

* mariposa. 스페인어로 '나비'라는 뜻이다.
** 서인도제도에서 바하마 제도를 제외한 섬들로 이루어진 제도.

자카란다 나무

밤이면 노르베르토 파소는 부에노스아이레스 항에서 자루를 운반했다.

낮에는 항구에서 멀리 떨어진 이곳에 집을 지었다. 블랑카는 그에게 벽돌과 회반죽 통을 올려 주었고 흙 마당 주변에 벽들이 세워지고 있었다.

집이 반쯤 지어졌을 때 블랑카가 시장에서 자카란다 나무 한 그루를 가져왔다. 그녀가 거금을 주고 산 작은 나무였다. 노르베르토는 두 손으로 머리를 움켜쥐었다.

"제정신이 아니로군." 그는 이렇게 말하고는 그녀를 도와 나무를 심었다.

집이 다 지어졌을 때, 블랑카가 죽었다.

몇 년의 세월이 흘렀고 이제 노르베르토는 거의 바깥출입을 하지 않는다. 일주일에 한 번 시내까지 몇 시간을 걸어 나가, 연금이 쥐꼬리만 해 목을 매달 밧줄조차 살 수 없다고 항의하는 다른 노인들과 합류한다.

늦은 밤 노르베르토가 집에 돌아오면 자카란다 나무가 그를 기다리고 있다.

바나나 나무

그의 스승은 예루살렘의 한 십자가에서 죽었다. 치욕적인 죽음이었다. 이천 년 뒤에 부에노스아이레스의 거리에서 총탄이 카를로스 무히카*의 가슴을 벌집으로 만들었다.

카를로스의 의형제인 오를란도 요리오는 거리에 남은 그의 피를 깨끗이 씻어 주고 싶어 물통과 빗자루를 들고 갔다. 그러나 경찰이 허락하지 않았다. 그래서 오를란도는 손에 빗자루를 든 채 집 앞에 멈춰 서서 여러 사람이 흘린 것처럼 많은 피가 괴어 있는 커다란 웅덩이를 뚫어져라 쳐다보았다.

그때 예고도 없이 격렬한 빗줄기가 쏟아졌고 어느 바나나 나무 아래까지 피를 쓸어 갔다. 바나나 나무는 마지막 한 방울까지 피를 마셨다.

---

* Carlos Mugica(1930~74). 아르헨티나의 로마 가톨릭교 신부이자 활동가. 1974년 5월 11일 암살당했다.

녹색 대화

움직이지 않는 것처럼 보이지만, 숨을 쉬고 걷고 빛을 찾는다.
그리고 말을 한다. 알려진 것은 거의 없지만, 적어도 나무가 타격을 당하거나 상처를 입으면 독을 발산해 스스로를 지키고 주위의 나무들에게 경계 신호를 보낸다는 사실은 입증되었다. 나무들의 언어로 '위험해', '조심해'라고 말하는 단어들이 공기 중에 떠다닌다. 그러면 주위의 나무들 역시 독을 내뿜으며 자신의 몸을 보호한다.
아마도 나무들이 처음으로 땅 위에 솟아나 번식하고 다람쥐가 가지에서 가지로 건너뛰며 세상을 떠돌 수 있다는 얘기가 있을 정도로 숲이 무성해졌을 때부터 그랬을 것이다.
지금은 사막과 사막 사이에서, 살아남은 나무들이 서로를 돌보는 좋은 이웃의 옛 습성을 생생하게 간직하고 있다.

침묵의 숲

그의 생일이 몸통에 그려 놓은 반지가 여럿이다. 이 나무들, 땅속 깊이 뿌리를 내리고 수 세기를 살아온 이 거대한 고목들은 도망칠 수 없다. 그들은 전기톱 앞에서 날카로운 소리를 내며 무방비로 쓰러진다. 그들이 쓰러질 때마다 세상이 무너지고 새떼들은 집을 잃는다.

거추장스러운 고목들은 살해당할 운명이다. 그들이 있던 자리에는 수익성 좋은 묘목들이 자란다. 천연 숲은 인공 숲에 자리를 내준다. 군대의 질서, 산업의 질서가 자연의 무질서를 이긴다. 수출용으로 조성되어 세계시장을 향해 행진하는 소나무와 유칼리나무는 대열을 이룬 군인들의 행렬처럼 보인다.

패스트푸드, 패스트우드. 인공 숲은 하루아침에 자라 순식간에 팔려 나간다. 외화 벌이의 원천이자 개발의 본보기, 진보의 상징인 이 나무 농장들은 땅을 말라비틀어지게 하고 토양을 황폐화시킨다.

인공 숲에는 새들이 노래하지 않는다.

사람들은 이곳을 '침묵의 숲'이라고 부른다.

외로운 짐승들

둥지가 있던 나무가 쓰러졌을 때 마코앵무새는 아직 어렸다.
네 개의 벽면으로 가로막힌 어느 집 새장에 갇혀 평생을 보냈다.
여주인이 죽자 버려졌다. 키토* 근교에 슬픈 짐승들을 보호하는 시설을 운영했던 슐렝커 가족이 그를 거두었다.

이 마코앵무새는 단 한 번도 친척을 본 적이 없었다. 지금은 다른 마코앵무새들과 잘 지낼 수 없었고, 앵무새 과科의 다른 어떤 사촌들과도 마찬가지였다.

심지어는 자기 자신과도 잘 지낼 수 없었다. 그는 구석에 웅크리고 앉아 몸을 떨거나 꽥꽥 소리를 질렀다. 또 부리로 깃털을 쪼아 맨살이 드러난 살갗에서 피가 났다.

아이 가엾어라! 그 누구보다 외로운 존재였다. 그러나 나를 보호소로 데려간 압돈 우비디아는 세상에서 가장 외로운 짐승을 소개했다.

마지막 남은 파카, 즉 야생 기니피그였는데, 밤에는 다람쥐 쳇바퀴를 돌리듯 걸어 다니고 낮이면 쓰러진 나무의 속 빈 몸통 속에 숨어서 시간을 보낸다. 그는 그의 종種 중에서 이 지역에 살아남은 유일한 생존자다. 같은 종의 친척들은 모두 몰살당했다.

그에게는 죽음을 기다리는 동안 함께 이야기를 나눌 상대조차 없다.

---

* 에콰도르의 수도.

후디니

　밀림에서 그를 사로잡았을 때, 사냥꾼들은 그의 날개 하나를 잘랐다. 키티 히쉬어가 푸에르토 바야르타 시장에서 그를 발견했다. 가엾게 여겨 놓아줄 생각으로 그를 샀다. 그러나 앵무새는 혼자 힘으로 살아갈 능력이 없었다. 날개가 잘려 나간 불구의 몸으로는 굶주린 적에게 한입에 잡아먹히기 십상이었다. 키티는 그를 트럭에 실어 몰래 국경 지역으로 데려갈 요량이었다. 미국에 불법 체류하는 수많은 멕시코인들 무리에 합류하게 되는 것이었다.
　그는 틈만 나면 탈출하려는 습성 때문에 후디니˙라는 이름을 갖게 되었다. 여행 첫날에 힘센 부리로 새장 문을 들어 올렸다. 둘째 날에는 새장 바닥을 뜯어냈다. 또 셋째 날에는 철망에 구멍을 뚫었다. 넷째 날에는 지붕으로 도망치려고 했지만 이제 남은 기운이 없었다.
　후디니는 말하지도 먹지도 않았다. 그는 침묵의 투쟁, 단식투쟁 끝에 죽었다.

● 밧줄·쇠사슬에 묶이거나 상자 등에 갇힌 상태에서 탈출하는 묘기를 보여 준 미국 곡예사 해리 후디니(Harry Houdini, 1874~1926)의 이름에서 유래해, 탈출하는 데 선수인 사람이나 동물을 가리킨다.

개구리

아름다운 소녀가 두꺼비에게 입을 맞추면 두꺼비는 왕자로 변한다는 말이 있다. 두꺼비가 썩 키스하고 싶은 외모를 지닌 건 아니지만, 몇몇 소녀들이 시도를 해보았다. 그러나 말대로 되지 않았다.

한편, 화학 살충제가 개구리들에게 입을 맞추었을 때, 그들은 괴물로 변했다.

전에는 간혹 가다 기형 개구리가 나타났지만, 최근 몇 년 동안 미네소타 호수와 펜실베이니아 숲을 비롯한 많은 곳에서 드문 현상이 아니라 일상적인 일이 되었다. 해마다 점점 적은 수의 개구리가 태어나는데, 눈이 없거나 다리가 하나 부족하거나 하나 더 달린 개구리들은 갈수록 많아지고 있다.

첫 개구리의 노래가 세상의 침묵을 깨뜨린 그 아득한 옛날부터 이미 수백만 년 동안 물과 육지를 오가며 살아온 개구리들은, 이제 바람을 타고 살포된 치명적인 화학 독극물과 만나게 되었다.

씨앗

브라질에서 농부들이 물었다. "사람 없는 땅이 널렸는데 왜 땅 없는 사람들이 그렇게 많습니까?" 대답은 총탄으로 돌아왔다.

그러나 그들은 이미 유일한 유산인 두려움을 잃어버렸다. 그들은 계속 질문하고 계속 땅을 정복했으며 일하고 싶어 하는 죄를 계속 저질렀다.

이제 수백만으로 불어난 농부들이 계속 물었다. "왜 화학물질로 땅을 괴롭히게 놔두는 거죠?" 또한 이렇게 묻기도 했다. "씨앗이 더 이상 씨앗이 아니라면 우린 어떻게 될까요?"

2001년 초, 땅 없는 농민들이 리우그란데두술 주에 위치한 몬산토 사*의 유전자변형 종자 실험 농장을 습격했다.** 그들은 인공 대두大豆를 단 한 그루도 남기지 않고 쑥대밭으로 만들었다.

농장은 '낭 미 토키'***라는 이름으로 불렸다.

● 미국의 유기농 제품, 곡식 종자 생산 및 판매 업체.
●● 2001년 1월 25일 한밤중에 무토지 농민운동(MST) 정착지 소속의 농민 약 1천2백 명이 몬산토 사의 실험농장을 습격한 사건을 가리킨다.
●●● Não me toque. 포르투갈어로 '날 만지지 마라는 뜻이며, 이 농장이 있는 리우그란데두술 주의 소도시 이름이기도 하다. 20세기 중엽 이탈리아인들과 독일인들에 의한 식민화 시기 이 지역에 이름이 같은, 가시 많은 관목을 흔히 볼 수 있던 데서 유래했다는 설이 있다.

풀

속 쓰림에는 껍질을 벗겨 구운 토마토.
과식에는 끓인 부들레야* 잎.
통증에는 용설란 연고나 천연고무, 또는 삶은 선인장.
선인장 살과 사르사**는 피를 맑게 하고 완두콩 깍지는 신장을 씻어 주며, 잣은 장을 세척한다.
손가락 나무***에서 피는 다섯 손가락 모양의 꽃은 심장에 평정과 기력을 제공한다.
정복자들은 멕시코에서 이 진기한 식물들을 발견했다. 그들은 열을 내려 주고, 기생충을 죽이고, 오줌이 잘 나오게 하고, 뱀의 독을 풀어 주는, 발음을 알아듣기 어려운 토착명을 가진 다른 약초들과 함께 이 식물들을 유럽으로 가져갔다.
아메리카의 오랜 민간요법은 유럽에서 좋은 반응을 얻었다.
그러나 몇 년 뒤에 종교재판이 사냥을 시작했다. 식물들에 대한 지식은 고문이나 화형에 처해 마땅한, 의사의 탈을 쓴 마녀들과 악마들의 도구였다. 그들의 이국적인 의복 아래로 사탄의 갈라진 발이 모습을 드러냈다.
그 묘약과 연고는 타인의 침대에서 죄를 짓도록 부추기는 초콜릿의 불길과 담배 연기처럼, 그리고 이단자들이 우상숭배의 악랄한 술책을 통해 공중을 떠다니려고 먹는 악마의 버섯처럼 아메리카의 지옥에서 온 것들이었다.

---

* 쌍떡잎식물 합판화군 용담목 마전과 부들레야속 식물의 총칭.
** 청미래덩굴속의 식물 또는 이것에서 추출한 물질. 음료나 약물의 향료로 쓰인다.
*** Árbol de las manitas. 아스텍 사람들이 숭배했던 나무로 멕시코와 과테말라에 서식한다. 꽃이 손가락 모양인 데서 이름이 유래했다.

치료하는 산

이 산은 정말 산인가?
아니면 무릎을 세우고 태양을 향해 누운 가슴 봉긋한 여인인가? 그녀의 이름은 나바호족*의 언어로 디이치티**다.
구름은 치료사의 몸에 물을 뿌리고, 병자들을 치료하거나 위로하는 약초들이 돋아난다.
그녀의 내장은 경석輕石으로 되어 있다. 애리조나 터플리트 사社가 수년 동안 그녀를 야금야금 갉아먹었다. 지금 그녀는 벌건 생살을 드러내고 있다. 그녀에게 녹색 살갗은 거의 남아 있지 않으며, 거대한 상처는 멀리서도 눈에 띈다.
새것조차 낡아 보이게 하는 것[구제舊製 스타일]이 유행하면서 경석으로 닳게 한 청바지가 시장에서 잘 팔리자, 굴착이 더 잦아졌다. 그러나 저항 역시 빈번해졌고, 이번에는 수많은 목소리들이 단 하나의 천둥소리가 되어 저항했다. 전통적으로 통치자에 의해 갈라져 있던 나바호족과 호피족,*** 후알라파이족,**** 디네족,***** 수니족,****** 그리고 그 밖의 부족들이 한목소리를 냈다. 회사는 물러가지 않을 수 없었다.
새 천년이 시작되었을 때, 원주민들은 그들을 치료하는 여인을 치료하기 시작했다.

---

* 아메리칸인디언 아타파스카족의 일족. 미국 애리조나 주, 뉴멕시코 주, 유타 주에 있는 나바호 인디언 보호구역에 거주하는 최대의 종족으로, 채집이나 수렵 위주의 원시적 경제생활을 하며 특히 은 세공에 뛰어나다.
** Diichiti. '힘센 산'(mountain of strength)이라는 뜻이다.
*** 미국 애리조나 주 북동부에 거주하는 푸에블로인디언의 일족.
**** 그랜드캐니언 웨스트 림의 대규모 인디언 보호구역에 거주하는 부족.
***** 나바호족의 언어로 자기 부족을 일컫는 말이다. 나바호족과 다른 부족인 것처럼 나열된 것은 오류로 보인다.
****** 미국 뉴멕시코 주 서부에 거주하는 푸에블로인디언의 일족.

귀 기울이는 대지

같은 시기에 남쪽으로 수천 레구아* 떨어진 사모레 산악 지대에서, 우와족** 원주민들이 총을 앞세운 침입에 자신들의 땅에서 쫓겨났다. 헬리콥터와 보병대가 옥시덴탈 페트롤리엄***에 길을 터주었고, 콜롬비아 신문은 앞다투어 "적대적인 환경에 구축한 이 진보의 전진기지"를 환영했다.

천공기가 작업을 시작했을 때, 전문가들은 유정에서 자그마치 14억 배럴의 원유가 쏟아질 것으로 예상했다.

매일 동틀 녘과 해 질 녘에 원주민들은 안개 낀 산정에 모여 주문을 외웠다.

일 년이 지났을 때, 회사는 6천만 달러를 썼지만 석유는 한 방울도 나오지 않았다.

우와족 사람들은 대지가 귀머거리가 아니라는 사실을 다시 한 번 확인했다. 대지는 그들의 말에 귀를 기울였고, 나무들이 죽지 않고 목초가 말라비틀어지지 않으며 샘에서 독이 흘러나오지 않도록 자신의 검은 피, 석유를 숨겼다.

그들의 언어로 '우와'는 '생각하는 사람들'을 의미한다.

---

* 거리의 단위로 5,572.7미터에 해당한다.
** 콜롬비아 아라우카 주에 사는 부족. 부족 전원이 다국적기업의 석유 개발을 막기 위해 집단 자살을 하겠다며 배수진을 쳐서 세상에 널리 알려졌다.
*** 미국의 석유 회사.

말하는 화산

얼마 전, 멕시코 계곡에서 산이 폭발했다.

불붙은 구름, 시뻘건 바위들, 불타는 재. 포포카테페틀 화산*은 축구장 네 배 크기의 커다란 입구를 막고 있던 돌멩이들을 토해 냈다.

인근 마을 사람들을 소개하는 것은 거의 불가능했다.

"싫어요, 싫습니다." 사람들이 저항했다. "그는 착해요. 우리를 해치지 않을 거예요."

그 지역 사람들은 언제나 돈 포포와 더불어 먹고 마신다. 그에게 토르티야와 테킬라, 그리고 음악을 제공한다. 또 강낭콩과 옥수수를 위해 비를 부탁하고 대기와 삶에서 만나는 우박과 삭풍 앞에서 도움을 청한다. 그는 시간**의 달인인 일기예보자들의 입을 통해 그들에게 응답한다. 일기예보자들은 꿈꾸는 동안 그의 말을 귀담아 들었다가 나중에 사람들에게 전해 준다.

그것이 관습이다. 그러나 이번에 포포는 예고하지 않았다. 어떤 일기예보자도 화산이 숨이 막히고 다른 사람의 입을 통해 말하는 데 지쳤다는 것을 알지 못했다.

그래서 화산은 직접 자기 생각을 말했다.

그는 아무도 죽이지 않았다.

폭발이 일어난 날 밤, 마치 아무 일도 없다는 듯이, 산기슭의 한 마을에서 세 건의 결혼식이 있었고, 하늘의 붉은 빛이 예식을 밝게 비추었다.

---

* 꼭대기가 눈으로 덮인 원뿔 모양의 활화산으로 멕시코시티의 동남쪽에 위치해 있다. 해발 5,426미터로 피코 데 오리사바에 이어 멕시코에서 두 번째로 높은 산이며 이스타시와틀과 이어져 있다.

** tiempo. 스페인어로 '시간' 외에 '날씨'라는 뜻도 있다.

침묵하는 산

식민지 시대에 포토시에 있는 세로 리코*는 많은 양의 은과 수많은 과부를 생산했다.

2세기가 넘는 기간 동안, 유럽은 아메리카의 이 얼어붙은 산정에서 서구의 기독교적 의식을 준수했다. 유럽은 은을 강탈해 가는 대신 매일 밤낮 산에 인육을 바쳤다.

갱 입구로 들어간 사람들 중 열에 일곱은 나오지 못했다. 유럽 자본주의 — 아직 그런 이름을 갖지 않았다 — 의 발전을 위해 볼리비아 — 마찬가지로 아직 그런 이름으로 불리지 않았다** — 에서 몰살이 자행되었다.

오늘날 세로 리코는 속이 텅 빈 산이다. 은은 작별 인사도 없이 모두 멀리 떠났다.

원주민어로 포토시Potojsi는 '천둥 치다', '폭발하다'를 의미한다. 전하는 말에 따르면, 아득한 옛날 이 산은 상처를 입었을 때 우르릉거렸다고 한다. 뺑뺑 뚫린 구멍만 남은 산은 이제 말이 없다.

* Cerro Rico. 스페인어로 '부유한 언덕'을 뜻하며, 한때 세계 최대의 은광이었다.
** 1825년 스페인으로부터 독립하면서 볼리비아가 탄생했다.

첫 수업

두더지들에게서 우리는 터널 뚫는 법을 배웠다.
비버들에게서 우리는 제방 쌓는 법을 배웠다.
새들에게서 우리는 집 짓는 법을 배웠다.
거미들에게서 우리는 천 짜는 법을 배웠다.
아래로 구르는 나무 몸통들에게서 바퀴를 배웠다.
물 위에 떠서 표류하는 나무 몸통들에게서 배를 배웠다.
바람에게서 범선을 배웠다.
누가 우리에게 악행을 가르쳤을까? 누구에게서 이웃을 괴롭히고 세상을 굴복시키는 법을 배웠을까?

최후의 심판

언젠가 우리가 최후의 심판을 받게 될 거라는 예감을 떨쳐 버릴 수 없다. 나는 이 세계의 왕국을 돌의 사막으로 바꿔 놓았다고 힐책하며 발이나 나뭇가지로 우리를 가리킬 검찰관들에게 심문받는 우리 모두의 모습을 상상한다.
 "당신들은 이 지구를 어떻게 한 겁니까?" "대체 어느 슈퍼마켓에서 그 권리를 샀습니까?" "누가 당신들에게 우리를 학대하고 우리를 몰살시킬 권리를 부여했습니까?"
 나는 동식물들의 고등재판소가 인류에게 종신형을 선고하는 장면을 떠올린다.
 죄인들 때문에 우리도 죗값을 치르게 될까? 우리는 모두 영원히 지옥에서 살게 될까? 모두들 땅과 물, 공기를 오염시킨 장본인들 옆에서 서서히 불길에 타들어 갈까?
 전에 나는 최후의 심판은 하느님의 일이라고 믿었다. 검은 태양, 피의 달, 신의 분노. 최악의 경우에는 연쇄살인범들, 텔레비전에 출연한 가수들 그리고 문학 비평가들과 함께 영원히 바비큐 신세가 될 것이라고 생각했다.
 지금 생각해 보면, 그건 새 발의 피처럼 보인다.

시간의 지도

45억 년 전에서 1년을 전후로 해 작은 별 하나가 오늘날 지구라고 불리는 행성을 뱉어 냈다.

약 42억 년 전에 최초의 세포가 바다의 수프를 마시고 마음에 들어 했고, 마실 것을 건네줄 대상을 갖기 위해 둘로 쪼개졌다.

4백만 년 남짓 전에 아직 유인원에 가까웠던 여자와 남자가 두 발로 일어서서 서로 부둥켜안았다. 그 사이에 난생처음 얼굴을 맞대고 서로 마주보는 기쁨과 공포를 경험했다.

약 45만 년 전에 여자와 남자는 두 개의 돌을 문질러 최초의 불을 붙였고, 이 불은 그들이 두려움과 추위에 맞서 싸우도록 도와주었다.

약 30만 년 전에 여자와 남자는 최초의 단어를 말했고 그들은 서로를 이해할 수 있다고 믿었다.

그리고 우리는 아직도 그 상태에 머물러 있다. 둘이 되기를 원하고, 두려움으로 죽어 가고, 추위로 죽어 가며, 또 단어를 찾고 있다.

침묵

플라타포르마 레스토랑에서 친구들이 빙 둘러앉은 테이블은, 톰 조빙*에게 한낮의 태양과 리우데자네이루의 혼잡한 거리로부터의 도피처였다.

그날 한낮에 톰은 따로 앉아 있었다. 구석 자리에서 제 페르난두 바우비와 맥주를 마시고 있었다. 둘은 밀짚모자를 같이 쓰는 사이였다. 하루는 한 사람이 쓰고 그다음 날은 다른 사람이 쓰는 식으로 교대로 사용했고, 다른 물건들도 공유했다.

"안 돼." 누군가가 가까이 다가오면 톰이 말했다. "난 아주 중요한 대화를 나누는 중이야."

또 다른 친구가 접근하면,
"네가 아무리 양해를 구한다 해도 우린 지금 할 얘기가 많아."라고 말했다.

또 다른 친구가 다가오면,
"미안하지만 우린 심각한 문제를 논의하고 있어."라고 말했다.

그 외진 구석 자리에서 톰과 제는 서로 한마디도 하지 않았다. 제 페르난두는 빌어먹을 날을 보내고 있었다. 달력에서 뜯어내 기억에서 지워 버리고 싶은 그런 날들 중의 하루였다. 그래서 톰은 말없이 맥주잔을 기울이며 그와 함께 있어 주었다. 그들은 침묵의 음악에 잠긴 채 정오부터 해 질 녘까지 그렇게 자리를 지키고 있었다. 두 사람이 천천히 걸어서 자리를 떴을 때는 이미 레스토랑이 텅 비어 있었다.

---

* Tom Jobim(1927~94). 브라질의 작곡가·가수·피아노 연주가. 본명은 안토니우 카를루스 조빙(Antônio Carlos Jobim). 전 세계적으로 보사노바 열풍을 불러일으킨 장본인이다.

말

알토 파라나*의 밀림에서 트럭 운전수가 나에게 조심하라고 경고했다.
"야만인들을 조심하시오." 그가 말했다. "아직도 일부가 이곳을 활보하고 있어요. 다행히 극소수만 남았소. 나머지는 동물원에 가둬 두었어요."
그는 나에게 스페인어로 말했다. 그러나 그것은 그가 일상적으로 사용하는 언어가 아니었다. 평소에 트럭 운전수는 그가 두려워하고 경멸하는 야만인들의 언어인 과라니어**를 사용했다.
이상하게도 파라과이에서는 정복당한 사람들의 언어를 사용하고 있다. 더 이상한 건 그들은 말이 신성하다고 믿으며 지금도 여전히 그렇게 믿고 있다는 사실이다. 거짓된 말은 그 말이 지칭하는 사물을 모욕하지만, 참말은 그 영혼을 드러낸다. 그들은 영혼이, 자신을 지칭하는 말들 속에 산다고 믿는다. 만일 내가 나의 말을 건네면 나 자신을 건네는 것이다. 언어는 쓰레기통이 아니다.

---

* 파라과이의 열 번째 주로 주도는 시우다드 델 에스테이다.
** 투피어족에 속하는 언어로 파라과이에서 스페인어와 함께 공용어로 사용된다.

편지

엔리케 부에나벤투라*가 칼리**의 한 바에서 럼주를 마시고 있을 때 낯선 사람이 테이블로 다가왔다. 그 남자는 자신을 벽돌공이라고 소개하고는 무례를 용서해 달라며 방해해서 미안하다고 했다.
"제게 편지 한 통을 써주셨으면 합니다. 연애편지요."
"내가요?"
"사람들 얘기로는 선생님이 하실 수 있다고 해서요."
엔리케는 전문가가 아니었지만 가슴이 뿌듯했다. 벽돌공은 자신이 문맹이 아니라고 밝혔다.
"저는 글을 쓸 수 있어요. 쓸 줄 알지요. 하지만 그런 편지는 못 써요."
"누구에게 보낼 건가요?"
"그…… 녀에게요."
"그녀에게 무슨 말을 하고 싶어요?"
"그걸 알면 선생님께 부탁드리지 않죠."
엔리케는 머리를 긁적였다.
그날 밤 그는 연애편지와 씨름했다.
다음날 벽돌공이 편지를 읽었다.
"이거예요." 그가 눈을 반짝이며 말했다. "바로 이거였어요. 하지만 제가 하고 싶은 얘기가 바로 이거라는 걸 알지 못했습니다."

---

* Enrique Buenaventura(1925~2003). 콜롬비아의 작가·배우·감독.
** 콜롬비아 서부 바예 델 카우카 주에 있는 상공업 도시. 정식 명칭은 산티아고 데 칼리.

편지들

후안 라몬 히메네스*는 마드리드 교외에 있는 요양소 침대에서 편지 봉투를 열었다.
그는 편지를 읽고 나서 사진을 황홀하게 바라보았다. "당신의 시 덕분에 전 이제 혼자가 아니에요. 얼마나 자주 당신 생각을 하는지요!" 머나먼 곳에서 그에게 첫 편지를 보내온 미지의 애독자 헤오르히나 우브네르가 고백하고 있었다. 핑크색 편지지는 장미향이 났고, 그녀는 세피아 톤 사진 속에서 리마**의 장미 정원에 놓인 흔들의자에 앉아 미소 짓고 있었다.
시인은 답장을 보냈다. 얼마 후에 배가 헤오르히나의 또 다른 편지를 스페인으로 실어 왔다. 그녀는 격식을 차린 그의 어조를 책망하고 있었다. 그리고 후안 라몬의 변명이 페루로 여행을 떠났다. "의례적으로 들렸다면 용서해요. 그리고 타고난 수줍음 탓이니 날 믿어요." 그렇게 북쪽과 남쪽, 병상의 시인과 그의 열독자 사이를 천천히 항해하며 편지들이 계속 이어졌다.
퇴원해서 안달루시아***의 집으로 돌아갔을 때, 후안 라몬은 먼저 헤오르히나에게 진심 어린 감사의 편지를 보냈고 그녀는 그의 손을 떨게 만든 말로 답장했다.
헤오르히나의 편지는 공동의 작품이었다. 한 무리의 친구들이 리마의 한 바에서 편지를 썼다. 그들은 사진, 이름, 편지들, 섬세한 필적 등 모든 것을 날조했다. 후안 라몬의 편지가 도착할 때마다 친구들은 함께 모여 어떻게 답을 할지 논의하고 나서 본격적으로 편지를 쓰기 시작했다.
시간이 흐르고 편지가 오가면서 상황이 달라졌다. 그들은 어떤 하나의 편지를 쓰기로 계획을 세웠지만 결과는 의도와 동떨어진 편지가 되고 말았다. 훨씬 더 자유분방하고 변덕스러워져서 필경 어느 누구도 닮지 않고 누구도 따르지 않는 그들의 공동의 딸이 구술한 것 같았다.

---

* Juan Ramón Jiménez(1881~1958). 순수시를 주창했던 스페인 시인. 1956년 노벨문학상을 수상했다.
** 페루의 수도.
*** 스페인 남서부에 있는 곡창지대.

그런 와중에 여행 계획을 알리는 후안 라몬의 편지가 도착했다. 시인은 배를 타고 리마를 향해, 그에게 건강과 기쁨을 되돌려 준 여인을 향해 떠날 예정이었다.

긴급 대책 회의가 열렸다. 어떻게 하기로 했을까? 모든 것을 털어놓았을까? 그런 잔혹한 행위를 저지를 수 있었을까? 그들은 길고도 힘겨운 토론을 거쳐 마침내 결론을 내렸다.

이튿날 안달루시아 주재 페루 영사가 모게르의 올리브 숲 한가운데에 있는 후안 라몬의 문을 두드렸다. 영사는 리마로부터 헤오르히나 우브네르의 사망을 알리는 급전을 받았던 것이다.

우편배달부

나는 그가 온화하고 장난기 어린 얼굴로 관 속에 누워 있는 것을 보았다. 나는 생각했다. 믿을 수 없는 일이야. 뚱보 소리아노*는 죽은 척하고 있었다.

덩치만 작을 뿐 뚱보 아버지와 판박이인 아들 마누엘이 나에게 무슨 영문인지 말해 주었다. 그는 며칠 전에 죽은 자신의 친구 필리피에게 전해 달라며 아버지에게 편지 한 통을 건네주었다고 했다.

필리피는 작은 도마뱀이었다. 카멜레온의 습성을 지녀 원할 때마다 몸 색깔을 바꾸곤 하는 희귀한 도마뱀이었다. 편지에서 마누엘은 죽어 있는 동안 즐길 수 있도록 필리피에게 게임을 가르쳐 주었다. 죽어 있는 것은 정말 따분하기 때문이었다. 그 게임을 하려면 뭔가 글자를 써야만 했다. "발톱을 이용해, 필리피." 마누엘이 그에게 가르쳐 주었다.

무슨 일이 있었는지 분명했다. 단편과 소설, 독자들에게 보내는 편지를 쓰면서 평생을 보내온 오스발도 소리아노는 지금 편지를 배달하고 있었다. 그는 곧 돌아왔다.

---

* Osvaldo Soriano(1943~97). 아르헨티나의 작가·저널리스트. 축구광인 그의 문학에는 축구에 대한 열정이 잘 드러나 있다.

독자

어느 단편에서, 소리아노는 파타고니아*의 사라진 작은 마을에서 축구 시합이 펼쳐지는 모습을 상상했다. 그때까지 그 경기장을 방문한 어느 누구[원정팀]도 골을 넣지 못했다. [골을 넣은 원정팀 선수에게 홈팀의 팬들이 가할] 교수형이나 무시무시한 매질이 기다리는 상황에서 [골을 넣지 못하는 데 따른] 고충조차 드러낼 수 없었다. 원정팀은 경기 내내 유혹을 참았다. 그러나 종료 휘슬이 울리기 직전 골키퍼와 일대일로 맞선 중앙 공격수는, 그의 가랑이 사이로 볼을 차넣지 않을 수 없었다.

10년 뒤, 소리아노가 네우켄** 공항에 도착했을 때, 한 낯선 사람이 그를 꽉 껴안더니 여행 가방을 비롯해 그의 소지품 일체와 함께 그를 번쩍 들어 올렸다.

"그냥 평범한 골이 아니었어요! 대단한 골이었죠!" 그가 외쳤다. "내가 당신을 직접 눈으로 보게 되다니! 당신은 펠레처럼 골 세레모니를 했어요!" 그는 무릎을 꿇고 하늘을 향해 두 팔을 벌렸다.

그러고 나서 머리를 감쌌다.

"돌이 마치 비 오듯 쏟아졌지요! 또 우리에게 얼마나 주먹질을 퍼붓던지!"

소리아노는 손에 가방을 들고 입을 벌린 채 그의 말을 들었다.

"모두 당신에게 달려들었어요! 마을 사람들 전체가!" 축구광이 소리를 질렀다. 그는 엄지손가락으로 소리아노를 가리키며 몰려드는 구경꾼들에게 말했다.

"내가 이 사람의 생명을 구했어요."

그는 시합이 끝났을 때 일어난 엄청난 소동에 대해 구경꾼들에게 시시콜콜하게 얘기해 주었다. 작가는 어느 아득한 날 밤에 타자기와 담배꽁초 가득한 재떨이, 잠꾸러기 고양이 두 마리를 앞에 두고 홀로 앉아 그 시합을 치렀다.

---

* 아르헨티나 남부에 있는 지방. 건조한 초원으로 목양이 활발했으며, 유전이 발견된 후 공업이 발달했으며. 19세기 후반에야 문명의 손길이 닿기 시작한 이곳은 셰익스피어의 『템페스트』, 스위프트의 『걸리버 여행기』, 생 텍쥐페리의 『야간 비행』, 도일의 『잃어버린 세계』 등 많은 문학작품에 영감을 주었다.
** 파타고니아에 있는 네우켄 주의 주도.

책

레이나 레예스는 펠리스베르토 에르난데스*가 뛰어난 단편을 쓰고 피아노를 치는 일에만 전념할 수 있기를 바랐다. 문학을 한다고 해봐야 그를 찾는 독자도 거의 없었고, 수입도 시원찮았다. 그렇다고 음악이 크게 수지가 맞는 것도 아니었다. 펠리스베르토는 우루과이 내륙과 아르헨티나 해안 지방을 돌며 연주회를 열었지만 마지막엔 언제나 호텔 창문으로 도망치기 일쑤였다.
　레이나는 교사였고 생계를 꾸리기 위해 부지런히 일했다. 함께 사는 동안 펠리스베르토는 그녀가 돈 얘기 하는 걸 한 번도 들어 보지 못했다.
　매월 첫째 날에 레이나는 그에게 그가 좋아하는 소설가나 시인의 책을 한 권 선물했다. 책 속에는, 사무실의 지옥이나 시간을 빼앗고 삶을 허비하게 하는 다른 잡다한 일의 고통에서 그를 건져 주는 자유가 들어 있었다. 간혹 가다 책갈피 사이에 빳빳한 지폐가 한 장씩 끼워져 있었던 것이다.

● Felisberto Hernández(1902~64). 우루과이의 작가·피아니스트. 스페인어권 환상 문학을 대표하는 작가의 한 사람.

잉크

아메리카 연대기 작가들은 본 적도 맛본 적도 없는 진귀한 과일을 예찬하는 데 열을 올렸다. 멕시코 원주민들은 이 과일을 '아우아카틀'이라고 불렀고 페루인들은 '팔타'라고 불렀다.

연대기 작가들은 생김새는 배와 흡사하지만 처녀의 가슴을 더 닮았다고 썼다. 일손을 전혀 필요로 하지 않고 하느님을 과수원지기 삼아 산에서 자란다고 썼다. 달지도 쓰지도 않은 부드러운 과육은 입에는 흐뭇함을, 병자에게는 건강을, 그리고 허약한 사람에게는 원기를 선사한다고 썼다. 또 사랑을 타오르게 하는 데는 세상 어디에도 이보다 나은 게 없다고 썼다.

그런 상찬을 받아 마땅하다고 생각한 이 과일은 시간이 그 찬사의 기록을 지워 버리지 못하도록 연대기 작가들에게 자신의 씨앗으로 지워지지 않는 잉크를 제공했다. 찬사는 아보카도 잉크로 작성되었다.

알파벳 수프*

크기나 광택으로 보면 눈물방울을 닮았다. 과학자들은 '레피스마 사카리나'라는 학명으로 부른다. 물고기도 아니고 물은 본 적도 없지만 '실버 피시'라는 이름이 더 잘 어울린다.

또 [생김과는 달리] 벌레가 아니라 곤충이지만 책을 게걸스럽게 먹는 게 특기다. 소설이든 시든 백과사전이든 가리지 않고 닥치는 대로 먹어 치우며 어떤 언어로 되었든 느긋하게 단어를 하나하나 집어삼킨다.

도서관의 어둠 속에서 평생을 보낸다. 그 밖의 것들은 안중에도 없다. 햇볕을 쬐면 죽는다.

곤충**이 아니라면 분명 박식한 학자가 되었을 것이다.

---

* alphabet soup. '헷갈리는 약어'를 뜻하는 미국 속어. '글자 모양의 파스타가 든 수프'라는 뜻도 있다.
** 좀(silverfish)을 가리킨다.

여자 이야기꾼

치티 에르난데스-마르티는 레티로 공원*의 무성한 나뭇잎 아래 벤치에 앉아 신록의 대기를 깊이 들이마셨다. 그녀는 눈을 감았다.
눈을 뜨니 옆에 난쟁이가 있었다.
난쟁이는 자신이 투우사라고 소개했다. 그녀는 투우의 몸집을 상상하며 얼굴을 찡그렸다.
"아주 슬퍼 보여요." 난쟁이가 말했다. 그러고는 요구했다. 아니 청했다.
"나한테 얘기해요."
그녀가 고개를 저었지만 난쟁이는 계속 졸랐다.
"날 믿어요, 백설공주님."
난쟁이 투우사의 삶이 얼마나 고될까를 생각하는 동안 치티는 머릿속에 맨 먼저 떠오르는 남자 이름을 중얼거렸다. 그러고는 이야기를 꾸며냈다.
"지독한 부랑아한테 당했어요."
이야기가 그녀를 때리고, 학대하고, 그녀를 쓰레기 갈보라고 부르는 망나니에 관한 소설로 바뀌어 감에 따라, 치티는 갈수록 난쟁이보다는 자신의 이야기 속 그녀에게 더 연민을 느꼈다. 당시에 이미 유부남에 자식이 줄줄이 딸린 위선적인 놈팡이의 애를 배고 있던 그녀에 대한 연민과 슬픔. "착하디착한 애인이 있었는데 내가 어떻게 그런 몹쓸 짓을 할 수 있었을까요? 이런 봉변을 당할 이유가 없는 불쌍한 내 뱃속 아이는 또 어떻고요. 게다가 모든 사실을 알게 된 엄마가 날 집에서 내쫓았어요. 일자리도 잃었고 앞으로 어떻게 살아야 할지 막막해요. 이 낯선 도시에는 아는 사람도 전혀 없어요. 사람들은 날 문전박대해요······."
난쟁이는 당혹스러운 표정으로 말없이 허공에 걸린 그의 발에 눈길을 주었다. 한여름인데도 치티는 추위로 떨고 있었다. 그 사이에 그녀의 눈에서 가는 한 줄기 진짜 눈물이 흘러나와 공원을 가로질러 노 젓는 배들이 떠다니는 호수로 향하고 있었다.

---

* 마드리드에 있는 공원으로 중앙에 넓은 호수가 있다. 원래 16세기에 펠리페 2세가 세운 동쪽 별궁의 정원이었다.

남자 이야기꾼

망명 시절이었다. 엑토르 티손*은 조국에서 멀리 떨어진 채 고향에 대한 그리움으로 깊은 상처를 입고 아파하며 지냈다.

누군가가 한 심리 치료사를 추천해 주었지만, 전문의와 그는 진료 때마다 영원 같은 시간을 말없이 보냈다. 환자는 긴 의자에 파묻혀서 통 입을 열지 않았다. 천성적으로 과묵한 데다 자신이 살아온 날들을 얘기하는 것이 무의미하다고 생각했기 때문이다. 치료사 역시 침묵을 지켰다. 진료가 이어졌지만 그의 무릎 위에 놓인 노트의 페이지들은 계속 백지 상태였다. 언제나 텅 비어 있었다. 50분의 시간이 다 지나갔을 때, 치료사가 한숨을 내쉬며 말했다.

"좋아요. 시간 다 됐어요."

엑토르는 그 선한 의사를 안쓰럽게 느꼈고 그 자신도 측은하게 여겨졌다.

그는 계속 그런 식이어서는 안 되겠다고 마음먹었다.

그때부터 아침나절에 기차를 타고 세르세디아**부터 마드리드까지 가는 동안 엑토르는 의사에게 들려줄 근사한 이야기를 지어냈다. 긴 의자에 몸을 던지자마자 그는 무지개에 올라타서는 마법에 걸린 산들, 밤에 휘파람을 부는 혼령들, 안개 속에 집을 짓는 사악한 빛들, 얄라 강변에서 기타를 치는 인어들 이야기를 술술 풀어 놓았다.

* Héctor Tizón(1929~). 아르헨티나의 작가·신문기자·변호사·외교관.
** 마드리드 북서쪽 과다라마 산맥에 있는 도시.

난파

알베르 롱드르*는 여행을 많이 했고 많은 글을 썼다. 그는 발칸 제국과 알제리의 들끓는 분노와 제1차 세계대전의 참호, 러시아와 중국의 바리케이드, 다카르의 흑인 노예 매매, 부에노스아이레스의 백인 노예 매매, 아덴**의 진주조개 캐는 어부들의 궁핍 그리고 카엔***의 포로들이 겪는 지옥에 대해 썼다.

어느 고요한 밤, 그가 상하이의 거리를 걷고 있을 때, 무언가 번갯불 같은 것이 격렬한 계시의 빛으로 그를 때렸다.

어떤 신이 친절로, 혹은 잔혹한 심보로 그에게 호의를 베풀었던 것 같다.

그때부터 그는 먹을 수도 잠을 잘 수도 없었다.

이미 스무 권의 책을 출간했지만, 깨어 있든 잠을 자든 모든 시간은 그가 최초라고 생각하는 한 권의 책을 창조하는 데 바쳐졌다. 그는 항구의 한 호텔 방에 들어박혀 작업에 착수했고, 조르주 필리파****라는 배의 선실에 처박혀 쉼 없는 열정으로 계속 써내려 갔다.

홍해에 도착했을 때, 배가 불길에 휩싸였다. 알베르는 갑판 위로 올라가지 않을 수 없었고, 난폭하게 구명보트로 던져졌다. 이미 보트가 난파선에서 멀어지고 있을 때, 알베르가 이마를 치며 '내 책!' 하고 외치고는 바닷물로 몸을 던졌다. 헤엄을 쳐서 배로 다가갔다. 그는 가까스로 화염에 휩싸인 배에 기어올라 불길 속으로 뛰어들었다. 거기에서 그의 책이 불타고 있었다.

책과 그의 운명이 어떻게 되었는지는 알려지지 않았다.

---

* Albert Londres(1884~1932). 프랑스의 작가 · 저널리스트.
** 아라비아반도 남안(南岸) 예멘에 있는 항구도시.
*** 남아메리카 북동부의 프랑스령 기아나의 수도.
**** 1930년에 건조된 원양 정기 여객선. 1932년 최초 항해에서 화재로 침몰해 54명이 희생되었다.

신문 찬양

알베르토 비야그라*는 신문광이다. 아침 식사 시간이면 따끈따끈한 뉴스가 그의 손에서 바스락거린다.
어느 날 아침 그가 맹세했다.
"언젠가 코끼리를 타고 신문을 읽을 거야."
부인 로시타는 그가 소원을 이루도록 도왔다. 부부는 인도를 여행할 수 있을 때까지 돈을 모았고, 알베르토는 근검절약했다. 그는 코끼리 등에서 아침 식사는 하지 못했지만 떨어지지 않고 봄베이의 한 신문을 겨우 읽을 수 있었다.
그의 딸인 엘레나 역시 신문광이다. 신문과 함께하지 않는다면 하루 중의 첫 커피는 향기도 맛도 의미도 없다. 신문이 없으면 곧바로 손발이 떨리고 메스껍고 말을 더듬는 등의 초기 금단증세가 나타난다.
엘레나는 자기가 죽으면 무덤에 꽃을 가져오지 말라고 부탁한다.
"신문을 가져다줘요."

---

* 갈레아노의 장인.

신문을 읽기 위한 지침

멕시코의 프란시스코 세라노 장군이 소노라*의 군 카지노 안락의자에 푹 파묻혀 담배를 물고 뭔가를 읽고 있었다.
신문을 읽고 있는 중이었다. 그런데 신문이 거꾸로 뒤집혀 있었다.
알바로 오브레곤** 대통령이 궁금해 했다.
"장군은 항상 신문을 거꾸로 읽소?"
장군이 고개를 끄덕였다.
"이유를 물어도 되겠소?"
"경험에서 생긴 습관입니다, 각하. 경험에서."

---
* 멕시코 서북부에 있는 주로 에르모시요가 주도이다.
** Álvaro Obregón(1880~1928). 멕시코의 군인·정치가·개혁가. 1920~24년에 대통령을 역임했다.

직업에서 성공하기 위한 지침

천년 전에 페르시아의 술탄이 말했다.
"참 맛있도다."
그는 난생처음 생강을 저며 넣고 나일 강의 향초로 양념한 가지 요리를 먹고 있었다.
그때 궁정 시인이 사랑의 거사를 치르는 데 호랑이 이빨 가루나 강판에 간 코뿔소 뿔보다 더 강력하게 만들어 침대에서는 기적을 일으키고 입에는 즐거움을 준다며 가지를 찬양했다.
두어 번 집어먹고 나서 술탄이 말했다.
"참으로 불결하도다."
그러자 궁정 시인은 소화를 방해하고 머리를 나쁜 생각으로 가득 채우며 덕망 있는 사람들을 정신착란과 광기의 심연으로 내몬다며 기만적인 가지를 저주했다.
"좀 전에는 가지를 천국으로 데려가더니, 이젠 지옥으로 내던지시는구려." 한 음흉한 신하가 논평했다.
그러자 매스미디어의 선구자인 시인이 상황을 정리했다.
"난 술탄의 신하지 가지의 신하가 아니요."

시대 흐름을 거슬러

주간지 『마르차』는 이념적으로 다소 빨갱이 성향을 드러냈지만, 재정 상태는 더 빨갰다.* 우고 알파로**는 신문기자로 활동하는 동시에 관리자 역할을 맡아 대금 지불 등 건강에 해로운 일을 수행했다. 그는 아주 이따금씩 기뻐서 펄쩍펄쩍 뛰었다.

"이번 호는 비용을 충당할 수 있게 됐어!"

광고가 들어왔던 것이다. 세계 독립 저널의 역사에는, 마치 신의 존재를 증명한 것에 견줄 만한 기적이 항상 있어 왔다.

그러나 편집장인 카를로스 키하노***의 얼굴은 흙빛이 되었다. 끔찍한 일이었다. 그에게 그보다 더 나쁜 소식은 없었다. 광고가 들어오면 한 면 또는 그 이상의 지면을 희생할 수밖에 없었다. 작은 지면 하나하나는 확신에 의문을 제기하고, 가면을 벗기고, 벌집을 쑤시고, 내일이 오늘의 다른 이름이 아닐 수 있도록 돕기 위해 꼭 필요한 신성한 공간이었던 것이다.

창간 서른네 돌이 지났을 때, 우루과이에 갑자기 들이닥친 군사독재는 『마르차』를 폐간시켰고 그 밖에도 숱한 만행을 저질렀다.

- * '적자(赤字) 상태'라는 뜻으로 차입금은 빨강색으로 적는다.
- ** Hugo Alfaro(1917~96). 우루과이의 작가·저널리스트.
- *** Carlos Quijano(1900~84). 우루과이의 변호사·정치가·저널리스트. 『마르차』를 창간했다.

모자 제조업자

전화벨이 울렸다. 걸걸한 목소리가 들려왔다. "난 당신이 저지른 실수를 믿을 수 없소. 이봐요, 지금 농담하고 있는 게 아니오. 실수는 있기 마련이고 누구에게나 일어날 수 있소. 하지만 이런 실수는……."

나는 잠자코 있었다. 가슴이 철렁 내려앉았다. 나는 누구나 축구에 일가견이 있는 나의 조국 우루과이에서, 이 주제에 관한 책을 막 펴냈었다.* 나는 눈을 감고 질책을 받아들였다.

"1930년 월드컵은." 잠겼지만 가차 없는 목소리가 쏟아붙였다.

"네." 나는 웅얼거렸다.

"7월에 열렸어요."

"네."

"몬테비데오는 7월에 날씨가 어떻소?"

"춥지요."

"아주 추워요." 목소리가 그의 말을 바로잡으며 몰아붙였다.

"그런데 당신은 경기장이 밀짚모자의 물결로 가득했다고 썼어요. 밀짚모자요?" 그가 분개했다. "펠트 모자! 펠트 모자였다고요!"

한결 가라앉은 목소리가 회상했다.

"난 그날 오후 그곳에 있었소. 우리가 4 대 2로 이겼지. 아직도 눈에 선해요. 하지만 내가 이 얘기를 하자고 전화한 건 아니오. 전화한 이유는 내가 바로 모자 만드는 사람이기 때문이오. 난 평생 모자를 만들어 왔소……. 그 모자들 중 상당수는 내가 만든 거라오."

• 우루과이에서 1995년에 초판 출간된 『축구, 그 빛과 그림자』(El fútbol a sol y sombra)(개정증보판, 유왕무 옮김, 예림기획, 2006)를 말한다. 이 글과 관련해서는 『축구, 그 빛과 그림자』, 180쪽 참조.

모자

모자를 쓸 때 시인 마누엘 세케이라*는 거울을 들여다보곤 했다. 머리에 쓴 모자밖에 보이지 않았다.

그는 모자가 자신을 투명 인간으로 만들어 준다는 것을 알고 있었다. 다른 아바나 시민들은 그의 확신에 전혀 동의하지 않았지만, 시인은 다른 사람들의 견해를 대수롭지 않게 여겼다.

마누엘은 모자를 쓴 채 불쑥 남의 집과 바에 들어가고 금지된 입술에 입을 맞추었으며, 자기가 불러일으키는 분노를 전혀 개의치 않고 남의 음식 접시를 비웠다. 도시가 열기로 끓어오르는 7월에 그는 달랑 모자 하나만 쓴 채 별안간 거리를 걷기 시작했다. 자신에게 돌을 던지는 사람들을 전혀 신경 쓰지 않았다. 그들이 그의 모자를 건드리지 않는 한, 그는 아무것도 느끼지 못했다.

허공을 떠돌아다니던 모자는 그가 죽은 뒤에도 유일하게 계속 살아남을 그의 일부였다.

---

* Manuel de Zequeira y Arango(1764~1846). 쿠바의 시인.

선택된 여인

그녀 안에서 태어나지 않았지만 그녀를 찾아 바다를 건넜고 그녀의 거리에서 살았다. 루고* 출신의 갈리시아인이었지만 사람들은 그를 '파리의 신사'**로 불렀다. 그는 결코 구걸하지 않았다. 먹을 것이라면, 그녀가 선사하는 태양빛만으로도 넘쳤다.

그녀에 대한 사랑의 언약을 위해, 그는 발끝까지 내려오는 치렁치렁한 머리도 턱수염도 결코 깎지 않았다. 또 순종의 의무를 위해 거의 매일 이사를 다녔다. 신사는 낡은 행낭 두 개에 전 재산을 집어넣어 어깨에 둘러메고 크리스토 공원의 어느 벤치를 떠나 사그라도 코라손 성당의 돌계단으로 옮겨 가거나, 아니면 카바예리아 부두의 후미진 구석에 그만의 성을 세웠다[거처를 마련했다].

그가 아주 친밀하게 느꼈던 그 부두에서, 그는 자신의 턱수염을 흉내 낸 시에라 마에스트라 산맥의 게릴라들***을 공개적으로 용서했고, 그의 주인이자 여왕에게 바치는 시를 낭송하면서 그 역사적인 오후의 대미를 장식했다.

그녀와 그녀의 숱한 매력을 섬기기 위해 신사는 스스로 왕 중의 왕, 주인 중의 주인이 되었다. 그녀를 지키기 위해 그녀를 탐하는 적들에 맞서 전쟁을 선포하기도 했다. 파세오 델 프라도****의 사자상獅子像 앞에 서서 긴 창으로 무장한 호위대와 지나가는 몇몇 구경꾼들에게 둘러싸인 채, 죽을 때까지 저항할 것을 맹세하고 함포 함대와 새벽, 한낮, 황혼, 한밤의 군대를 소집했다.

지금 그는 산 프란시스코 수도원 지하에 주교들과 대주교들, 수도원장들, 정복자들과 나란히 누워 있다.

그는 자신과 마찬가지로 언제나 그녀에게 매료되었던 에우세비오 레알*****에 의해 합당하게도 명예의 전당에 묻혔다.

신사는 이제 그녀 품에서 잠든다. 그의 잠을 지키는 '아바나'라는 이름의 그 도도하고 후줄근한 여인 품에서.

- 스페인 북서부 갈리시아 지방 루고 주의 주도.
- ** El Caballero de París(본명은 José María López Lledín, 1899~1985). 행인에게 구걸하지 않고, 직접 꾸민 엽서나 펜을 선물해 답례로 주는 돈만 받았으며 거슬러 주기도 했다. 철학·종교·정치 및 현안에 대한 대화를 즐겼고, 사람들도 그런 그를 존경했다고 한다.
- *** 1956년 그란마호로 쿠바에 상륙한 후 시에라 마에스트라를 근거지로 게릴라 운동을 전개하며 1959년 쿠바 혁명을 이룩한 피델 카스트로, 체 게바라, 카밀로 시엔푸에고스 등을 가리킨다.
- **** 쿠바 아바나의 주요 거리.
- ***** Eusebio Leal Spengler(1942~). 쿠바의 (도시) 역사가. 아바나 역사지구 복원 프로그램을 총괄했다. 아바나 역사지구는 1982년 유네스코 세계유산으로 선정되었다.

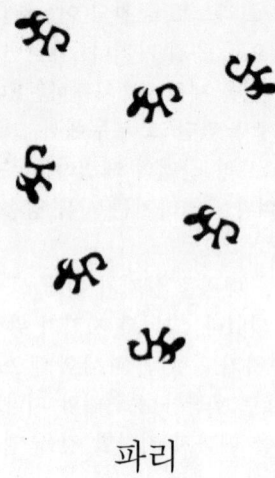

파리

호세 미겔 코르차도는 몸이 질문으로 가득 차 있다. 쉼 없이 그를 괴롭히는 질문들의 수를 헤아리는 것을 잊은 지 오래다. 그러나 첫 번째 질문이 몸속으로 들어왔던 오후는 기억한다.

평소처럼 오렌지 꽃향기 가득한 화창한 어느 오후에 세비야 시에서 있었던 일이다. 여느 때와 같은 오후였고, 다른 날처럼 하루 일과가 끝난 시각이었다. 그는 군중을 헤치고 집 쪽으로 걸어가고 있었다. 평소처럼 고독에 잠겨 쓸쓸히 걷고 있었다. 그때 첫 번째 질문이 파리처럼 날아서 도착했다. 쫓아 버리려고 했지만, 질문은 계속 그의 둘레를 맴돌았다. 그리고 마침내 그의 몸속으로 들어가 나오려고 하지 않았다. 그는 밤새 잠을 이룰 수 없었다.

이튿날, 호세 미겔은 의자에 앉아 선언했다.

"난 내가 누군지 알 때까지 여기서 꼼짝도 하지 않겠어."

푸닥거리

1950년에 있었던 일이다. 브라질은 모두의 예상과 예측을 완전히 뒤엎고 우루과이에 패해 월드컵 우승을 놓쳤다.*

종료 휘슬이 울린 후, 어둠이 깔리고 있었지만 관중들은 최근에 개장한 마라카낭 스타디움의 스탠드에 계속 앉아 있었다. 돌조각이 된 국민, 거대한 패배의 기념비. 축구 역사상 가장 많은 인파가 모인 경기장에서 관중들은 말할 수도 움직일 수도 없었다. 그들은 괴로워하며 밤이 깊도록 그곳에 남아 있었다.

이자이아스 앙브로지우도 그 자리에 있었다. 그는 경기장을 지은 건설 노동자들 중의 한 명이라는 이유로 입장권을 선물 받았다.

반세기가 지난 후에도 이자이아스는 여전히 그곳에 있었다.

그는 텅 비어 있는, 시멘트로 만들어진 거대한 관중석의 똑같은 자리에 앉아 부질없는 의식儀式을 되풀이하고 있었다. 매일 해 질 녘 운명의 시각이 되면, 이자이아스는 보이지 않는 마이크에 입을 대고 패배를 결정지은 플레이를 가상의 라디오 청취자들에게 중계했다. 그는 고통스러워하면서도 세부 사항을 하나도 빠뜨리지 않고 차근차근 중계를 진행했다. 그는 전문 캐스터의 목소리로 골을 외쳤다. 아니 골을 울부짖고 또 울부짖었다. 전날 저녁에 그랬던 것처럼 다음날 저녁에도 그럴 것이다. 매일 저녁 그럴 것이다.

---

* 결승 리그로 펼쳐졌던 당시 월드컵 경기에서, 브라질은 우루과이에 비기기만 해도 우승할 수 있었다. 브라질 팬들은 승리를 확신하며 기네스북에 등재될 정도로 많은 관중(총 19만 9,954명)이 입장해 경기를 지켜봤으나, 브라질은 1 대 2로 역전패해 준우승에 그쳤다. 브라질에서 이 경기는 '마라카낭의 비극'으로 불린다.

기계

손잡이와 마이크를 갖추고, 라디오와 전화기, 다리미를 합쳐 놓은 루스벨트 니코데모의 기계는 고도의 기술로 만들어졌다.

루스벨트의 말에 따르면, 그 기계는 그의 피가 선지처럼 굳어 그가 죽었을 때 그를 다시 살렸다. 그때부터 그는 오직 그 기계만을 믿었다.

외출 허가를 받을 때마다 루스벨트는 엘 콘데 거리로 나가 그곳에서 산토도밍고* 상류사회의 소녀들이 지나가는 것을 바라보며 몇 시간씩 머물곤 했다.

언제나 다른 소녀들 틈에서 누군가 유독 빛을 발하는 아이가 있었다. 그는 정중하게 거리를 두고 그 빛을 뒤따라 걸었다.

그날 밤, 결코 거짓말을 하는 법이 없는 기계가 그에게 알려 주었다.

"그녀는 널 사랑해."

다음 외출 때 루스벨트는 그녀를 만나러 갔다.

"언제까지 계속 쌀쌀맞게 굴 거야? 네 입은 말이 없지만 내 귀엔 네 가슴의 목소리가 들려."

기계가 확인해 주었다.

"네가 좋아 죽을 지경이야."

그러나 그를 보자마자 그녀는 뛰쳐나갔다. 인내심이 한계에 달한 루스벨트는 그녀를 쫓아가며 "겁쟁이, 사기꾼, 거짓말쟁이!"라고 소리쳤다. 원망해서가 아니었다. 화가 났기 때문이다. 그는 가식을 용서할 수 없었다.

그의 외출 허가는 언제나 끝이 똑같았다. 호되게 몽둥이찜질을 당하고 니구아**의 정신병원으로 되돌아갔다.

기계가 그를 위로했다.

"여자가 필요한 존재라면, 하느님이 왜 안 가지셨겠어?"

---

* 도미니카공화국의 수도로 남쪽 연안에 있는 항구도시.
** 도미니카공화국 산크리스토발 주에 있는 도시.

저주의 눈길

그의 트랙터가 망가졌다. 언젠가는 일어날 일이었다.
농사를 망쳤다. 날씨가 도와주지 않았다.
그러나 불행이 그의 암소를 덮쳐 송아지가 죽어서 태어나자 안토니오는 사람들이 그에게 저주의 눈길을 보낸 게 분명하다고 확신했다.
단순한 저주의 눈길일 리가 없었다. 그러기에는 지나치게 효과적이었다. 안토니오는 그의 적들이 텔레비전처럼 생겼지만 텔레비전이 아닌 전자 기기에서 마력을 발산한다는 결론에 이르렀다. 그는 전자 기기의 눈을 찾아 집집마다 안테나를 살피면서 암비아 마을을 구석구석 뒤졌다. 그러나 찾지 못했다.
전기가 들어오지 않는 산속의 외딴 집으로 이사하는 것 말고는 다른 도리가 없었다.
그는 호랑가시나무* 잎사귀와 마늘 쪽, 빵으로 채운 병, 거대한 소금 목걸이로 성채를 둘러쌌다. 갖가지 크기의 십자가와 갈리시아에서 가장 유명한 축구 선수들 사진으로 집 안의 벽을 도배하다시피 했다.
문에는 시기심을 베는 칼을 꽂았다.

---

* 잎가에 뾰족뾰족한 가시가 돋아 있고 새빨간 열매가 달리는 나무로 흔히 크리스마스 때 장식용으로 쓰인다.

미로의 그림 감상

아우미르 다빌라는 아이일 때 들어왔다. 그는 정신병자 판정을 받았고 그 뒤로 영영 병원을 떠나지 못했다.

어느 누구도 그에게 편지를 쓰지 않았고, 문병 오는 사람도 전혀 없었다.

설령 떠날 수 있다 해도 어디에도 갈 곳이 없다. 말하고 싶어도 말 상대가 없다.

40년이 넘도록 그는 귀에 라디오를 바짝 대고 뱅뱅 돌면서 상파울루 정신병원에서 하루하루를 보낸다. 그는 걷는 도중에 귀에 라디오를 바짝 대고 뱅뱅 도는 똑같은 사람들과 늘 마주친다.

한 의사가 조안 미로*의 작품 전시회 견학을 마련했다.

아우미르는 낡았지만 매트리스 밑에서 반듯하게 다려진 단벌옷을 입고 제독 모자를 눈이 가릴 정도로 푹 눌러쓰고는 다른 환자들과 함께 미술관으로 향했다.

그리고 그는 보았다. 폭발하는 색깔들, 콧수염 달린 토마토와 춤추는 포크, 벌거벗은 여인 모습의 새, 눈 달린 하늘 그리고 별이 떠 있는 얼굴을 보았다.

그는 우거지상을 하고 이 그림 저 그림 옮겨 다녔다. 미로가 그의 기대를 저버린 게 분명했지만, 의사는 그의 의견을 듣고 싶었다.

"지나쳐요." 아우미르가 말했다.

"뭐가 지나치다는 거죠?"

"광기가 지나쳐요."

• Joan Miró(1893~1983). 스페인 바르셀로나 출신의 화가·조각가·도예가.

보지 않기

티티나 베나비데스가 눈꺼풀을 들어 올리지 못한 지 일 년이 넘고 있었다.
병원에서는 희귀병인 근육무력증의 일종일 가능성이 있다고 믿었다. 그러나 검사 결과 그런 추측은 배제되었다. 안과 의사 역시 아무런 이상을 발견하지 못했다.
티티나는 라스피에드라스 시* 교외에 있는 가족 농장에 들어박혀 밤낮 눈꺼풀을 내린 채로 지냈다.
어쩌면 그녀의 눈은 계속 바라보고 싶은 의욕을 잃어버렸을지도 모른다. 우리가 아는 것은 그 건강한 젊은이의 심장이 계속 뛰고 싶은 의욕을 잃었다는 사실이다.
2000년 12월 31일이었다. 한 해, 한 세기, 천 년이 스러져 가는 동안 티티나는 숨을 거두었다. 아마도 그 세월 역시 그녀처럼 보는 데 지쳐 스러졌으리라.

---

* 우루과이 남부에 있는 도시.

보기

살토*의 들판에서, 이미 나이 지긋한 그 십장은 어느 누구도 볼 수 없는 것을 보는 것으로 유명했다.

카를로스 산타야가, 마음이 커서 보이지 않는 것도 본다고들 하는데 그게 사실인지 그에게 아주 공손하게 물었다. 사람들 말로는, 마음이 바다처럼 넓은 나머지 두개골에 들어가지 않아 그가 두통을 앓는다고 했다.

가우초** 노인은 너털웃음을 터트렸다.

"너한테 해줄 수 있는 말은 내가 호기심이 많고 운이 좋다는 거란다. 시력이 떨어질수록 더 많은 게 보이거든."

이 말을 들었을 때 카를로스는 아홉 살이었다. 이미 백 세의 언저리에 있었을 때도 그는 아직 그 말을 기억하고 있었다. 세월은 그의 시력 역시 떨어뜨렸다. 그가 더 많은 것을 볼 수 있도록.

---

* 우루과이 북서쪽 해안 지대에 있는 살토 주의 주도.
** 남아메리카 팜파스에 사는 주민을 일반적으로 이르는 말. 식민국인 스페인·포르투갈 인과 원주민과의 혼혈이다.

관점

　시간 너머, 시간의 어디에선가 세상은 회색이었다. 신들에게서 색깔을 훔친 이쉬르족* 원주민들 덕분에 지금 세상은 빛나고 세상의 색깔들은 그것을 바라보는 눈들 속에서 타오른다.
　티시오 에스코바르**는 이쉬르족의 일상생활 장면을 카메라에 담기 위해 아주 멀리서 차코***까지 찾아간 텔레비전 촬영팀을 동행했다.
　한 원주민 소녀가 감독을 따라다녔다. 말 없는 그림자처럼 그의 곁에 꼭 붙어 있었다. 그녀는 마치 그의 진기한 푸른색 눈에 뛰어들고 싶어 하는 사람처럼 감독의 얼굴을 아주 가까이서 뚫어지게 쳐다보았다.
　감독은 소녀를 알고 있고 그녀의 언어를 이해하는 티시오에게 도움을 청했다. 티시오를 통해 소녀가 고백했다.
　"아저씨 눈에는 어떤 색깔들이 보이는지 알고 싶어요."
　"너랑 똑같지." 감독이 미소를 지었다.
　"그런데 제 눈에 어떤 색깔들이 보이는지 어떻게 아세요?"

● 파라과이의 알토 파라과이 주에 거주하는 원주민 종족.
●● Ticio Escobar(1947~). 파라과이의 교수·미술비평가·문화 기획자.
●●● 남아메리카 중부의 아르헨티나·볼리비아·파라과이에 걸친 광대한 평원.

색깔

신들과 악마들은 군중들과 뒤섞이며, 어지러운 인파에 휩쓸려 오간다. 여기에선 아무도 직업이 없지만 모두들 정신없이 바쁘다.

햇빛은 소리치고 대기는 춤춘다. 한 사람 한 사람 모두 걸어 다니는 색깔이다. 검은 몸뚱이들로부터 녹색과 푸른색의 그림자가 내려온다. 또 대기의 광채는 얼마나 많은 색조를 지녔는지 무지개도 웃음거리가 될까 봐 얼굴을 가린다.

바다를 마주하고 헐벗은 산기슭 위로 뿌려진 포르토프랭스●는 마치 격렬한 색깔들처럼 보인다. 여기에서 삶은 넋을 잃으며, 지속되는 것은 얼마나 적은지, 괴로운 일은 또 얼마나 많은지를 잊는다.

도시를 색칠하는 화가들을 도시가 모방하는 걸까? 아니면 누구의 도움도 없이 쓰레기를 아름다움으로 승화시키는 걸까?

● 아이티의 수도.

색깔 사전

파라과이 강의 기슭에서 살아가는 원주민들에 따르면, 깃털은 색깔과 권능을 부여한다.

앵무새의 녹색 깃털은 그것을 걸치는 몸에 위엄을 선사할 뿐만 아니라, 죽어 가는 식물들을 되살린다.

저어새의 장밋빛 깃털이 없다면 선인장은 열매를 맺지 못할 것이다.

오리의 검은 깃털은 마음이 울적할 때 좋다.

황새의 흰 깃털은 역병을 쫓는다.

마코앵무새는 비를 부르기 위해 빨간 깃털을, 그리고 희소식을 가져오기 위해 노란 깃털을 제공한다.

그리고 한없이 슬퍼 보이는 타조의 잿빛 깃털은 인간의 노래에 활기를 불어넣는다.

황금방울새

단테 도토네는 나무 사이를 배회하며 로도 공원*을 거닐고 있었다. 그런데 그때 호수 쪽을 향하고 있는 거대한 망원경 앞에 한 여자가 웅크리고 있는 게 보였다.
"실례 좀 해도 될까요, 부인······."
여자는 렌즈에서 눈을 떼고 그에게 권했다.
"보세요, 좀 보세요."
단테는 호수 위에서 날갯짓하는 황금방울새를 발견했다. 몬테비데오에서는 결코 찾아볼 수 없는 부류의 작은 새다.
그녀가 말하기를, 자유롭게 날아다니는 새들을 관찰하기를 너무 좋아해 쌍안경을 사고 싶었지만 돈이 모자랐다고 했다. 어느 일요일, 그녀는 트리스탄 나르바하 벼룩시장에서 낡은 집기들 틈에 처박혀 있던 그 망원경을 발견했고, 헐값에 손에 넣게 되었다.
황금방울새가 제멋대로 날아올랐고, 망원경은 그 대기의 환희를 좇았다.

---

* 몬테비데오의 파르케 로도 지구에 있는 공원. 우루과이의 작가이자 정치가인 호세 엔리케 로도(José Enrique Rodó, 1871~1917)를 기리기 위해 그런 이름이 붙었다.

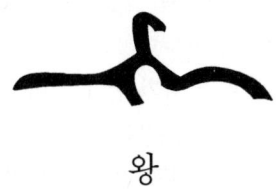

왕

히혼*의 어느 공원 나무숲에서 누군가가 소리친다.
이제 무성한 나뭇잎에서 살랑대는 산들바람 소리밖에 들리지 않을 때, 사람의 비명처럼 들리는 이 외침이 침묵을 깨뜨린다.
공작이 내는 밤의 외침이다.
낮 동안 공작은 광채를 뽐내며 거닌다. 언제나 파티 복장에 긴 깃털 꼬리를 끌고 으스대며 걷는다. 빙글빙글 돌며 잎이 무성한 녹청색 화관 같은 꼬리를 펼칠 때, 그 눈부신 아름다움은 행인들을 매혹시키고 공원의 다른 새들을 주눅 들게 한다.
오리와 거위, 백조, 기러기, 비둘기 그리고 참새는 모두 떼 지어 날거나, 혹은 무리를 이루어 걷거나 호수 위를 떠다닌다. 또 끼리끼리 떠들고 먹고 잠잔다. 그러나 공작은 다른 공작들과 멀리 떨어져서 홀로 지낸다. 누구와도 어울리지 않는다.
보이기 위해 태어난 공작은 어느 누구도 바라보지 않는다.
이제 밤이 찾아오고 사람들이 떠나고 나면, 그는 어느 빈 나무의 높은 가지로 날아가 잠을 청한다. 홀로.
그리고 그때, 절규하듯 외친다.

---

* 스페인 북부 아스투리아스 지방에 있는 해안 도시.

예술의 역사

"저것 좀 봐, 아빠! 황소야!"
마르셀리노 사우투올라*는 고개를 돌렸다. 그는 랜턴으로 비춰 보았다. 황소가 아니었다. 동굴 천장에는 솜씨 좋은 손들에 의해 들소와 사슴, 말 그리고 멧돼지들이 그려져 있었다.
얼마 후 사우투올라는 딸 덕분에 알타미라 동굴에서 찾아낸 그 그림들에 관한 소책자를 발간했다. 그에 따르면, 그것은 선사시대의 작품이었다.
세계 도처에서 동굴학자들과 고고학자들, 고생물학자들 그리고 인류학자들이 몰려들었다. 아무도 그의 말을 믿지 않았다. 그들은 사우투올라의 친구인 프랑스 화가나 유럽 아방가르드 유파의 다른 익살꾼이 그린 그림이라고 주장했다.
나중에 모든 사실이 밝혀졌다. 아득한 옛날 구석기시대의 사냥꾼들은 사냥감만 쫓았던 것은 아니었다. 배고픔과 두려움을 쫓기 위한 주문呪文으로서, 또는 순수하고 단순한 이유로 그들은 달아나는 아름다움 또한 쫓았다.

---

* Marcelino Sanz de Sautuola(1831~88). 알타미라 동굴을 발견한 스페인의 법학자이자 아마추어 고고학자.

돌의 기억

핀투라스 강*의 어느 동굴 깊은 곳에 한 사냥꾼이 돌에 자신의 피 묻은 손을 눌러 찍었다. 그는 두렵고 긴박한 생사의 갈림길에서 잠시 쉬던 중에 그곳에 자신의 손을 남겼다. 얼마 후, 다른 사냥꾼이 그 손 옆에 숯검정 같은 손을 새겼다. 그 뒤에 다른 사냥꾼들이 계속해서 돌에 피와 숯, 흙 그리고 초목의 색이 밴 손자국을 남겼다.
  1만3천 년 뒤에 핀투라스 강 가까이에 있는 페리토 모레노**에서 누군가가 벽에 "나 여기에 왔었노라."라고 쓴다.

---

* 아르헨티나의 산타크루스 주에 있는 강. 1999년 유네스코 세계문화유산으로 지정된 쿠에바 데 라스 마노스(Cueva de las Manos)가 있다. 이는 스페인어로 '손의 동굴'을 뜻한다.
** 산타크루스 주의 북서쪽에 있는 도시.

화가

동네 이웃인 구이스카르도 아멘돌라는 해변에 있는 어느 바에 벽화를 그리러 갔다. 그는 함께 가자고 나를 불렀다.

그는 화구 상자도 붓도 사다리도 아무것도 가져가지 않았다. 시스티나 성당으로 향하는 미켈란젤로의 모습이 그랬으리라고 생각하지는 않았지만, 나는 너무 어려 감히 물어볼 엄두를 내지 못했다.

커다란 검은 벽이 우리를 기다리고 있었다.

아멘돌라는 의자 위에 올라가 호주머니에서 가장자리가 톱니 모양인 동전을 꺼냈다. 동전을 손에 쥐고 달려들었다. 날카로운 날이 희고 긴 선을 그리며 벽에 상처를 냈고 선들은 제멋대로 엇갈렸다. 나는 영문도 모른 채 그의 검술을 바라보았다. 몇 개의 자상刺傷이 더 생기고 나서 검은 바탕에 등대가 모습을 드러냈다. 바위들 틈에 높이 솟아 물결을 밝게 비추는 강력한 등대였다.

동전에서 태어난 그 등대는 배의 선원들과 카운터의 술꾼들을 조난에서 구해 낼 것이었다.

사진사

그는 축구 선수였다. 쿠바 국가 대표팀에서 뛸 때 머리에 공을 맞고 쓰러졌다.

죽은 것처럼 보였다. 그는 얼마 후에 병원에서 깨어났다. 살았지만 눈이 먼 상태였다.

지금 일라디오 산체스는 사진사다. 카메라를 손에 들고 마법의 시각 이미지 예술을 행한다. 가장 잘 떠오르는 테마를 택하고 걸음으로 거리를 잰 뒤에 태양열의 강도에 따라 조리개를 조절한다. 모든 준비가 끝났을 때 셔터를 누른다.

일라디오는 시간과 사람들의 걸음을 인도하는 태양빛을 찍는다.

달빛은 카메라에 담지 않는다. 매일 밤 그 얼어붙은 손가락들이 그의 얼굴을 만진다. 그리고 장님은 귀머거리인 척한다.

조각가들

필트리키트론 언덕*의 머리는 구름 속에 있다. 불과 얼마 전까지만 해도 그의 머리는 시커멓게 탄 숲이었다. 지금은 조각의 숲이다.

이제는 파타고니아에서 일상적으로 발생하는 산불이 언덕을 덮쳤었다. 그때 도처에서 몰려든 조각가들이 정상까지 올라가 화재에 쓰러지거나 손발이 잘린 나무 몸통에 작업을 하기 시작했다.

나무들은 정말로 죽었던 걸까, 아니면 죽은 척하고 있었을까? 조각가들은 일주일 동안 날이면 날마다 작업에 매달렸다. 그들의 손이 내린 은총과 마법 덕분에 마침내 공동묘지는 극장으로 탈바꿈했다.

방문객이 도착하면 공연이 시작된다. 거대한 나무 몸통은 이제 양다리를 벌린 채 두 개의 머리에 모자는 하나만 쓴 어릿광대다. 어릿광대가 환영한다. 방문객들은 들어가 나무 사이를 거닌다. 폐허에서 솟아올라 폐허 속에서 공연하는 나무 몸뚱이들이 지나쳐 간다.

* Cerro Piltriquitrón. 아르헨티나 리오네그로 주의 안데스 산맥에 있는 해발 2,260미터 높이에 있는 산. 그럼에도 '언덕'으로 표기된다.

연

우기가 끝나고 날씨가 선선해지자 이제 밭에서 옥수수가 익어간다. 연의 예술가들인 산티아고 사카테페케스*의 주민들은 그들의 작품에 마지막 손질을 한다.

연들은 각양각색이다. 수많은 손들을 거쳐 태어난 연들은 세상에서 가장 크고 가장 아름답다.

만성절萬聖節 날이 밝으면 이 거대한 종이 깃털 새들은 하늘로 훨훨 날아오른다. 마침내 묶고 있던 연실이 끊어지고 연들은 하늘 높이 사라진다.

땅에서는 무덤가마다 사람들이 망자들에게 마을의 소문과 새로운 소식을 들려준다. 망자들은 대답이 없다. 그들은 하늘 높은 곳에서 벌어지는 색깔들의 향연을 즐기느라 경황이 없다. 그곳에서 연들은 운 좋게도 바람이 된다.

---

* 과테말라 센트랄 주에 있는 도시. 공동묘지에서 연을 날리는 행사가 1백 년 넘게 이어지고 있다.

예술의 가격

유럽은 친절하게도 검은아프리카를 문명으로 이끌었다. 아프리카의 지도를 찢어 그 조각들을 삼켰고 황금과 상아와 다이아몬드를 강탈했다. 또 가장 힘센 아들들을 뽑아내 노예시장에 팔았다.

흑인들의 교육을 완성하기 위해 유럽은 그들을 응징하고 그들에게 징벌을 내리는 군사적 침략을 수없이 선사했다.

19세기 말 영국 군인들은 베닌 왕국*에서 그와 같은 교육 목적의 작전들 가운데 하나를 수행했다. 그들은 주민들을 학살하고 전리품을 챙긴 뒤 불을 질렀다. [영국 군대가 약탈한 전리품은] 그때까지 한 자리에서 볼 수 없었던, 가장 큰 규모의 아프리카 예술품 컬렉션이었다. 그들[주민들]에게 생명을 주고 그들을 보호해 준 신전들에서 약탈한 엄청난 양의 가면, 조각품, 세공품.

그 작품들은 천 년의 역사를 자랑하는 것들이었다. 그 충격적인 아름다움은 런던에서 어느 정도 호기심을 불러일으켰지만 결코 경탄을 자아내지는 못했다. 아프리카 동물원의 산물은 그저 유별난 수집가들과 원시 풍속 박물관들의 관심을 끌었을 뿐이다. 그러나 빅토리아 여왕이 약탈품을 경매에 붙이자 수익금은 군사 원정대의 비용 전부를 충당할 정도가 되기에 이르렀다.

결과적으로 베닌의 예술은 그 예술이 태어나 존재했던 왕국을 파괴하는 자금줄이 되었던 것이다.

---

* 13세기경 나이지리아의 베네에 강 부근에서 일어난 왕국.

최초의 음악

여름도 아닌데 여름철 모깃소리처럼 들렸다.

1964년 그날 밤, 아노 펜지어스와 로버트 윌슨*은 마음 편히 일할 수 없었다. 애팔래치아 산맥의 꼭대기에서 두 명의 천문학자들이 아득한 미지의 은하에서 발송한 전파를 포착하려고 구슬땀을 흘리고 있었다. 그러나 안테나는 그들의 귀를 아프게 하는 윙윙거리는 소리만 되돌려 주었다.

나중에 그 이유가 밝혀졌다. 윙윙거리는 소리는 우주를 탄생시킨 폭발의 메아리였다. 안테나의 진동은 모기가 아니라 시공간과 천체와 그 밖의 모든 것들을 생겨나게 한 폭발에서 비롯한 것이었다. 혹시 지구상의 미물인 우리의 귀에 들리고 싶어 메아리가 아직 그곳에 남아 대기 중에서 울리고 있었던 건 아닌지, 또 우리 자신이 바로 갓 태어난 우주의 그 아득한 울음의 메아리는 아닌지 누가 알겠는가.

---

* Arno Allan Penzias(1933~). 독일 태생 미국의 천체물리학자. 3K의 우주배경복사를 발견해 우주의 기원에 대한 대폭발이론을 뒷받침한 공로로, 1978년 미국의 전파천문학자인 로버트 우드로 윌슨(Robert Woodrow Wilson, 1936~)과 공동으로 노벨물리학상을 수상했다.

진보의 대가

그리스인들의 태양인 아폴론은 음악의 신이었다.

그는 리라*를 발명해 피리에게 굴욕을 안겨 주었다. 그는 리라의 현을 뜯어 인간에게 삶과 죽음의 비밀을 전했다.

어느 날, 그의 자식들 중에서 음악적 재능이 가장 뛰어난 아들이 황소 내장으로 만든 현이 리넨으로 만든 현보다 음색이 좋다는 것을 발견했다.

아폴론은 혼자서 자신의 리라를 가지고 시험해 보았다. 새로운 현을 퉁겨 보고는 그 우수성을 확인했다.

그때 아폴론 신은 신주神酒와 암브로시아**로 입을 달랜 다음, 전쟁용 활을 높이 들어 멀리서 아들을 겨누었고 단번에 그의 가슴을 쪼갰다.

---

* 고대 그리스의 작은 현악기로 하프와 비슷하다.
** 그리스·로마 신화에 나오는 신의 음식.

피리

삶을 춤추고 삶을 먹는다. 오늘날 이탈리아라고 불리는 곳의 남쪽에 위치한 시바리 시는 한때 음악과 풍성한 식탁에 탐닉했다.
그러나 시민들은 전사가 되고 싶어 했고 정복을 꿈꾸었다. 그리고 시바리는 끝내 파괴되었다. 적의 도시 크로토네*는 25세기 전에 시바리를 지도에서 지워 버렸다.
타란토 만 기슭에서 마지막 전투가 벌어졌다.
음악으로 단련된 시바리인들은 음악으로 패했다.
시바리의 기병대가 공격해 오자 크로토네의 병사들은 피리를 꺼내 들었다. 멜로디를 알아들은 말들은 질주를 멈추고 뒷다리로 서서 춤을 추기 시작했다. 긴박한 상황이었지만 말들은 평소의 취향과 습관대로 계속 춤을 추었다. 그 사이에 기수들은 달아났고 피리 소리는 계속되었다.

---

* 이탈리아 남부 칼라브리아 주에 있는 도시.

춤

　엘레나는 음악상자 안에서 춤을 추고 있었다. 음악상자에서는 크리놀린*을 입은 숙녀들과 가발을 쓴 신사들이 빙글빙글 돌면서 고개 숙여 인사하고는 계속 회전했다. 그 작은 자기상磁器像들은 다소 우스꽝스러웠지만 상냥했고, 음악의 소용돌이에 맞춰 그들과 함께 발끝으로 빠르게 도는 게 재미있었다. 그러다 엘레나는 마침내 발을 헛디뎌 넘어졌고 뼈가 부러졌다.
　충격으로 인해 그녀는 잠을 깼다. 왼발이 무척 아팠다. 그녀는 일어나려고 했지만 걸을 수 없었다. 발목이 퉁퉁 부어 욱신거렸다.
　"난 딴 세상에서 다른 시간에 넘어졌어." 그녀가 나에게 고백했다. 그러나 그녀는 의사에게 그 말을 하지 않았다.

---

* 스커트를 부풀게 하기 위해 입었던, 버팀살을 넣은 스커트. 후프 스커트라고도 한다.

북치기

꿈결처럼 밤에 북소리가 울린다.

아메리카에서 노예들은 낮에는 채찍질 소리에 맞춰 반란 음모를 꾸몄고 밤에는 북소리에 맞춰 폭발했다.

프랑스인들이 아이티 흑인들을 선동한 모반자 마캉달*을 산 채로 불태웠을 때, 그가 모기로 변해 불길을 피해 도주했음을 알린 것은 바로 북소리였다.

주인들은 북소리의 언어를 이해하지 못했지만, 그 악마의 리듬이 금지된 소식을 전할 수 있으며, 비밀스러운 신들이나 심지어 북의 리듬에 맞춰 발목의 방울을 흔들며 춤을 추는 악마 자신까지도 불러 모을 수 있다는 것을 모두가 잘 알고 있었다.

주인들은 보름달이 뜨는 밤이면 북이 사람의 손 없이도 스스로 두드린다는 것을 알지 못했다. 결코 알지 못했다. 북이 북을 두드리고 죽은 사람들이 그 경이로움에 귀 기울이기 위해 일어나는 것은 바로 그 순간이었다.

---

* François Mackandal(?~1758). 아이티의 가장 널리 알려진 탈주 노예 지도자.

피아노

타리하*에 1만4,950명의 하인과 이들이 모시는 주인 50명이 살고 있었는데, 피아노가 없는 여주인은 도냐 베아트리스 아르세 데 발디비에소뿐이었다.

걱정이 된 삼촌은 그녀가 안색과 마음의 평정을 되찾고 더 이상 시기심에 불타 한숨으로 애태우며 살지 않도록 파리에서 스타인웨이 그랜드 피아노**를 보내 주었다.

피아노는 거대한 상자에 넣어져 배와 기차로, 그리고 나중에는 어깨로 운반되었다. 맨손으로 볼리비아 내륙 깊숙이까지 날랐다. 40명의 인부들이 무거운 짐짝을 어깨에 메고 다리와 계단, 길을 만들며 산악 지대를 헤쳐 나갔다. 5개월 동안 절벽과 협곡을 오르내리며 혹독한 여행을 한 끝에 마침내 선물이 흠집 하나 없이 도냐 베아트리스의 집에 도착했다.

평범한 피아노가 아니었다. 스타인웨이 피아노는 프란츠 리스트***의 손에 세례를 받았으며 유럽 여러 왕국의 전시회에서 수상의 영예를 누렸다.

세월이 흘렀고 사람들도 흘러갔다. 세월의 흐름 속에서 타리하는 성장하고 변했다.

어느 날 피아노를 유산으로 물려받은 도냐 마리아 니디 발디비에소가 암 진단을 받고 진료소를 나섰다.

가족의 재산이라고는 이제 피아노와 향수鄕愁밖에 남지 않았고, 그래서 도냐 마리아는 휴스턴까지의 여행 경비와 병원비를 마련하기 위해 피아노를 팔려고 내놓았다.

일본에서 첫 입찰 제안을 받았다. 그녀는 거절했다. 두 번째 제안은 미국에서 왔고 그녀는 이 제안도 받아들이지 않았다. 세 번째 매입 희망자가 독일에서 전화를 걸어 왔지만 그녀는 꿈쩍도 하지 않았다. 부에노스아이레스, 라파스, 산타크루스에서 관심을 표명한 사람들에게도 마찬가지였다. 판매인은 낮은 가격이나 높은 가격, 그리고 중간 가격에도 한결같이 거부 의사를 밝혔다.

---

* 볼리비아 남쪽 타리하 주의 주도.
** 독일 태생의 미국인 헨리 E. 스타인웨이가 설립한 스타인웨이앤드선스에서 만든 피아노.
*** Franz Liszt(1811~86). 헝가리 태생의 피아노 연주자이자 작곡가.

병상에서 도냐 마리아는 타리하의 음악 애호가들과 연극 애호가들, 미술 애호가들, 그리고 그 밖의 다른 애호가들을 불러 모으고 그들에게 제안했다.

"무엇이든 당신들이 가진 것을 나에게 주고 스타인웨이를 가져가세요."

도냐 마리아는 여행도 못하고 치료도 받지 못한 채 숨을 거두었다.

피아노는 타리하를 떠나고 싶어 하지 않았다. 그곳에서 사랑을 찾았고 그곳에 남아 문화 행사나 국경일, 그리고 그 도시의 모든 시민 행사에서 계속 소중한 봉사를 하고 있다.

오르간

에르모헤네스 카요*는 멀리 떨어진 후후이** 정상에서 아득한 거리를 걸어 부에노스아이레스에 도착했다. 그는 자신들의 땅에 대한 권리를 위해 싸우는 다른 원주민들과 함께 1946년에 여행을 했다. 당시에 그는 얼떨결에 루한***을 잠깐 둘러보았는데, 그곳에서 금방이라도 무너질 것 같은 성당이 있다는 얘기를 들었다.

고향으로 돌아갔을 때, 그는 자신의 돌집 입구에 모형으로 루한 성당을 세웠다. 짚과 아도비 점토를 섞어 구운 벽돌로 고딕 양식의 아치를 만들고 갖가지 색깔의 깨진 병 조각들을 구해 스테인드글라스를 만들었다. 모조품은 원형과 똑같았지만 좀 더 예뻤다. 호르헤 프렐로란이 증거를 남기기 위해 모형 성당을 필름에 담았다.

몇 년 뒤에 에르모헤네스는 어느 교회에서 오르간 소리를 들었다. 그는 평생 한 번도 오르간 소리를 들어 본 적이 없었지만 이젠 그 소리 없이는 살 수 없다는 것을 깨달았다.

그러나 사람들이 거의 살지 않는 외딴 황야라 오르간이 있는 교회는 여러 날을 걸어가야 하는 거리에 있었다. 그래서 에르모헤네스는 오르간 소리가 제대로 나지 않는다고 신부님을 설득할 수밖에 없었다. 자신이 전문가라고 밝히면서 악기를 조율하는 일을 도왔다. 그는 오르간을 해체해 부속품을 하나하나 정성스럽게 스케치했다. 그는 집에 돌아가 큰 선인장 나무를 조각해 자신의 악기를 만들었다.

그때부터 매일 저녁 오르간은 그에게 음악을 제공했다.

---

* Hermógenes Cayo(1901~68). '푸나의 레오나르도'라는 별명으로 불렸던, 아르헨티나의 성물 조각가.
** 아르헨티나 후후이 주의 주도.
*** 아르헨티나 부에노스아이레스 주에 있는 도시.

전기 기사

그는 어깨에 사다리를 메고 자전거를 탄 채 팜파스의 길을 따라 돌아다녔다.

바우티스타 리올포는 전기 기사技師이자 트랙터·시계·제분기·라디오·엽총 등 무엇이든 고치는 만능 기술자였다. 그는 플러그나 변속장치 따위의 진기한 물건들을 들여다보느라 하도 몸을 웅크려서 곱사등이 되었다.

그 지역의 유일한 의사인 레네 파발로도 역시 만능이었다. 그는 몇 가지 도구와 수중에 있는 치료약으로 심장 전문의, 외과의, 조산사, 심리학자 그리고 수리를 요하는 모든 것의 전문가 역할을 했다.

어느 화창한 날 레네는 바이아블랑카*를 여행하고 돌아오는 길에 바람과 먼지만 거처하는 황량한 고향 마을에서는 결코 본 적이 없는 기계를 가져왔다.

그 전축은 기벽奇癖이 있었다. 두 달 뒤에 작동을 멈추었다.

바우티스타가 자전거를 타고 그곳에 나타났다. 그는 바닥에 앉아서 턱수염을 만지작거리며 이리저리 궁리하더니 가는 전선을 납땜하고 나사와 자릿쇠를 조였다.

"이제 어디 봅시다." 그가 말했다.

기기를 시험하기 위해서 레네는 베토벤의 9번 교향곡** 음반을 골라 자기가 좋아하는 부분에 바늘을 올려놓았다.

음악이 집 안을 가득 채웠고 열린 창문으로 밤을 향해, 아무도 없는 대지를 향해 날아가기 시작했다. 음반이 멈춘 후에도 음악은 대기 중에 계속 살아 있었다.

레네가 무슨 말을 했거나 뭔가를 물었지만, 바우티스타는 아무 대답도 하지 않았다.

바우티스타는 두 손으로 얼굴을 감싸고 있었다.

시간이 한참 지난 후에야 비로소 전기 기사는 말을 할 수 있었다.

"죄송합니다, 레네 씨. 하지만 전 이런 걸 들어 본 적이 전혀 없어요. 전 그런…… 그런 전기가 세상에 존재하는지 몰랐어요."

---

* 아르헨티나 부에노스아이레스 주에 있는 도시.
** 합창 교향곡으로 불린다. 청력을 완전히 잃은 상태에서, 베토벤이 마지막으로 남긴 교향곡이기도 하다.

가수

알프레도 시타로사*가 몬테비데오에서 사망했을 때, 그의 친구 후세카는 그가 혼자서 그 과정을 겪지 않도록 함께 천국의 문까지 올라갔다. 후세카는 돌아와서 그가 들은 얘기를 우리에게 들려주었다.
베드로 성인이 이름과 나이, 직업을 물었다.
"가수입니다." 알프레도가 대답했다.
천국의 문지기는 어떤 노래를 하는 가수인지 알고 싶어 했다.
"밀롱가**입니다." 알프레도가 말했다.
베드로 성인은 밀롱가를 들어 본 적이 없었다. 호기심이 발동한 베드로가 명했다.
"불러 보게."
알프레도가 노래를 불렀다. 한 곡, 두 곡, 백 곡의 밀롱가를 불렀다. 베드로 성인은 노래가 결코 멈추지 않기를 바랐다. 땅을 그토록 진동시켰던 알프레도의 목소리가 천국을 진동시키고 있었다.
구름 떼를 이끌고 그곳을 거닐던 하느님이 귀를 쫑긋 세웠다. 후세카의 말로는, 그때가 하느님조차 누가 신인지 확신하지 못한 유일한 순간이었다고 한다.

* Alfredo Zitarrosa(1936~89). 우루과이의 가수·작곡가·시인·소설가·저널리스트.
** 19세기 말기에 아르헨티나의 부에노스아이레스에서 생겨난, 4분의 2박자의 빠르고 경쾌한 춤음악. 아르헨티나 탱고의 전신으로 한때 크게 유행했다.

여가수

릴리아나 비야그라는 오랫동안 잠을 이루려고 애를 쓰고 있었다. 잠을 자고 싶었지만 그럴 수 없었다. 침대에서 한참 몸을 뒤척이고 베개와 한동안 씨름하고 나서 그녀는 세 시를 알리는 시계 종소리를 들었다. 신선한 공기가 필요했다. 그녀는 일어나서 창문을 활짝 열었다.

온 겨울의 모든 눈들이 파리를 뒤덮고 있었다. 피갈*은 언제나 흥청대는 술판과 싸움질 소리가 울리고 창녀들과 여장 남자들이 소란스럽게 오가는 시끄러운 구역이었다. 하지만 그날 밤 피갈은 지나간 발자국들이 찍혀 있는 새하얀 사막으로 변했다.

그때 노래가 눈으로부터 창문까지 올라왔다. 작은 새처럼 나지막한 목소리가 슬픈 옛 가락을 노래하고 있었다. 손님을 기다리면서 한 여자가 담벼락에 기대 노래하고 있었다. 아직 우동 거리**에 눈발이 약간 날리고 있었다. 눈은 벼룩시장에서 구입한 가죽 코트 위에도 내렸다. 그 여자는 텅 빈 거리에서 코트를 젖혀 자신의 알몸을 내보이고 있었다.

릴리아나는 창문 밖으로 몸을 내밀고 그녀에게 커피를 건넸다.
"들어오지 않을래요?"
"고맙지만 그럴 수 없어요. 일하는 중이거든요."
"아름다운 노래예요." 릴리아나가 말했다.
"난 잠들지 않으려고 노래를 불러요." 여자가 말했다.

---

* 파리의 환락가.
** 피갈에 있는 거리로, 프랑스의 조각가 장-앙투안 우동(Jean-Antoine Houdon, 1741~1828)의 이름을 땄다.

노래

프라하는 침묵하고 있었다.
첼레트나 거리*가 구도시의 대광장과 통하는 모퉁이에서 목소리 하나가 갑자기 밤의 적막을 깼다.
돌길의 자갈 사이에 끼여 옴짝달싹 못하는 휠체어에서 한 여자가 노래를 불렀다.
나는 그토록 아름답고 진기한 목소리를 결코 들어 본 적이 없었다. 별세계의 목소리였다. 나는 팔을 꼬집었다. 내가 잠이 들었던 걸까? 내가 어떤 세계에 있었지?
등 뒤에서 나타난 아이들에게서 답을 알아냈다. 그들은 장애인 여가수를 놀렸고 깔깔대고 웃으며 그녀를 흉내 냈다. 그녀의 노랫소리가 그쳤다.

---

* 프라하의 구시가지 광장에서 화약 탑에 이르는 거리로 과거에 상인들의 무역이 성행했다.

또 하나의 노래

렌 웨슬러*는 그의 증언을 기록했다. 1975년에 브레이튼 브레이튼바흐**는 프레토리아*** 감옥에서 사형선고를 받은 많은 흑인들 틈에서 유일한 백인 죄수였다.

하룻밤이 지날 때마다, 죄수들 중 한 명이 교수대로 향했다. 발밑에서 바닥이 열리기 전에 사형수는 노래를 부르곤 했다. 매일 새벽녘이면 새로운 노래가 브레이튼의 잠을 깨웠다. 그는 자신의 감방에 고립된 채 홀로 죽음을 눈앞에 둔 사람의 목소리를 들었다.

브레이튼은 살아남았다. 그는 아직도 그 목소리를 듣고 있다.

---

* Ren Weschler(1952~). 미국의 창작 논픽션 작가.
** Breyten Breytenbach(1939~). 남아프리카공화국 출신의 시인·작가·화가. 1960년대 초 남아프리카공화국을 떠나 도착한 프랑스 파리에서 베트남 혈통의 프랑스 여자 욜랑드와 결혼했다. '인종 간 결혼금지법'(1949)과 '부도덕법'(1950) 위반으로 입국 금지를 당했다. 1975년 남아프리카공화국에 불법 입국했다가 체포되어 반역죄로 7년형을 선고받았다. 1982년 국제사회가 대대적인 구명운동을 펼쳐 석방된 뒤 파리로 돌아가 프랑스 국적을 취득했다.
*** 남아프리카공화국의 행정 수도로 가우텡 주 츠와니 메트로폴리탄에 있는 도시.

인어

돈 훌리안*은 소치밀코**의 가장 외딴 섬에서 혼자 살고 있었다. 나뭇가지로 지은 그의 초가집은 인형과 개들이 지켰다.

쓰레기장에서 주운 망가진 인형들은 나무에 매달려 있었다. 인형들은 악령들로부터 그를 보호했다. 깡마른 개 네 마리는 사악한 사람들로부터 그를 지켜 주었다. 그러나 인형도 개들도 인어는 쫓아 버릴 줄 몰랐다.

깊은 바닷속에서 인어들이 그를 불렀다.

돈 훌리안은 그만의 주문呪文을 알고 있었다. 인어들이 그를 데리러 와서 그의 이름을 몇 번이고 반복해서 노래할 때마다, 그는 맞받아 노래하며 인어들을 내쳤다.

내 말이 그 말이야, 내 말이 그 말이야,
악마가 날 데려갔으면, 하느님이 날 데려갔으면,
하지만 넌 안 돼, 하지만 넌 안 돼.

또 이렇게 노래하기도 했다.

여기서 꺼져, 여기서 꺼져,
너의 치명적인 입맞춤은 다른 입술에나 줘,
하지만 내 입술은 안 돼, 하지만 내 입술은 안 돼.

어느 날 오후, 밭에 호박씨를 뿌릴 준비를 마친 뒤, 돈 훌리안은 바닷가로 고기를 잡으러 갔다. 거대한 물고기를 한 마리 낚았는데, 이미 그의 손아귀에서 두 번이나 도망친 적이 있어 안면이 있는 물고기였다. 아가미에서 낚싯바늘을 뽑고 있을 때, 역시 귀에 익은 목소리가 들렸다.

"훌리안, 훌리안, 훌리안." 목소리들이 평소처럼 노래했다. 평소처럼 돈 훌리안은 침입자들의 불그레한 그림자가 넘실대는 바다 앞에서 몸을 숙이고 변함없는 답가를 부르기 위해 입을 열었다.

그러나 답가를 부를 수 없었다. 이번에는 노래할 수 없었다.

음악에 버림받은 그의 몸은 섬들 사이를 정처 없이 떠다녔다.

---

* Julián Santan(1921~2001). 직접 인형으로 꾸민 섬에서 오랫동안 살다가 익사했다.
** 멕시코시티 남쪽 20킬로미터 지점에 있는 도시.

민요

녹음기 한 대가 말 한 마리로 옮겨야 할 정도로 컸던 시절, 라우로 아예스타란*은 음악의 기억을 수집하며 들판을 가로질렀다.
한번은 잃어버린 민요를 찾아 머나먼 타쿠아렘보**의 한 외딴 오두막에 도착했다. 그곳에는 젊은 시절에 무용수이자 기타 연주가요 시詩의 검투사였던 어느 크리올*** 남자가 살고 있었다.
그는 노인이었다. 이제는 이 마을 저 마을, 이 축제 저 축제를 떠돌지 않았다. 거의 걷지 않았고 걸핏하면 넘어지기 일쑤였다. 또 몸을 일으키려면 그의 개들 중 한 마리의 등을 짚어야 했다. 이제 그는 앞을 보지 못했다. 노래도 부르지 못했고 속삭이듯 말할 수밖에 없었지만 뛰어난 기억력으로 명성이 자자했다.
"여기에 뭐든 다 들어 있지요." 그는 손가락으로 머리를 두드리며 나지막이 말했다.
고작 줄을 스치는 정도였지만 노인은 손에 기타를 들고 시를 읊었고 콧노래를 흥얼거렸다. 해 질 무렵, 풀려난 암소들과 해방된 사람들에 대한 기억을 기리는 노랫말은 쉰 목소리처럼 들렸다.
녹음기의 테이프는 돌고 또 돌았다. 장님 노래꾼은 묵묵히 윙윙대는 소리에 귀를 기울였고, 마침내 그게 무슨 소리인지 물었다.
"이건 목소리를 보관하기 위한 기계입니다." 아예스타란이 설명했다. 그가 녹음기를 조작하자 방금 전에 노래한 시구들이 다시 흘러나오기 시작했다.
노인은 난생처음 자신의 목소리를 들었다.
그는 그런 식으로 흉내 내는 것이 전혀 마음에 들지 않았다.

---

* Lauro Ayestarán(1913~66). 우루과이의 음악 비평가, 민속음악 연구가.
** 우루과이 타쿠아렘보 주의 주도.
*** 라틴아메리카에 이주한 유럽인의 후손을 가리킨다.

우상

어떤 밤에는 카페에서 허풍 떨기 경쟁이 치열해졌다.
"어렸을 때 사자가 나한테 오줌을 쌌어." 한 남자가, 자신이 당한 참사를 개의치 않고 목소리를 깔며 말했다.
"난 말이야, 제일 좋아하는 게 벽을 타고 걷는 거야." 다른 남자가 이렇게 말하며 그의 집에서는 이 심심풀이 취미가 금지되어 있다고 투덜거렸다.
그러자 다른 남자가 한술 더 떴다.
"난 말이야, 어렸을 때 연애시를 썼어. 기차에서 잃어버렸지. 그걸 누가 발견했겠나? 네루다.*"
치과의사인 돈 아르날도는 주눅 들지 않았다. 카운터에 팔꿈치를 괸 채 이름 하나를 내뱉었다.
"리베르타드 라마르케.**"
그는 잠시 뜸을 들였다가 말을 계속했다.

---

* Pablo Neruda(1904~73). 칠레의 시인. 1971년 노벨문학상을 수상했다. 젊은 시절에 쓴 『스무 편의 사랑의 시와 한 편의 절망의 노래』에 수록된 작품은 연애시의 대명사로 불린다.
** Libertad Lamarque(1908~2000). 아르헨티나의 배우·가수. 라틴아메리카 전역에서 높은 인기를 누렸다.

"들어는 봤나?"

그때 그는 아메리카의 연인으로 알려진 여인과의 만남을 회상했다.

돈 아르날도의 말은 거짓이 아니었다. 1930년대의 어느 새벽에, 가수이자 배우인 리베르타드 라마르케는 칠레 산티아고의 한 호텔에서 끔찍한 손찌검을 당하고 있었다. 남편이 그녀의 뺨을 후려치고 있었다. 그렇게라도 해서 그녀를 붙들고 싶어서였다. 견디다 못한 리베르타드가 비명을 질렀다.

"그만 해! 당신이 자초한 일이잖아!"

그러고는 4층 창문에서 몸을 던졌다. 그녀는 차양에 튕겨서 치과의사 머리 위로 떨어졌다. 그는 어머니를 방문하고 돌아가는 길이었고 그때 마침 인도 위를 지나고 있었다. 리베르타드는 털끝 하나 다치지 않았고 중국의 용이 수놓인 다마스크직 가운도 멀쩡했다. 그러나 밑에 깔린 돈 아르날도는 구급차로 병원에 실려 갔다.

부러진 뼈가 아물고 온몸의 붕대를 풀었을 때, 돈 아르날도는 그 이야기를 떠벌리기 시작했다. 그 후에도 그의 생이 끝나는 순간까지 들어줄 귀가 있는 곳이라면 카페든 어디든 계속 그 이야기를 되풀이했다. 하늘 높은 곳으로부터, 창공과 빛의 여신들이 거처하는 높은 구름으로부터, 그 유성이 땅 위로 떨어졌는데, 지구상의 수많은 남자들 중에서 바로 그 자신을 선택했으며, 혼자 죽지 않으려고 그의 품에 몸을 던졌다는 얘기였다.

영화

제럴딘*은 영화 촬영차 터키 산악 지대의 어느 마을에 머물고 있었다.

첫날 저녁에 그녀는 산보하러 나갔다. 거리에는 아무도 없었다. 거의 아무도. 남자들만 몇 명 눈에 띌 뿐 여자는 전혀 없었다. 그러나 모퉁이를 돌았을 때 그녀는 별안간 한 무리의 소년들과 마주쳤다.

제럴딘은 좌우를 살피고 뒤를 돌아보았다. 그녀는 포위되어 있었고 달아날 길은 없었다. 그녀의 목구멍에서는 비명이 나오지 않았다. 아무 말도 못하고 가지고 있던 시계와 돈을 내주었다.

소년들은 웃었다. 그들이 원한 것은 그게 아니었다. 소년들은 대충 영어 비슷한 말로 그녀에게 정말로 찰리 채플린의 딸인지 물었다.

그녀는 깜짝 놀라 고개를 끄덕였다. 그제야 그녀는 비로소 소년들이 숯 검댕으로 시커멓게 작은 콧수염을 그렸고 각자 지팡이 삼아 막대기를 들고 있다는 것을 알아챘다.

쇼가 시작되었다.

그들은 모두 채플린이었다.

---

* Geraldine Chaplin(1944~). 미국의 배우. 찰리 채플린의 마지막 부인이 낳은 첫째 자식.

관객

아바나의 야라 영화관 입구에 사람들이 몰려 있었고, 경찰관 한 명이 줄을 세우려고 비지땀을 흘리고 있었다. 그의 의도는 칭찬받을 만했고 심지어 영웅적이기까지 했다. 그러나 썩 성공적이지는 못한 것 같았다. 그가 가까스로 줄을 세우고 나면 그때마다 다시 줄이 흐트러지고 야단법석이 일어났다.

혼자뿐인 경찰관은 영화에 대한 열정과 무질서에 대한 열정 앞에서 속수무책이었다. 그때 위엄 있는 그의 목소리가 들려왔다.

"물러서요." 경찰관이 소리쳤다. "신사 숙녀 여러분, 줄은 벽 뒤에서 시작됩니다! 저쪽, 벽 뒤요!"

"벽이 어디에 있단 말이요?" 어리둥절해 하며 군중들이 물었다.

질서의 수호자가 설명했다.

"벽이 없다면…… 있다고 상상하세요!"

텔레비전

1999년 말, 우루과이 대통령*이 피나르 노르테 지구에 위치한 한 학교의 개교식에 참석했다.

가난한 노동자들의 거주 지역이었기 때문에 최고 통치권자는 손수 참석해 시민 행사를 빛내고자 했다.

대통령은 텔레비전 카메라를 대동한 채 헬리콥터를 타고 하늘에서 등장했다.

연설에서 그는 우리의 가장 소중한 자산인 조국의 아이들에게 경의를 표했고, 경쟁이 치열한 오늘의 세계에서 가장 유익한 투자인 교육의 중요성을 강조했다. 이어서 국가가 울려 퍼졌고 형형색색의 풍선이 공중에 떠올랐다.

이어진 행사의 클라이맥스에서 대통령이 아이들 모두에게 장난감을 하나씩 선물했다.

이 모든 장면을 텔레비전 생방송으로 중계했다.

카메라가 작동을 멈추자 대통령은 하늘로 돌아갔다. 그리고 학교 임원들은 대통령이 나눠 주었던 장난감을 회수하기 시작했다. 아이들의 손에서 장난감을 빼앗기는 쉽지 않았다.

---

* 훌리오 상기네티(Julio María Sanguinetti, 1936~)로 1985~90년과 1995~2000년 두 차례에 걸쳐 대통령을 역임했다.

극장

아리스토파네스는 사람들과 담소를 나누며 치아파스 지역*을 돌아다녔고 안톤 체호프는 자신의 등장인물들을 거느리고 산루이스포토시** 사막을 여행했다.
그들은 결코 전에 그곳에 가본 적이 없었다.
그들을 멕시코 땅 방방곡곡까지 데려간 사람들은 '엘 갈폰'의 배우들이었다.
엘 갈폰의 모든 단원들은 멕시코에 망명 중이었다. 우루과이에서는 공포와 추악함이 지배하던 군사독재 시절이었고 몬테비데오에는 덩그러니 극장만 남겨져 있었다.
정부의 보조금 한 푼 없이 그들이 맨주먹으로 세운 극장은 남아 있었지만 엘 갈폰은 없었고 관객 역시 없었다. 독재는 텅 빈 객석 앞에서 쇼를 제공했다. 그러나 육체 없는 그림자, 영혼 없는 육체였을 뿐, 아무도 가지 않았다.

* 멕시코 남동부에 위치한 지역으로 사파티스타민족해방군(EZLN)의 본거지가 있다.
** 멕시코 중북부에 있는 주.

특별석

내 가족 앨범의 세피아 톤 사진 속에 나오는 곤살로 무뇨스는 밤에 살아 움직이고 낮에는 잠자기 위해 태어났다.

그는 유령들과 어울리며 밤을 하얗게 지새웠지만 낮 동안에는 늘 할 일이 산더미였다. 그래서 토막잠을 자지 않을 수 없었다. 시도 때도 없이 잠에 떨어졌고 잠에서 깨어나면 시간을 혼동하기 일쑤였다. 때로는 자신이 사람이라는 사실을 헷갈리기까지 했다. 올빼미 습성이 있던 돈 곤살로가 수탉처럼 울어 제치거나 오후가 한창인데 테라스에서 아침 인사를 하는 경우도 있었다. 그런 그의 착각을 이웃 사람들은 전혀 달가워하지 않았다.

어느 날 밤, 그는 초연하는 연극을 보러 몬테비데오의 솔리스 극장에 갔다. 유럽 극단의 화려한 공연이었다. 제2막에서 그는 잠이 들었다. 주인공인 괴팍한 성격의 남편이 손에 권총을 들고 병풍 뒤에 웅크리고 있는 바로 그 순간에 잠이 들었다. 잠시 뒤, 부정한 부인이 무대에 등장하자 남편은 숨어 있던 곳에서 벌떡 일어나 총을 쐈다. 발사된 총탄이 죄인 여자를 쓰러뜨리고 돈 곤살로의 잠을 깨웠다. 돈 곤살로는 무대 정면의 객석에서 벌떡 일어서며 두 팔을 벌리고 외쳤다.

"진정해요, 여러분. 진정해요! 놀라지 말아요, 뛰지 말아요! 아무도 움직이지 말아요!"

옆에 앉아 있던 그의 부인은 좌석에 푹 파묻혀 영영 숨어 버렸다.

남배우

오라시오 투비오는 엘 볼손* 계곡에 집을 지었다.
집에는 전기가 들어오지 않았다. 그는 현대적인 가전제품을 잔뜩 짊어지고 캘리포니아에서 왔다. 그러나 촛불로는 컴퓨터와 팩스, 텔레비전, 세탁기를 작동시킬 수 없었다.
오라시오는 관리 사무실로 달려갔다. 한 기사技師가 그를 맞았다. 기사는 수수께끼 같은 지도들을 찾아보고는 그 지역은 이미 전기가 공급되고 있다고 대답했다.
"맞아요, 공급되죠." 오라시오가 수긍했다. "숲에서는요. 나무들은 행복하답니다."
기사는 화를 내며 말했다.
"당신의 문제가 뭔지 아시오? 오만함이요. 그렇게 오만해서는 인생에서 결코 아무것도 이루지 못할 거요."
그러고는 그에게 출구를 가리켰다.
오라시오는 뒷걸음질을 쳐서 문을 나갔다.
그러나 이내 기사의 귀에 똑똑 노크 소리가 들렸다.
오라시오가 문 앞에서 무릎을 꿇은 채 머리를 조아리고 있었다.
"기사님, 당신은 운이 좋아 배울 수 있는 기회를 가졌습니다……."
"일어나시오, 일어나요."
"당신은 자격증도 가지고 계시죠……."
"일어나시오, 제발."
"제 상황을 헤아려 주세요, 기사님. 저도 글 읽는 걸 배웠으면……."
오라시오는 탄원을 멈추지 않았고 마침내 그의 집에 전깃불이 들어왔다.

* 아르헨티나 리오네그로 주 남서쪽 파타고니아 지역에 있는 도시.

여배우

반세기도 더 전에 국립극단이 〈피의 결혼〉을 살토의 시골 마을들로 가져갔다.

페데리코 가르시아 로르카*의 이 작품은 또 다른 시골인 아득한 안달루시아의 마을들에서 왔다. 파혼과 신부의 강탈, 그리고 한 여자를 두고 칼싸움을 벌이는 두 남자의 이야기가 펼쳐지는, 적대적인 두 집안의 비극이었다. 아들을 잃은 어머니가 이웃 여자에게 쏘아붙였다.

"조용히 좀 해주겠어요? 난 이 집에서 통곡을 원치 않아요. 당신의 눈물은 그저 억지로 짜낸 눈물일 뿐이죠."

무대에서 마르가리타 시르구**가 그 도도하고 고통스러운 어머니를 연기했다.

박수갈채가 잦아들었을 때 한 농장 노동자가 마르가리타에게 다가가 손에 모자를 든 채 머리를 숙이고 말했다.

"당신의 심정을 이해해요. 저 역시 아들을 하나 잃었거든요."

* Federico García Lorca(1898~1936). 안달루시아의 정서를 문학적으로 탁월하게 형상화한 스페인의 시인·극작가.
** Margarida Xirgu(1888~1969). 가르시아 로르카의 작품에 많이 출연한 스페인 여배우. 프랑코 독재 시기에 망명해 우루과이 국적을 취득했다.

두 번의 박수갈채

스페인 내전 벽두에 가르시아 로르카가 총탄에 벌집이 되어 사망한 이후,* 〈경이로운 구두수선공의 부인〉**은 그의 조국 스페인의 무대에 오르지 못했다. 오랜 세월 뒤에 우루과이의 연극인들이 마드리드에서 그 작품을 무대에 올렸다.

그들은 혼신을 다해 연기했다.

공연이 끝난 뒤에 그들은 박수갈채를 받지 못했다. 관객들은 미친 듯이 격렬하게 발로 바닥을 구르기 시작했다. 배우들은 무슨 영문인지 전혀 알지 못했다.

치나 소리야***가 사연을 얘기해 주었다.

"우린 충격을 받았어요. 재앙이었죠. 울음을 터트리고 싶은 심정이었어요."

그러나 그 뒤에 환호성이 터졌다. 긴 감사의 박수갈채였다. 배우들은 여전히 영문을 몰랐다.

발로 보낸 첫 번째 박수갈채, 바닥을 뒤흔든 그 천둥은 아마도 작가를 위한 것이었으리라. 빨갱이요 동성애자요 별종이라는 이유로 총살당한 작가를 위한. 그것은 아마도 "페데리코, 당신이 생생하게 살아 있다는 걸 알려 주려고요."라고 말하는 하나의 방식이었을 것이다.

---

* 스페인 내전이 발발한 직후인 1936년 8월 고향 그라나다에서 프랑코 측에 의해 암살되었다.
** 나이 많은 남자와 사랑 없이 결혼한 젊은 여자가 숱한 역경과 우여곡절을 겪은 끝에 부부의 진정한 사랑을 이룬다는 내용의 연극.
*** China Zorrilla(1922~). 우루과이 출신의 배우·연출가.

5백 주년 코미디

오늘 공연 있습니다, 오늘! 포르투갈은 바르톨로메우 디아스*의 아프리카 남쪽 해안 상륙 5백 주년을 대대적으로 기념했다. 제국에 대한 향수가 짙게 깔린 거대한 극장으로 변한 이 나라는 1488년 신이 세계의 절반을 포르투갈에 선사했던 드높은 영광의 시대에, 희망봉에 도착한 용감무쌍한 항해가를 무대에 올렸다.

비단과 벨벳, 정교히 세공된 칼, 깃털이 무성한 모자 등 그 시대풍의 복장을 한 배우들은 바르톨로메우 디아스의 배를 복원한 배에 올랐다. 출항한 배는 뱃머리를 아프리카로 향했다.

남아프리카 해안에는 5세기 전에 도착했던 항해가들 앞에서 기쁨과 고마움에 펄쩍펄쩍 뛰며 자신들을 발견해 달라고 간청하기 위해 많은 흑인들이 기다리고 있을 것으로 예상되었다. 그러나 1987년에 그 해안은 백인들만을 위한 배타적인 구역이었다. 아파르트헤이트의 일환으로 흑인들은 해안에 들어가는 것이 금지되어 있었다.

환호하는 수많은 백인들이 몸을 검게 칠하고 포르투갈인들을 맞았다.

---

* Bartolomeu Dias(1450?~1500). 포르투갈의 항해가. 1488년에 처음으로 아프리카의 남단 희망봉을 통과해 '폭풍의 곶'이라고 명명했고, 그 후 브라질을 항해하던 중에 사망했다.

백 주년 코미디

1889년, 파리는 대규모 세계 박람회로 프랑스혁명 백 주년을 축하했다.

아르헨티나는 국내에서 나는 각양각색의 생산물 견본을 출품했다. 그중에는 티에라델푸에고* 출신의 한 원주민 가족도 포함되어 있었다. 11명의 오나족 원주민들로 이들은 희귀한 견본이자 멸종 위기에 처한 부족이었다. 최후의 오나족은 그 무렵 윈체스터 총**에 몰살당하고 있었다.

출품된 11명의 오나족 중에서 두 명은 여행 중에 사망했다. 생존자들은 쇠로 된 우리 안에 전시되었다. 표지판에는 "남아메리카의 식인종"이라고 적혀 있었다. 첫 며칠 동안 그들에게 전혀 먹을 것을 주지 않았다. 원주민들은 배가 고파 울부짖었다. 그러자 작은 날고기 몇 점을 그들에게 던지기 시작했다. 소고기였다. 그러나 아무도 그 소름 끼치는 광경을 놓치고 싶어 하지 않았다. 입장료를 낸 관중들은 야만스러운 식인종들이 서로 할퀴고 물어뜯으며 먹이를 다투는 우리 둘레로 우르르 몰려들었다.

인권선언 백 주년은 그렇게 기려졌다.

---

* 남아메리카 최남단에 있는 섬. 스페인어로 '불의 땅'이라는 뜻이며 유럽에서는 1520년 마젤란이 최초로 발견했다.
** 미국의 윈체스터연발총제작회사에서 생산된 총류. 회사 설립자인 윈체스터의 이름을 따 명명되었다.

50주년 코미디

히로시마와 나가사키를 초토화시킨 핵폭발이 50주년을 맞았다. 스미스소니언협회*는 워싱턴에서 대규모 전시회를 열겠다고 발표했다.

전시품 목록에는 많은 기록 정보와 함께 과학자들, 전문 사학자들 그리고 군사 전문가들의 다양한 의견이 포함될 예정이었다. 또한 폭격 명령을 내린 대령 — 이 사건은 그의 꿈을 앗아가지 않았다 — 부터 몇몇 일본인 생존자들 — 그들은 꿈을 비롯해 모든 것을 잃었다 — 에 이르기까지 주역들의 증언도 제공하기로 되어 있었다.

전시회 관람객들이 폭격으로 살해된 수많은 희생자들 중 다수가 아녀자들이었다는 것을 알아챌 위험성이 있었다. 설상가상으로 수집된 광범한 자료가 폭탄을 투하한 것은 전쟁에 이기기 위해서가 아니라 — 이미 승리한 전쟁이었다 — 그다음 적인 소련을 겁주기 위해서였다는 사실을 노출시킬 가능성이 있었다.

그런 심각한 위험을 피하기 위해, 예고된 바와 달리 자료는 결코 공개되지 않았다. 행사는 원폭을 투하한 폭격기인 에놀라 게이 전시회로 축소되었다. 열혈 애국자들이 그 비행기에 입을 맞출 수 있도록 하기 위해서였다.

---

* 미국 워싱턴에 중심 시설을 갖춘 특수 학술 연구 기관. 스미스소니언 박물관으로 통칭된다.

재단사

그는 하늘을 날겠다고 맹세했다. 그는 자신이 뚫었던 모든 단춧구멍들과 달았던 모든 단추들, 그리고 평생 동안 매일 한 땀 한 땀 재단하고 가봉하고 바느질했던 수많은 슈트와 드레스, 코트에 맹세했다.

그때 이후 재단사 라이켈트*는 한 쌍의 거대한 박쥐 날개를 만드는 데 모든 시간을 바쳤다. 그가 작업실 겸 숙소로 쓰던 허름한 집에 들어갈 수 있도록 날개는 접고 펼 수 있게 만들어졌다.

마침내 오랜 작업 끝에 온통 천으로 휘감긴, 파이프와 쇠막대로 된 정교한 뼈대가 준비되었다.

재단사는 하느님께 바람 부는 날을 선사해 달라고 간청하며 불면의 밤을 보냈다. 이튿날인 1912년 바람이 심하던 어느 아침에 그는 에펠탑 꼭대기에 올라가 날개를 펼치고 죽음을 향해 날았다.

---

* Franz Reichelt(1879~1912). 오스트리아 출신의 프랑스 재단사·발명가.

비행기

깃발이 높은 데서 펄럭이고 있었다.
당국은 풀을 뜯으러 활주로에 들어가는 소들을 내쫓았다.
빠진 사람은 아무도 없었다. 로리카*의 모든 주민들이 몇 시간째 기다리고 있었다. 레이스와 작은 매듭 장식, 넥타이. 모두들 결혼식이나 세례식 때처럼 빳빳하게 풀을 먹인 옷을 입고 하늘에 눈을 박은 채 불평 한마디 없이 햇볕에 그을리고 있었다.
멀리 날아오는 게 보였다. 그들은 침을 삼켰다. 손꼽아 기다리던 물체가 땅으로 돌진했을 때, 전쟁 소리와 바람의 채찍질에 운집했던 사람들은 너나없이 혼비백산해 달아났다.
로리카 사람들은 한 번도 비행기를 본 적이 없었다.
군중들은 입을 딱 벌린 채 멀찌감치 바라보았다. 붉은 먼지의 안개에 싸인 광채가 멀리 어렴풋이 보였다. 프로펠러는 이미 회전을 멈추었다. 한 용감한 사람이 대열을 이탈해 생전 처음 보는 물체 쪽으로 달려갔다가 돌아와서 비누 냄새가 난다고 일러 주었다.
음악 — 두 오케스트라가 국가와 바예나토 혼성곡**을 동시에 연주했다 — 이 울려 퍼졌을 때, 군중들이 서로 밀치며 야단법석이 일었다. 승객들은 눈 깜짝할 사이에 트랩을 내려왔고 조종사는 꽃다발 더미에 숨이 막혔다. 하늘에서 온 물체의 출현을 축하하며 흥청망청 술잔이 돌기 시작했고 거리는 온통 난장판이 되었다.
비행기는 다른 곳으로 계속 비행하기 위해 잠시 착륙한 것이었지만, 이미 이륙할 수 없었다.
"콜롬비아 역사상 최초의 여객기 납치 사건이었지." 납치범들 중에서 가장 어렸던 다비드 산체스-훌리아오가 이야기한다.

---

* 콜롬비아의 코르도바 주에 있는 도시.
** 콜롬비아 카리브 해안의 대중적인 전통음악 장르.

지도 없는 비행

그녀는 비행기였다. 밤 안에 드러누워 날아다녔다.
그녀는 문득 방향을 잃었다는 것을 깨달았다. 어디로 가야 하는지 기억조차 하지 못했다.
승객들은 그녀의 몸속에 들어 있었는데, 그들은 항로 이탈에 대해 전혀 개의치 않았다. 먹고 마시고, 담배 피우고, 노닥거리고 춤추며 모두들 매우 분주했다. 그녀의 몸속에는 충분한 공간이 있었고 근사한 음악이 흘렀으며, 아무것도 금지되지 않았기 때문이다.
그녀 역시 걱정하지 않았다. 이미 목적지를 잊었지만, 날개처럼 펼친 그녀의 두 팔은 달을 스쳤고 하늘을 빙빙 돌며 별들 사이를 선회했다. 정처 없이 밤을 가로지르는 건 매우 즐거웠다.
엘레나는 공항에서 깨어났다. 침대였다.

비행에 대한 설명

의사인 오리올 발이 떠날 채비를 하고 있었다. 그는 그곳 주민들과 함께 일하고 세월을 나누며, 첩첩산중에 자리 잡은 아호야 마을에 꽤 오랜 기간 머물렀다. 그리고 이제 떠날 시간이 왔다.

그는 집집마다 일일이 찾아다니며 작별 인사를 했다. 그는 자그마한 마을 진료소에서 걸음을 멈추고 그에게 많은 도움을 주었던 마리아 델 카르멘에게 사정을 설명했다.

"저 스페인으로 돌아갑니다, 도냐 마리아."

"스페인이 먼가요?"

그녀는 단 한 번도 가빌라네스 강 너머로 가본 적이 없었다. 오리올은 이해를 돕기 위해 지도에 표시를 했다. 바다를 통째로 건너야 했다.

"그렇게 큰 물길이라니 배가 어마어마하게 크겠어요."

그가 말과 손짓으로 설명하려고 시도했다. 그런데 먼발치에서조차 비행기를 본 적이 없는 마리아 델 카르멘이 그의 말을 가로막았다.

"아, 그래요, 이제 알았어요. 바람 속에서 잠든 채 여행할 거라고 말하고 싶으신 게로군요."

기차

"엄청 센 놈이구나." 아버지가 말했다. "마치 소 이백 마리가 끄는 것 같구나."

아들인 시몬 델 라 파바는 지평선 위로 거대한 연기구름이 치솟는 것을 보았다.

금세 힘센 야수가 모습을 드러냈다. 점점 커지며 멀리서 달려오고 있었다. 으르렁거리며 울부짖었다.

달려오는 것을 보았을 때 아이는 겁에 질려 도망치고 싶었다. 그러나 아버지가 그의 손을 놔주지 않았다.

끼익하는 날카로운 쇳소리와 긴 탄식, 그리고 기차가 멈췄다.

시몬과 그의 아버지는 이바게* 계곡부터 보고타** 고원까지, 더운 곳에서 서늘한 곳으로 그리고 다시 서늘한 곳에서 추운 곳으로 달렸다.

여행은 결코 끝나지 않고 계속되었다.

죽도록 목이 말라 헉헉거리며 기차는 역마다 멈춰 서서 물의 강을 마셨다. 그러고는 울며, 배로 증기를 내뿜으며, 굉음과 함께 계속 위쪽으로 달렸다.

승객들은 그을음과 먼지를 뒤집어쓴 채 녹초가 되어 목적지에 도착했다.

아버지가 가방을 찾는 사이에 시몬은 기관차로 다가갔다.

기관차는 헐떡거리고 있었다. 그는 고마움의 표시로 뜨거운 엉덩이를 손바닥으로 톡톡 쳐주었다.

---

* 콜롬비아 중서부 톨리마 주에 있는 도시.
** 콜롬비아의 수도로 안데스 산맥의 고원에 있다.

승객들

들판과 시간을 가로지르며 기차가 세비야에서 모론 델 라 프론테라*로 달리고 있었다. 차창을 통해 시인 훌리오 벨레스**가 피곤한 눈으로 쏜살같이 달아나는 숲과 집들을 바라보았다. 그 사이에 그의 기억 속에선 그동안 거쳐 온 많은 땅과 세월이 주마등처럼 스쳐 지나갔다.

훌리오 앞에 한 관광객이 앉아 있었다. 어눌한 스페인어로 그가 말을 걸어왔지만, 훌리오는 자신에게서 떠나 버린 어떤 확신, 그에게서 사라진 어떤 단어나 여인을 찾아 미지의 곳을 걷고 있었다.

"안달루시아 분이세요?" 관광객이 물었다.

훌리오가 멍한 얼굴로 고개를 끄덕였다.

관광객은 놀라워하며 다시 물었다.

"안달루시아 분이신데 왜 슬픈 표정이세요?"

• 스페인 안달루시아 지방의 세비야 주에 있는 도시.
•• Julio Vélez(1946~92). 스페인의 시인·문학비평가.

너 거기 있니?

영국의 패딩턴 역* 출발 지점에서 기차 두 대가 충돌한다.
한 소방관이 도끼로 쳐서 통로를 트고 전복된 차량에 진입한다. 자욱한 연기를 통해 뒤엉킨 채 쓰러져 있는 승객들의 모습이 보인다. 가루가 된 목재와 뒤틀린 쇳덩이 사이에서 산산 조각난 마네킹처럼 보인다. 랜턴이 부질없이 생명의 신호를 찾으며 쓰레기 더미를 비춘다.
신음조차 들리지 않는다. 끝없이 울려 대는 죽은 사람들의 휴대폰 벨소리가 침묵을 깰 뿐이다.

• 런던 웨스트민스터에 있는 역. 1999년 이 역에서 발생한 열차 사고로 31명이 숨졌다.

교통사고

20세기가 한참 흐른 뒤에도 란사로테 섬*에서는 낙타가 사람과 물건을 실어 나르는 교통수단으로 이용되고 있었다. 역인 '낙타들의 쉼터'가 아레시페 항의 한복판에 있었다. 레안드로 페르도모**는 유년기의 등굣길에 언제나 그곳을 지나쳤다. 많은 낙타들이 엎드려 있거나 서있는 것을 보았다. 어느 날 아침 40마리까지 헤아렸지만 그는 셈에는 젬병이었다.

당시에 섬은 시간 밖에 떠있어 세상 이전의 세상이었고, 사람들은 시간을 낭비할 여유가 있었다.

낙타들은 광대한 검은 용암 사막을 통해 느릿느릿 오갔다. 시간표가 없었고 출발 시각도 도착 시각도 없었지만, 출발하고 도착했다. 그리고 결코 교통사고가 일어나지 않았다. 낙타 한 마리가 갑자기 신경 발작을 일으켜 여자 승객을 공중에 내동댕이쳤을 때까지는 단 한 건의 교통사고도 없었다. 그 운 나쁜 여자는 돌에 부딪쳐 머리가 깨졌다.

낙타가 미쳐 날뛴 것은 기침을 하고 연기를 내뿜고 다리도 없이 걷는 괴이한 물건이 길에서 그를 지나쳤기 때문이었다.

섬에 처음으로 자동차가 들어왔던 것이다.

---

* 스페인 라스팔마스 주에 속하는 섬.
** Leandro Perdomo(1921~93). 스페인의 작가·저널리스트. 란사로테 섬에서 일어나는 빠른 변화를 비판하는 글을 남겼다.

빨강, 노랑, 파랑

밤부터 아침 사이에 일어난 일이었다. 눈이 세 개 달린 통나무 몇 개가 중심가의 모퉁이에 솟아났다. 콰라이*에서는 그 비슷한 것도 전혀 본 적이 없었다. 국경 지대 어디에서도 마찬가지였다.

구경꾼들이 말을 타고 멀리서 몰려들었다. 그들은 통행을 방해하지 않으려고 말을 도시 외곽에 매어 놓은 다음 자리를 잡고 앉아 진기한 물건을 바라보았다. 손에는 마테차가 담긴 잔을 들고 한 팔에는 보온병을 끼고 밤을 기다렸다. 밤이면 불은 더욱 빛났고 하늘에서 태어나는 별을 바라보듯 그곳에 남아서 바라보는 것이 즐거웠기 때문이다. 불은 항상 똑같은 주기로 켜지고 꺼졌으며, 언제나 세 가지 색깔을 차례차례 되풀이했다. 그러나 자동차와 사람들이 지나가는 것에 무관심했던 그 시골 사람들은 구경거리를 지루해 하지 않았다.

"저 모퉁이에 있는 게 제일 예뻐." 누군가가 조언했다.

"여기에 있는 게 제일 꾸물거리는구먼." 다른 누군가가 생각을 말했다.

한시도 쉬지 않고 눈을 깜빡이는 그 마법의 눈이 어디에 쓰이는지 결코 아무도 묻지 않았다고 한다.

---

* 브라질 리우그란데두술 주에 있는 도시.

광고

와그네르 아도움은 운전할 때 항상 정면을 뚫어져라 응시했다. 키토의 거리나 도로변에 명령하듯 위압적으로 서있는 광고판에 단 한 번도 눈길을 주는 법이 없었다.

"난 결코 아무도 죽이지 않았어." 그가 말하곤 했다. "내가 이 나이까지 살아 있는 건 광고판에 전혀 관심을 주지 않았기 때문이야."

그의 설명에 따르면, 그 덕분에 그는 익사하거나 소화불량, 출혈 또는 질식으로 죽지 않고 살아남을 수 있었다. 그는 코카콜라의 대양을 마시지 않았고 햄버거의 산을 먹지 않았으며, 엄청난 양의 아스피린을 삼켜 배에 분화구를 만들지도 않았다. 또 신용카드 때문에 빚의 수렁에 빠져 옴짝달싹 못하는 것을 피할 수 있었다.

거리

거리 한 곳에 몇 백만의 사람들이 들어갈 수 있을까?
그날 정오, 부에노스아이레스의 모든 시민들이 그 도시에서 유일하게 아직 걸을 수 있는 거리인 플로리다를 걷고 있었다. 자신들의 구역을 탈출한 전형적인 대도시 군중들이었다. 마치 자동차들의 왕국에서 그 망명지가 곧 사라지기라도 할 것처럼 수많은 다리들이 신속하게 발걸음을 옮기고 있었다.
군중들의 한가운데서 로헬리오 가르시아 루포[*]는 사람들을 밀어제치며 한 남자가 힘겹게 자기 쪽으로 다가오고 있는 것을 알아챘다. 점잖아 보이는 남자가 두 팔을 벌렸다. 로헬리오는 생각할 겨를도 없이 포옹을 당했고 그도 포옹했다. 어렴풋이 어디선가 본 것 같은 얼굴이었다. 로헬리오는 그저 이렇게 물을 수밖에 없었다.
"우리는 누구죠?"

---

* Rogelio García Lupo(1931~). 아르헨티나의 역사가·저널리스트.

세계지도

내가 스탠퍼드 대학의 숲에서 시끄러운 새소리를 판독하려고 하고 있을 때, 한 노교수가 다가왔다. 어떤 전문 분야에 해박했던 그 교수는 많은 이야기보따리를 풀어 놓았다. 그는 자기 분야에 대해서는 만물박사였다. 그 분야에 대한 지식이 전혀 없던 나는 하나도 이해하지 못했다. 그러나 그는 친절하고 부드럽게 말했다. 그래서 그의 이야기를 듣는 게 즐거웠다.

어느 순간 그는 호기심이 발동해 어느 나라에서 왔는지 내게 물었다. 내가 대답했다. 당혹해 하는 그의 눈빛에서 나는 우루과이라는 이름이 그에게 그리 친숙하지 않다는 것을 깨달았다. 나는 이미 그런 상황에 익숙해져 있었지만 교수는 친절하게도 우루과이의 전형적인 옷들에 대해 논평을 해주었다. 그 교수는 우루과이를, 그 즈음에 기적적으로 신문의 헤드라인을 장식한 과테말라와 혼동하는 게 분명했다. 나는 입을 다물고 즉석에서 과테말라인 행세를 함으로써 그의 자상함에 보답했고, 기억은 못하지만 아메리카 센트랄América Central (중미)의 굴곡 많은 질곡의 역사에 대해 뭔가를 말했다.

"센트럴 아메리카Central America." 그가 말했다.

나는 그가 이해했다고 믿고 싶었다. 장담할 수 없어 더 캐묻지는 않았다.

나는 그의 동포들 중 많은 수가 아메리카의 중앙에 캔자스시티가 있다고 믿는다는 것을 잘 알고 있었다.

거리距離

투우사인 라파엘 가요는 알바세테* 투우장에서 대단한 연기를 펼쳤고, 소의 귀와 꼬리를 상으로 받았다.
화려한 의상을 벗는 동안 투우사가 결정을 내렸다.
"지금 당장 세비야로 돌아가자."
조수가 이미 시간이 너무 늦어서 불가능하다고 설명했다.
"세비야는 까마득히 먼데……."
라파엘은 벌떡 일어서서 손아귀로 망토를 움켜쥐고 소리를 질렀다.
"입 닥쳐엇!"
그는 불호령을 내리며 상황을 정리했다.
"뭐라고 했냐? 너 뭐라고 말한 거냐고? 세비야는 있어야 할 곳에 그대로 있어. 멀리 있는 건 바로 이곳이지."

---

* 스페인 카스티야라만차 지방 알바세테 주의 주도.

지리

시카고에는 흑인이 아닌 사람이 아무도 없다. 한겨울에 뉴욕에 서는 태양이 돌을 흐물거릴 때까지 녹인다. 브루클린에서는 서른이 되도록 살아 있으면 동상을 세워 기릴 만하다. 마이애미에서 가장 좋은 집들은 쓰레기로 지어졌다. 미키는 쥐들에 쫓겨 할리우드에서 달아난다.
시카고, 뉴욕, 브루클린, 마이애미 그리고 할리우드는 아이티의 수도 포르토프랭스에서 가장 처참한 변두리 빈민가인 시테솔레이에 있는 몇몇 지구의 이름들이다.

지리학자

"티티카카 호*를 아세요?"
"압니다."
"전에는 티티카카 호가 여기에 있었습니다."
"어디요?"
"바로 여기요."
그는 손으로 끝없이 펼쳐진 건조지를 가리켰다.
우리는 타마루갈** 사막에 있었다. 아주 이따금씩 도마뱀이 지나갈 뿐, 지평선 끝까지 바싹 마른 자갈들이 펼쳐져 있는 풍경이었다. 그러나 그곳의 지리에 정통한 사람에게 따질 계제가 아니었다.
그는 나의 학문적 호기심을 자극했다. 그 남자는 친절하게도 어떻게 해서 호수가 그 멀리까지 이동하게 되었는지 설명해 주었다.
"언제였는지는 몰라요. 난 태어나지도 않았으니까요. 왜가리들이 가져가 버렸어요."
길고 혹독한 겨울에 호수가 얼어붙었다. 예고도 없이 호수가 갑자기 빙판으로 변해 버려 왜가리들은 발목을 잡히고 말았다. 밤낮없이 여러 날 동안 사력을 다해 날갯짓을 한 끝에 포로였던 왜가리들은 마침내 날아오르는 데 성공했다. 그러나 호수를 통째로 든 채였다. 그들은 얼어붙은 호수를 가져가 버렸고 호수를 매단 채 하늘을 날았다. 얼음이 녹자 호수가 땅으로 떨어졌다. 그래서 그 먼 곳에 남게 되었다.
나는 구름을 바라보았다. 썩 납득한 표정은 아니었을 것이다. 남자가 짜증스럽다는 듯이 이렇게 물었기 때문이다.
"비행접시도 있는데 하늘을 나는 호수는 왜 없겠소? 어디 말해 보시오."

---

* 페루와 볼리비아의 국경에 있는 호수로, 세계에서 가장 높은 곳에 있다.
** 칠레 북부 타라파카 주에 있는 지방.

앨버트로스*

그는 바람 속에 산다. 언제나 날고 있다. 날면서 잠을 잔다.

그는 숨차하지도 지치지도 않는다. 장수하며 60의 나이에도 여전히 지구를 돌고 또 돈다.

바람이 그에게 폭풍이 어디에서 올지, 또 해안은 어디에 있는지 알려준다. 그는 결코 길을 잃지 않으며 태어난 곳을 잊지도 않는다. 그러나 땅은 그의 것이 아니다. 바다도 마찬가지다. 땅에서는 짧은 다리로 뒤뚱거리며 물에서는 금방 싫증을 낸다.

바람이 그를 떠나면 기다린다. 이따금 늑장을 부리기도 하지만 바람은 언제나 되돌아와 그를 찾고, 그를 부르고, 그를 채간다. 그는 거대한 날개를 펼치고 공중으로 날아올라 바람에 몸을 맡기고 유유히 날아간다.

---

* 슴샛과의 바닷새로 생김새는 거위와 비슷하다. 가장 활강을 잘하는 조류로, 바람 부는 날에는 날갯짓 없이 수 시간 동안 떠있기도 한다.

태양을 따라 걷는 사람

국경에서 구스타보 데 메요가 나에게 전화를 걸었다.
"이리 와보게나." 그가 말했다.
돈 펠릭스가 그곳에 있었다. 이제 막 도착한 건지, 아니면 떠나려던 참이었는지, 그건 결코 알 길이 없었다.
나이도 알지 못했다. 우리가 적포도주 한 병을 비우는 사이에 그가 아흔 살이라고 털어놓았다. 구스타보의 말로는 몇 살을 줄였다고 했다. 그러나 펠릭스 페이라요 카르바할은 신분증이 없었다.
"한 번도 가진 적이 없다오. 그러니 잃어버릴 일도 없었지요." 그가 담배에 불을 붙여 연기를 몇 모금 내뿜으며 나에게 말했다.
그는 신분증도 없이, 입고 있던 옷이 전부인 단벌 신사로, 한 세기 내내 이 나라 저 나라, 이 마을 저 마을, 온 세상을 돌아다녔다.
돈 펠릭스는 지나는 곳마다 해시계를 남겼다. 퇴직지도 않았고 그러길 바라지도 않았던 이 괴짜 우루과이인은 그 일로 먹고살았다. 그는 기계장치 없이 가는 해시계를 만들어 마을의 광장에 설치했다. 시간을 재기 위해서가 아니라 — 그는 이 습관을 모욕으로 여겼다 — 순전히 땅 위에서 태양의 발걸음을 함께하는 즐거움을 느끼기 위해서였다.
우리가 리베라*에서 만났을 때, 돈 펠릭스는 벌써 편안함을 느끼기 시작하고 있었다. 그게 그의 우려를 자아냈다. 머물러 있고 싶다는 유혹은 그에게 떠나라는 명령을 내리고 있었다.
"새로움, 새로움, 새로움!" 그는 조막만 한 손으로 탁자를 두드리며 외쳤다.
다른 모든 곳들과 마찬가지로 그곳도 그가 지나가다가 들른 것이었다. 그는 언제나 도착하기 무섭게 떠날 생각을 했다. 그는 백 개국을 돌아다니며 이백 개의 해시계를 만들었고, 정이 들면 떠났다. 어느 침대나 집에 뿌리를 내리게 될 위험으로부터 달아났던 것이다.
그는 새벽 시간을 택해 떠나길 좋아했다. 태양이 떠오르고 있을 때 떠났다. 기차역이나 버스터미널의 문이 열리자마자, 돈 펠릭스는 그동안 모아 두었던 푼돈을 창구에 밀어 넣으며 말했다.
"돈이 되는 데까지 주시구려."

---

* 우루과이 리베라 주의 주도.

항구

라켈 할머니는 돌아가셨을 때 장님이었다. 그러나 세월이 흘러 엘레나의 꿈속에서 할머니는 앞을 볼 수 있었다.

꿈속에서 할머니는 나이가 태산처럼 많지 않았고, 작고 지쳐 있는 한 줌의 뼛조각도 아니었다. 그녀는 갓 태어난 아이였고 많은 이주자들 틈에 섞여 바닷길을 통해 아득한 베사라비아*에서 시작된 항해를 끝내고 있는 네 살배기 소녀였다. 갑판에서 할머니는 엘레나에게 자기를 들어 달라고 부탁했다. 배가 도착하고 있었고 그녀는 부에노스아이레스 항을 보고 싶었기 때문이다.

그렇게 꿈속에서 손녀의 품에 안겨 들어 올려진 눈먼 할머니는 평생 살아가게 될 미지의 나라의 항구를 바라보고 있었다.

---

* 유럽 동부, 드네스트르 강과 프루트 강 사이에 있는 지역의 옛 이름. 현재 대부분은 몰다비아에, 일부는 우크라이나에 속한다.

한 세기 전의 이민자들

한 움큼의 머리,
문을 잃어버린 낡은 열쇠,
입을 잃어버린 파이프,
손수건에 수놓인 누군가의 이름,
타원형 액자 속 누군가의 사진,
함께 사용했던 담요,
그리고 그 밖의 크고 작은 물건들이 옷가지에 싸인 채, 고향을 등진 사람들의 짐에 들어 있었다. 가방 하나에 들어갈 수 있는 것은 많지 않았지만, 가방마다 하나의 세상이 들어갔다. 조잡하게 만들어져 볼품없고, 끈으로 묶거나 삐걱거리는 쇠붙이로 엉성하게 잠가 놓은 가방 하나하나는 다 똑같은 듯하면서도 각양각색이었다.

멀리서 도착한 남자들과 여자들은 그들의 가방처럼 줄을 옮겨 다녔고, 또 그들의 가방처럼 삼삼오오 모여 기다렸다. 그들은 지도에도 나오지 않는 마을들에서 왔고, 기나긴 항해 끝에 엘리스 섬*에 도착했다. 그들보다 조금 먼저 뉴욕 항에 도착한 자유의 여신상이 지척에 있었다.

섬에서는 여과기가 작동하고 있었다. 약속의 땅의 문지기들은 이민자들을 심문하고 분류했다. 그들의 심장과 폐를 청진하고 눈꺼풀과 입, 발가락을 검사하고 몸무게를 재고 혈압과 열, 신장, 지능을 측정했다.

지능검사는 가장 까다로운 절차였다. 갓 도착한 사람들 중 많은 수는 글을 쓸 줄 몰랐고, 알 수 없는 언어로 이해할 수 없는 말을 더듬거릴 뿐이었다. 지능지수를 정하기 위해서 그들은 가령 계단을 어떻게 쓰는지, 위쪽으로 쓰는지, 아니면 아래쪽이나 옆쪽으로 쓰는지 답해야만 했다. 한 폴란드 소녀가 대답했다.

"전 계단이나 쓸려고 이 나라에 오지 않았어요."

---

* 미국 뉴욕 항 내에 있는 작은 섬. 1892~1943년 미국의 주요 이민 정류지였다.

세월의 비상

가을이 오면 무수한 나비들이 북아메리카의 차가운 땅을 떠나 남쪽을 향해 긴 여행을 시작한다.

그때 하나의 강이 하늘을 가로질러 흘러간다. 부드러운 물결, 날개들의 파도가 날아가면서 창공에 오렌지빛 광채를 남긴다. 나비들은 산과 초원과 해변, 그리고 도시와 사막을 가로지른다.

나비들은 공기처럼 가볍다. 4천 킬로미터를 날아가는 동안, 몇 마리는 피로와 바람, 또는 빗줄기에 뒤집혀 도중에 추락한다. 그러나 살아남은 많은 나비들은 마침내 멕시코 중부의 숲에 내려앉는다.

그곳에서 나비들은 멀리서 그들에게 손짓했던 난생처음 보는 왕국을 발견한다.

그들은 날기 위해, 이 비상을 위해 태어났다. 그 후에 그들은 집으로 돌아간다. 그리고 그곳 북쪽에서 최후를 맞는다.

이듬해 다시 가을이 오면, 무수히 많은 나비들이 긴 여행을 시작한다……

오늘의 이민자들

태곳적부터 나비와 제비와 홍학은 해마다 추위를 피해 날아가고 고래는 다른 바다를 찾아 헤엄치며, 연어와 송어는 그들의 강을 찾아간다. 그들은 자유로운 공기와 물의 길을 따라 까마득한 거리를 여행한다.

그러나 사람들이 대규모로 이동하는 길은 통행이 자유롭지 않다.

견딜 수 없는 삶을 피해 도망치는 사람들은 상인들의 거대한 행렬처럼 무리 지어 걷는다.

그들은 남쪽에서 북쪽으로 해가 뜰 때부터 해가 질 때까지 이동한다.

세상에서 그들의 자리는 강탈당했다. 그들은 일과 땅을 빼앗겼다. 전쟁을 피해 도망치는 사람들도 많지만 더 많은 수의 사람들은 터무니없는 임금과 황폐화된 한 줌의 땅에서 달아난다.

세계화의 조난자들은 길을 발견하고 집을 찾고 문을 두드리며 순례한다. 그 문은 신기하게도 돈을 건네면 열리지만 [그렇지 않으면] 그들의 면전에서 쾅 하고 닫힌다. 몇몇은 살금살금 몰래 들어가는 데 성공한다. 다른 사람들은 파도에 밀려 금지된 해안에 시체로 돌아오거나 그들이 닿고 싶어 했던 다른 세상에 이름 없는 육신으로 매장된다.

세바스치앙 사우가두는 여러 해에 걸쳐 40개국에서 그들의 모습을 사진에 담았다. 그의 오랜 작업에서 3백 장의 이미지가 남았다. 3백 장의 이 거대한 인간적 비극의 이미지들은 모두 합쳐도 1초 안에 들어갈 수 있다. 그 많은 사진을 찍는 동안 그의 카메라에 들어간 빛의 양은 다 합쳐도 겨우 1초에 불과하다. 그 빛은 불과 눈 깜짝할 사이이며 시간의 기억 속에서는 찰나에 불과하다.

있었을지도 모를 역사

크리스토퍼 콜럼버스는 아메리카를 발견하는 데 성공하지 못했다. 비자가 없었고 심지어 여권조차 소지하지 않았기 때문이다.

페드루 알바레스 카브랄*은 브라질에 배를 정박할 수 없었는데, 그가 천연두와 홍역, 독감 등 그 나라에 알려지지 않은 전염병을 감염시킬 가능성이 있었기 때문이다.

에르난 코르테스**와 프란시스코 피사로***는 마음은 있었지만 멕시코와 페루를 정복할 수 없었는데, 그들은 취업 허가증이 없었기 때문이다.

페드로 데 알바라도****는 과테말라에서 발길을 돌렸고 페드로 데 발디비아*****는 칠레에 들어갈 수 없었는데, 전과 기록 증명서를 소지하지 않았기 때문이다.

메이플라워호의 필그림 파더스******는 매사추세츠 해안에서 바다로 되돌려 보내졌는데, 이민 쿼터가 이미 다 찼기 때문이다.

---

* Pedro Álvares Cabral(1467?~1520). 포르투갈의 항해가. 1500년에 국왕의 명으로 인도로 항해하던 중 항로를 남서쪽으로 돌려 브라질을 발견했다.
** Hernán Cortés(1485~1547). 아스테카 제국을 정복한 스페인의 정복자.
*** Francisco Pizarro(1475?~1541). 스페인의 정복자. 잉카 제국을 정복했으며, 현재 페루의 수도인 리마를 건설했다.
**** Pedro de Alvarado(1485~1541). 과테말라와 엘살바도르를 비롯해 중미의 대부분을 침략한 스페인의 정복자.
***** Pedro de Valdivia(1497?~1553). 스페인의 군인·정복자. 피사로를 격파하고 발파라이소·콘셉시온·발디비아 등의 도시를 건설해 칠레의 정복자·총독으로 군림했으나 원주민의 반란으로 살해당했다.
****** 영국의 종교적 탄압을 피해 1620년 메이플라워호를 타고 미국에 건너가 정착한 102명의 영국 청교도단.

추방

    2000년 3월, 60명의 아이티인들이 물이 새기 쉬운 소형 선박을 타고 카리브 해의 바다로 출항했다.
    60명 전원이 익사했다.
    다반사로 일어나는 일이어서 당시에 뉴스거리가 되지 않았다.
    바닷물이 삼켜 버린 사람들은 모두 쌀농사를 짓는 농민들이었다.
    그들은 절망 속에서 도주했다.
    국제통화기금이 정부의 자국 생산자 보호를 금지한 이래 아이티에서 쌀을 경작하는 농민들은 뱃사공이나 걸인으로 전락했다.
    지금 아이티는 미국에서 쌀을 수입한다. 다분히 정신 줄을 놓은 국제통화기금이 미국에서는 자국 생산자 보호 금지 원칙을 적용하는 것을 망각했다.

작별

생일처럼 보였지만 아니었다. 불빛과 꽃, 그리고 색 테이프의 화관 아래, 김이 피어오르는 가마솥에서는 맛있는 옥수수 요리가 끓고 있었고, 병에 든 악마가 콸콸 쏟아졌다. 또 발은 기타와 케나* 소리에 맞춰 뽀얗게 흙먼지를 피워 올리고 있었다.

해가 떠오르기 시작했을 때, 몇몇 초대 손님들은 구석에서 코를 골았다.

깨어 있는 사람들은 떠나는 사람과 작별했다. 그가 가지고 가는 것은 걸치고 있는 옷과 에콰도르 공화국의 여권이 전부였다. 여행을 빛내고자 사람들이 그에게 담요를 선물했다. 그는 노새를 타고 떠났고, 이내 산속으로 모습을 감추었다.

그가 처음이 아니었다.

마을에는 아이들과 노인들만 남았다.

떠난 사람들 중 단 한 명도 돌아오지 않았다.

손님들은 남아서 얘기를 나눴다.

"정말 멋진 파티입니다! 우린 그동안 너무 많이 울었어요!"

• 페루의 안데스 지역 원주민들이 애용하는 소형 피리. 애조를 띤 소리를 내며, 흔히 갈대의 줄기로 만드나 동물의 뼈로 만든 것도 있다.

출발

이 여인은 북쪽으로 떠난다. 그녀는 자신이 강을 건너다 익사할 수도 있고, 사막을 건너다 총에 맞거나 갈증으로, 또는 뱀에 물려 죽을 수도 있다는 것을 알고 있다.

그녀는 '다음에 보자'라고 말할 수 있기를 바라면서 자녀들과 작별 인사를 나눈다.

이제 오아하카*를 떠나면서 도로변의 작은 제단에 들러 과달루페 성모** 앞에 무릎을 꿇고 기적을 간청한다.

"기적을 베풀어 달라고 청하지 않을게요. 다만 기적이 있는 곳에 저를 놓아 주세요."

- 멕시코 남부에 있는 오아하카 주의 주도.
- ** 16세기 멕시코시티 인근의 테페약 언덕에서 성 후안 디에고에게 발현했다고 전해지는 성모마리아를 일컫는 호칭. '아메리카의 수호자'로 공인된 과달루페 성모는 멕시코의 종교와 문화를 대표하는 가장 대중적인 이미지를 가졌다.

도착

그는 서류도, 돈도, 아무것도 없이 시에라리온*에 있는 고향 마을에서부터 무작정 걷기 시작했다. 그의 어머니는 여행하는 동안 행운을 가져다 달라고 그의 첫 발자국 위에 물을 뿌렸다.

그와 함께 떠난 다른 사람들은 아무도 도착하지 못했다. 어떤 사람들은 경찰에 붙잡혔고, 또 다른 사람들은 모래와 바다가 삼켜 버렸다. 그러나 그는 바르셀로나에 입성하는 데 성공했다. 다른 여행의 생존자들과 함께 카탈루냐 광장에서 밤을 보낸다. 그는 얼굴을 하늘로 향하고 돌바닥 위에 눕는다.

그는 거의 보이지 않는 하늘에서 자신의 별을 찾는다. 이곳엔 없다.

잠을 자고 싶은 생각이 굴뚝같지만 도시의 불빛은 결코 꺼지지 않는다. 이곳에서 밤은 또한 낮이기도 하다.

---

* 서아프리카 남쪽에 있는 나라.

의식 儀式

차토*는 그 카운터 뒤에서 여러 해를 보냈다. 술을 서빙하고 때로는 새로운 음료를 만들기도 했다. 그는 말이 없었고 이따금 남의 말에 귀를 기울였다. 그는 매일 밤 목을 축이러 오는 고객들 각자의 습관과 기벽을 훤히 꿰고 있었다.

매일같이 항상 밤 여덟 시 정각에 와서 드라이한 백포도주 두 잔을 시키는 남자가 있었다. 그는 한 번에 두 잔을 시켜서는 혼자서 한 모금씩 번갈아 마셨다. 남자는 말없이, 아주 천천히 두 잔을 비우고는 값을 치르고 자리를 떴다.

차토는 손님에게 질문하지 않는 습관이 있었다. 그러나 어느 날 밤 남자는 그의 눈에서 호기심을 읽어 냈고 무덤덤하게 사연을 들려주었다. 그는 죽마고우인 가장 절친한 친구가 다른 곳으로 떠났다고 했다. 그 친구는 고된 삶에 지쳐 우루과이에서 아주 멀리 떠나 버렸고 지금은 캐나다에 살고 있었다.

"그곳에서 아주 잘 지내요." 그가 말했다.

그러고 나서 덧붙였다.

"사실은 그가 잘 지내는지 알지 못해요."

그러고는 입을 다물었다.

그의 친구가 떠난 뒤로 두 사람은 매일 밤 몬테비데오 시각으로 여덟 시 정각에 만나 함께 술을 마셨다. 그는 이 바에서, 그리고 친구는 그곳의 한 바에서.

매일 밤 그렇게 시간이 흘러갔다.

그런데 어느 날 남자는 평소처럼 정각에 들어왔지만 포도주를 한 잔만 시켰다. 그러고는 말없이, 천천히, 그 고독한 술잔을 마지막 한 방울까지 비웠다. 아마도 평소보다 좀 더 말이 없었고 좀 더 천천히 마셨던 것 같다.

남자가 계산을 하고 나서 떠나려고 자리에서 일어났을 때, 차토가 그를 건드렸다. 전에 없던 일이었다. 그는 카운터 위로 팔을 뻗어 그를 만지며 말했다.

"애도를 표합니다."

---

* Chato. 스페인어로 '땅딸보'라는 뜻이다.

망명

레오나르도 로시에요*는 세상의 북쪽에서 돌아왔다. 스톡홀름부터 몬테비데오까지의 여행은 순탄하지 않았고 비행기를 갈아탈 때도 알 수 없는 문제들이 있었다. 마침내 레오나르도가 탄 비행기가 밤늦게 도착했을 때 그를 기다리는 사람은 아무도 없었다.

부모님 집 문 앞에서 그는 망설였다.

"부모님을 깨울까? 깨우지 말까?"

멀리 떨어져 산 지 오래였다. 망명의 시기였고 군사독재가 통치하는 눈먼 시절이었다. 가족을 보고 싶은 마음은 굴뚝같았다. 그러나 기다리는 편이 낫겠다고 결정했다.

그는 인도를 따라 걷기 시작했다. 어린 시절의 길이었다. 그는 포장도로가 그의 발을 알아본다고 느꼈다. 그의 머리는 옛 생각과 짓궂은 농담들로 가득 찼다. 모든 것이 새롭고 아주 유쾌해 보였다. 몹시 추운 겨울밤이었고 도시는 서리로 뒤덮였지만, 그는 그 열대의 공기에 감사했다.

레오나르도는 한참이 지나서야 비로소 여행 가방을 들고 있다는 것과 여행 가방이 묘비보다 더 무겁다는 것을 깨달았다. 이윽고 그는 거리를 건너고 황량한 들판을 가로질러 벽에 등을 기댄 채 여행 가방 위에 앉았다.

추위 때문에 잠을 이룰 수 없었다. 자리에서 일어났을 때, 그는 달빛에 비친 벽이 흉터투성이라는 것을 알게 되었다. 낙서와 말들, 화살에 꿰뚫린 하트, 사랑의 맹세와 실연한 이의 욕설, 심지어는 비방 — "마리아는 세포염에 걸렸다." — 까지 있었다.

레오나르도는 또한 이렇게 묻고 있는, 반쯤 지워진 글자들을 읽을 수 있었다.

"그런데 넌 어디에 있었니? 무슨 말을 했어? 어떤 사람들과 얘기했어?"

---

* Leonardo Rossiello(1953~). 우루과이 출신의 시인·문학 연구자.

망명자들

스페인 내전이 끝나고 이미 몇 년의 세월이 흘렀지만, 아직도 패자들은 몬테비데오의 카페에서 큰소리로 논쟁하며 매일 저녁 전쟁을 계속하고 있었다. 밤이면 그들은 와인 바에서 서로 부둥켜안고 전선에서 부르던 노래를 부르며 패배를 위로했다.

처음부터 끝까지 공화파 전선에서 싸웠던 한 망명자가 자기 집 부엌에서 나에게 차근차근 전쟁의 전 과정을 들려주었다. 전투는 테이블보 위에서 벌어지고 있었다.

티스푼과 설탕 그릇, 카페오레 잔은 치안대와 프랑코군의 위치를 가리켰다. 나이프는 몸을 숙여 대포를 발사했고, 대포는 선홍빛 마멀레이드 단지를 덮쳤다. 유리잔들은 탱크가 되어 빠지직 소리와 함께 토스트를 짓이기면서 앞으로 굴러갔다. 히틀러의 비행기들은 오렌지와 빵을 투하해 테이블을 뒤흔들고 보병대인 이쑤시개들을 휩쓸었다. 그 아침 식사 테이블에서 나는 우레 같은 폭음과 엄청난 기관총 소리, 희생자들의 아우성에 귀도 마음도 아팠다.

시간의 교직

그녀는 다섯 살에 떠났다.
그녀는 타국에서 자랐고 다른 언어로 말했다.
돌아왔을 때 그녀는 이미 오랜 삶을 산 뒤였다.
펠리사 오르테가는 빌바오 시*에 도착해 아르찬다 산 정상에 올랐고, 결코 잊지 않았던 길을 걸어 한때 그녀가 살았던 집 쪽으로 향했다.
세월 속에서 오그라들어 모든 것이 작아 보였다. 이웃들이 그녀의 가슴에서 쿵쾅거리는 북소리를 들을까 얼굴이 화끈거렸다.
그녀는 자신의 세발자전거를 발견하지 못했고, 알록달록 채색된 고리버들 의자도, 어머니가 동화를 들려주며, 그녀를 울게 만드는 늑대를 가위로 싹둑 자르던 부엌 테이블도 찾을 수 없었다. 게르니카**를 폭격하러 가는 독일 비행기들을 보았던 발코니 역시 눈에 띄지 않았다.
얼마 안 있어 이웃들이 용기를 내어 그녀에게 얘기를 들려주었다. 그 집은 그녀의 집이 아니었다. 그녀의 집은 파괴되었고, 그 폐허 위에 그녀가 보고 있는 집이 세워졌던 것이다.
그때 누군가가 시간의 밑바닥에서 나타나며 말했다.
"나 엘레나야."
그들은 서로 얼싸안고 한참을 있었다.
두 사람은 유년기의 그 숲에서 하루가 멀다 하고 함께 어울려 놀았었다.
엘레나가 말했다.
"너한테 줄 게 있어."
엘레나는 그녀를 위해 푸른 그림이 그려진 백자 그릇을 가져왔다.
펠리사는 그 그릇을 알아보았다. 그녀의 어머니는 모두를 위해 손수 만든 헤이즐넛 쿠키를 그 그릇에 담아 내오곤 하셨다.
엘레나는 잡석들 틈에서 그 그릇을 흠집 하나 없는 상태로 발견해 58년 동안 고이 간직해 왔던 것이다.

---

* 스페인 북부 바스크 지방 비스카야 주의 주도.
** 비스카야 만 연안에 있는 도시. 피카소의 대표작 〈게르니카〉는 내전 중이던 1937년 독일 공군의 무차별 폭격으로 폐허가 된 이 도시를 기리기 위해 그려졌다.

발

많은 사람들이 돌아오지 못했다. 스페인 공화국을 위해 싸우러 떠난 많은 세계 시민들이 스페인 땅에 묻혔다.

링컨 여단 소속의 아베 오셔로프*는 살아남았다.

그는 한쪽 다리에 총상을 입었다. 그는 절뚝거리며 귀국했다.

스페인 내전은 그가 처음으로 패배한 전쟁이었다. 그때 이후 아베는 성한 한쪽 발에 의지해 결코 멈추지 않고 세상을 활보했다.

배신과 패배, 몽둥이질과 투옥에도 불구하고 멈추지 않았다. 한쪽 발은 거부했지만 다른 쪽 발은 계속 앞으로 나아가기를 원했다. 한쪽 발이 그에게 말했다. "난 여기에 머무르겠어요." 그러나 다른 쪽 발이 말했다. "당신을 저기로 데려다 줄게요." 이곳저곳을 널리 돌아다닌 그 발은 몇 번이고 길로 되돌아갔다. 길은 그 발에게 숙명과도 같았기 때문이다.

그 발은 끝에서 끝까지, 바다에서 바다까지 미국 전역으로 아베를 실어 날랐고, 매카시의 마녀사냥과 한국전쟁, 인종차별, 사형, 이란에서의 쿠데타, 과테말라의 범죄,** 베트남의 학살, 인도네시아의 유혈 사태, 핵폭발, 쿠바 봉쇄, 칠레의 군사 쿠데타, 니카라과의 압제, 파나마 침공, 이라크와 유고슬라비아와 아프가니스탄, 그리고 다시 이라크의 폭격 등에 맞서게 하면서 그를 거듭 곤경에 빠뜨렸다.

아베는 이미 아흔 살이 되었지만 여전히 걷고 있었다. 그때 그의 친구 토니 가이스트가 단순히 호기심에서 그에게 어떻게 걷는지 물었다. 그러자 그는 흰 갈기의 사자 머리를 쳐들고 입이 째지게 웃었다.

"한 발은 무덤에 두고 다른 한 발은 춤추면서 아직 이렇게 걷고 있다네."

---

* Abraham Osheroff(1915~2008). 미국의 사회 활동가·목수·참전 용사·다큐멘터리 제작자.
** 이 책 113쪽에 수록된 "쿠신"의 리고베르타 멘추도 이 원주민 학살에서 부모를 잃었다.

예수의 길

나사렛 예수는 한 손에 못이 박힌 채 불에 그을린 벽의 잔해에 매달려 있었다. 또 다른 예수인 캄브레*의 헤수스**는 비계***에 매달려 있었다.
캄브레 마을에서 태어난 헤수스 바비오는 벽돌 쌓는 일과 목수 일, 배관 그리고 독설에 있어 타의 추종을 불허하는 달인이었다. 그는 무엇이든 잘해 냈다. 그러나 그는 세상 곳곳을 떠돌아다녀, 신비주의와 마찬가지로 스페인에서 기원한 독설의 기술에 있어 자신을 능가할 사람은 어디에도 없다는 것을 잘 알고 있었다. 캄브레의 헤수스는 전쟁 시기에 적색분자들에 의해 불탄 산타 마리아 데 비고 성당을 다시 세우며 신성모독을 하고 있었다. 검댕이 묻어 시커메진 나사렛 예수는 떨떠름한 표정으로 그 경의의 표시에 귀를 기울였다.
"성합聖盒 경첩과 그리스도의 못, 그리고 그의 상처와 가시, 엿이나 먹으라고 해. 예수를 낳은 원죄 없는 어머니, 엿 먹으라고 해."

- 스페인 북서부 갈리시아 지방의 아코루냐 주에 있는 도시.
- ** Jesús. 스페인어로 '예수'에 해당하는 이름이다.
- *** 飛階. 높은 곳에서 공사를 할 수 있도록 임시로 설치한 가설물.

이따금 앙헬 바스케스 델 라 크루스는 폐허가 된 교회에 말을 타고 들어가곤 했다. 나무 쐐기에 망치질을 하면서 헤수스는 비계 꼭대기에서 그에게 연신 독설을 퍼부으며 외국을 여행한 이야기를 들려주곤 했다. 떠돌이 노동자였던 그는 영국과 네덜란드, 노르웨이, 독일은 물론이고 심지어는 카탈루냐에서도 일한 적이 있었다.

그의 이야기는 매번 끝이 똑같았다. 그는 망치로 새들이 가득 몰려든 커다란 창문을 가리켰다. 그리고 그 너머로 캄브레 숲의 오솔길을 가리켰다. 나귀를 타고 장작을 실어 나르는 동네 사람을 제외하면 그곳엔 쥐새끼 한 마리 얼씬거리지 않았다. 오솔길은 나무들에 둘러싸여 단지 하나의 먼지 입자에 지나지 않았다.

"저거 보여요?" 그가 물었다. 그러고는 선고하듯 말했.

"나는 많은 길을 걸었소. 갈보리 길과 산티아고의 길,* 그리고 모든 도로들, 엿 먹으라고 하시오. 아시다시피 이승과 저승에서 보게 될 모든 것들은 바로 저 오솔길로 지나가니까요."

---

* 갈리시아 지방의 산티아고 데 콤포스텔라 대성당에 이르는 순례길. 전하는 바에 따르면, 대성당 터에서 예수의 제자 야고보의 유해가 발견되었다고 한다.

개미의 여정

사막의 개미들은 땅속 깊은 곳에서 나타나 모래밭으로 떠난다.
 그들은 여기저기 먹을 것을 찾는다. 그렇게 정처 없이 헤매는 사이 그들은 집에서 점점 더 멀어진다.
 많은 시간이 흐른 뒤에 그들은 아무것도 없는 곳에서 찾아낸 먹이를 끌고 낑낑대며 멀리서 돌아온다.
 사막은 지도를 조롱한다. 바람의 소용돌이에 휩쓸린 모래는 결코 제자리에 있는 법이 없다. 불타는 광활한 사막에서는 누구나 길을 잃기 마련이다. 그러나 개미들은 지름길을 통해 집으로 향한다. 주저 없이 한 줄로 행진하면서 정확히 출발점으로 돌아간다. 그리고 나서 그들의 집으로 이어지는 작은 구멍이 나올 때까지 땅을 판다. 그들은 결코 방향을 혼동하지 않으며, 남의 구멍에 들어가지도 않는다.
 무게가 1밀리그램밖에 안 되는 그 작은 뇌가 어떻게 그토록 많은 것을 알 수 있는지 아무도 이해할 수 없다.

연어의 길

태어난 직후, 연어들은 그들의 강을 버리고 바다로 향한다.
머나먼 바닷물에서 삶을 보내고 나서 그들은 머나먼 귀향길에 오른다.
바다로부터 강을 거슬러 오른다. 비밀스러운 나침반에 인도되어 폭포를 뛰어넘고 돌밭을 건너며 물길을 거슬러 헤엄친다. 결코 멈추는 법이 없다. 기나긴 여행 끝에 태어난 지점에 다다른다.
그들은 새끼를 낳고 죽기 위해 돌아간다.
바닷물에서 그들은 많이 자랐고 색이 변했다. 그들은 거대한 물고기가 되어 도착하며 연분홍색에서 불그레한 오렌지색이나 은청색, 또는 흑녹색으로 바뀌었다.
세월이 흘렀고 연어들은 이제 과거의 그들이 아니다. 그들이 태어난 곳도 그대로가 아니다. 그들의 기원과 운명의 왕국의 투명한 물은 갈수록 탁해지고 강 밑바닥의 바위와 자갈은 갈수록 식별하기가 어렵다. 연어들은 변했고 그들이 태어난 곳 역시 달라졌다. 그러나 그들은 언젠가 고향으로 돌아갈 수 있으며 왕복 여행은 거짓이 아니라고 믿으며 억겁의 세월을 보냈다.

가난

   통계를 살펴보면, 세상에는 가난한 사람들이 많지만, 실상 그들의 수는 보이는 것보다 훨씬 더 많다는 것을 알 수 있다.
   젊은 연구자인 카탈리나 알바레스 인수아는 계산을 바로잡는 데 유용한 기준을 제안했다.
   "가난한 사람들은 문을 닫아 놓는 사람들이야." 그녀는 말했다.
   이런 정의를 공식화했을 때 그녀의 나이는 세 살이었다. 창을 열고 세상을 바라보기에 가장 좋은 나이다.

닫힌 문

　머나먼 엘 그란 투날*의 공동체들로부터 페드로와 그의 당나귀 차파로**가 멕시코시티를 향해 떠났다.
　페드로는 당나귀를 타기보다는 걸어서 갔다. 가끔씩만 타고 갔는데, 차파로의 지친 등을 혹사시키지 않기 위해서였다. 그들 둘은 이미 여러 해를 같이 살아왔고 여정은 길었다.
　한 걸음 한 걸음 여러 날을 걸어 그들은 마침내 소칼로 광장***에 도착했다. 그들은 권력자가 살고 있는 대통령궁 문 앞에 섰다.
　그들은 청중을 기다리며 그곳에 머물렀다. 페드로와 차파로는 어떤 일이 일어났는지를 얘기하고 정의를 요구하기 위해 왔다. 먹을 거라곤 돌과 먼지뿐인 땅에 둘러싸인 채, 엘 그란 투날 공동체의 원주민들은 공식적으로는 소멸되어 통계자료에조차 나오지 않았다. 그곳에서 정의는 하늘의 달보다도 더 요원했다. 적어도 달은 눈에 보이기라도 했으니까.
　페드로와 차파로를 몰아낼 방법이 없었다. 광장에서 끌어내면 다시 돌아왔다. 아무것도 소용없었다. 좋은 말로 타일러도 소용없고 몽둥이찜질도 소용없었다. 차파로는 멍청한 당나귀 얼굴을 하고 있었고, 페드로는 '당신은 시간을 낭비하고 있어요, 우린 5백 년 동안 이러고 있었다오.'라고 말하는 듯한 표정을 지었다.
　1997년 말, 멕시코시티의 오염된 공기를 너무 많이 마신 탓에 다 죽어 가던 페드로는 여든일곱 살의 나이로 난생처음 주사를 맞아야 했다. 그는 꼼짝 않고 계속 야영을 했고, 그 사이에 차파로는 자기를 '교통수단'이라고 부르는 언론의 모욕에 귀를 닫아걸었다.
　페드로와 차파로는 1년 2개월 보름 동안 대통령궁 앞 노천 광장에 머물렀다. 그리고 이윽고 그들은 고향으로 향했다.
　문은 열리지 않았지만, 이 두 고집불통은 무언가를 성취할 수 있었다. 그들 덕분에 그들의 종족은 더 이상 보이지 않는 존재가 아니었다. 고되고 긴 여행 끝에 고향으로 돌아가자마자 차파로는 숨을 거

---

* 멕시코 북동부 산루이스포토시 고원지대에 있는 지역으로 치치메카 문명이 발달했던 곳이다.
** Chaparro. 스페인어로 '땅딸막하다'라는 뜻이다.
*** 멕시코시티에 있는 중앙 광장으로 정식 명칭은 '헌법 광장'이다. 일찍이 아스텍 제국의 수도 테노치티틀란이 있었던 곳이다.

두었다. 아마도 수치심 때문에 죽었을 것이다. 그는 여행에서 권력자가 자신보다 더 멍청한 작자임을 깨달았던 것이다. 그때부터 그는 저 하늘 높은 곳에서 에밀리아노 사파타*의 백마와 구름을 같이 쓴다.

---

* Emiliano Zapata(1879~1919). 멕시코 혁명의 농민군 지도자, 토지개혁 선구자. 그가 수립한 '아얄라 계획'은 토지개혁을 규정한 멕시코 헌법 제27조에 커다란 영향을 주었다.

법률 수업

극빈자들이 줄을 서고 있었다.

법은 일찍 잠을 깨며, 오늘 박사는 이른 시간에 손님을 맞는다.

그는 한 노파가 아이들을 주렁주렁 매달고 품에는 아기를 안은 채 줄을 서서 기다리고 있는 것을 본다. 차례가 되자 그녀는 서류를 보여 준다. 아이들은 그녀의 손자 손녀들이 아니다. 그 여자는 서른 살이었고, 자식 아홉을 두었다.

그녀는 도움을 청하기 위해 왔다. 그녀는 몬테비데오의 세로 빈민촌의 산비탈 한 구석에 양철과 나무로 판잣집을 세웠다. 그녀는 임자 없는 땅이라고 생각했지만 소유주가 있었다. 그가 지금 그녀를 내쫓으려고 한다. 이른바 퇴거 명령이 그녀에게 내려진 것이다.

변호사는 그녀의 말을 귀 기울여 듣는다. 그리고 그녀가 가져온 서류를 검토한다.

법학 박사는 '권리가 없어'라고 생각한다. 고개를 가로저으며 한참 뜸을 들였다가 말한다. 그는 침을 삼키고는 바닥에 눈길을 주고 말한다.

"부인, 안 됐지만…… 손쓸 수 있는 게 전혀 없습니다."

그가 고개를 들었을 때, 아직 어린 그녀의 맏딸이 공포에 질린 표정으로 양손으로 귀를 막고 있는 모습이 눈에 들어왔다.

의학 수업

루벤 오마르 소사는 부에노스아이레스의 한 집중 치료 강좌에서 막시밀리아나의 교훈에 대해 들었다. 그가 학생 시절에 배운 것을 통틀어 가장 중요한 것이었다.

한 교수가 사례를 들려주었다. 오랜 세월 휴일도 없이 일하느라 탈진한 도냐 막시밀리아나는 며칠째 병원에 입원 중이었는데, 매일 똑같은 부탁을 했다.

"의사 선생님, 제발 제 맥박 좀 재주시겠어요?"

손가락으로 가볍게 손목을 눌러보고 나서 의사가 말했다.

"아주 좋아요. 78입니다. 완벽합니다."

"예, 선생님, 감사해요. 제발 지금 맥박을 재주시겠어요?"

의사는 다시 맥박을 쟀고 모든 게 정상이며 더없이 좋다고 다시 설명해 주었다.

매일 똑같은 장면이 되풀이되었다. 의사가 도냐 막시밀리아나의 병상을 지나칠 때마다 그 목소리, 그 코맹맹이 소리가 그를 불렀고, 그에게 몇 번이고 반복해서 한쪽 팔의 지맥枝脈을 내밀었다.

그는 그녀의 요구에 맞춰 주었다. 훌륭한 의사는 참을성 있게 환자를 대해야 하기 때문이다. 그러나 그는 '참 성가신 노인일세'라고 생각하곤 했다. 그리고 또 '나사가 풀렸어'라고 생각했다.

몇 년의 세월이 흐르고 나서야 그는 비로소 그녀가 누군가가 자기를 만져 주기를 바랐다는 것을 깨달았다.

모성애

테르툴리아나 케이로스는 세아라*의 모처에서 기다린다.
그녀는 기다리고, 그녀의 아이들도 기다린다.
그녀는 열다섯 명의 자식을 두었다.
갓난아이를 교회 문 앞에 놓고 왔다. 또 다 자란 딸을 암소 한 마리와 바꾸었다.
좋았던 시절에 그녀는 속사포처럼 수다를 떨곤 했다. 지금은 겨우겨우 힘겹게 말한다.
"여덟이 남았어요."라고 그녀가 말한다.
손가락을 헤아리며 이름을 속삭인다. "아니, 일곱이네요."라고 말한다.
"나머지는 죽었어요. 죽었거나, 아니면 살해당했어요."
그녀는 몽유병자 같은 눈으로 하늘을 올려다본다.
"하느님이 그 애들을 불러 가셨어요." 그녀가 말한다.
그녀가 습관처럼 내뱉는 말이다.

---

* 브라질 북동부 대서양 연안에 위치한 주.

어머니날

    나는 우편으로 이 특별한 날을 위해, 특가로 제공되는 상품을 알리는 광고지를 받는다.
    그 안에는 당신에게 생명을 선사한 자기희생적인 여인을 위한 최고의 선물이 들어 있다. 광고지는 '고요한 밤'을 약속하면서 합리적인 가격에 원격 조작 경보 장치, 포켓용 사이렌, 전자 안전키, 절단할 수 없는 쇠창살, 무인 카메라, 삼중 렌즈가 달린 적외선 센서 그리고 문과 현관문에 설치하는 자기磁氣 센서를 판매한다.

최신 패션

새로운 세기의 패션은 보고타에 있는, 미겔 카바예로* 제품을 파는 고급 양복점에서 감상할 수 있다.
이 신생 회사는 콜롬비아에서 가장 성공한 사업체다. 국내외에서 대량으로 판매된다. 큰 수익을 올리며 선망의 대상이 되고 있다.
"나의 사업에선 실수가 용납되지 않습니다." 사업주는 이렇게 설명하면서 한 직원의 가슴에 권총을 발사하며 신상품을 시험해 본다.
두려움은 이제 무방비 상태에 놓여 있지 않다. 공공의 안전과 개인의 품위를 도모하기 위해 카바예로는 방탄 의류를 생산한다.
견고히 만들어진 그의 옷들은 강철보다 다섯 배나 더 내구성이 우수한 합성섬유로 보호되고 있다. 다양한 무게와 디자인이 제공된다. 1킬로그램짜리 티셔츠, 4킬로그램 나가는 레인코트, 낙타 가죽이나 털로 만든 외투, 파티 복, 운동복, 하트 모양이 그려진 조끼 등이 있다.

---

* Miguel Caballero. 1992년에 설립되었고 보고타에 본사를 둔 방탄 의류 제조 회사. 회사명은 설립자의 이름을 땄다. 각국 대통령 및 유명 인사들이 고객이라는 점으로 유명해졌다.

단서

그 일이 있었던 게 수 세기 전인지, 조금 전인지, 아니면 결코 일어난 적이 없는지 아무도 모른다.

어느 나무꾼이 일하러 갔다가 도끼가 없어진 것을 발견했다. 그는 이웃 사람을 관찰했고, 얼굴이나 몸짓, 말투 등에서 그가 전형적인 도끼 도둑의 면모를 지녔다는 것을 확인했다.

며칠 뒤에 나무꾼은 구석 자리에 떨어져 있는 도끼를 발견했다. 이웃 사람을 다시 관찰했을 때, 그는 얼굴도, 몸짓도, 말투도 도끼 도둑이라고 할 구석이라곤 눈곱만큼도 없다는 것을 확인했다.

증거

"안녕하세요." 묵직한 목소리가 인사한다. 그리고 이어서 '공포', '무력'無力, '속수무책' 같은 아주 끔찍한 말들을 쏟아 낸다.

텔레비전은 피와 공포를 가장 성공적으로 섞어 만든 칵테일을 제공한다. 수백만의 브라질 사람들을 전율하게 하는 글로부 텔레비전의 프로그램은 무방비 상태의 주민들을 유린하는 야수적 범죄자들의 잔혹함을 다룬다.

1999년 8월, 캉가세이루 갱단*의 후계자이자 바이아에서 공포의 대상인 마르쿠스 카페타의 차례다.

전문 배우들이 자신의 배역을 극적으로 연기한다. 첫 장면은 경찰들의 깜짝 놀란 얼굴을 보여 준다. 기관총을 가진 잔혹한 야수는 목표물을 겨눈다. 기관총은 음속의 세 배 속도로 분당 2천 발의 총탄을 발사한다. 경찰의 트럭이 폭발한다. 각색된 장면에서는 특수 효과도 빠지지 않는다. 폭발하며 생긴 불꽃이 공중에 날리며 차갑게 웃고 있는 암살범의 얼굴을 비춘다.

텔레비전은 그를 고발하고 심판한다. 진술을 들어 보지도 않고 판결을 내려 사형을 언도한다. 쉽지 않을 것이다. 마르쿠스 카페타는 방대한 갱단의 보스다.

대대적인 토벌 작전이 펼쳐진다. 질서유지군이 작전 수행을 맡는다.

다음 방송에서 수많은 시청자들은 안도의 한숨을 내쉬며 박수갈채를 보낸다. 텔레비전 화면은 전리품을 보여 준다. 치열한 전투 끝에 사회의 적이 한 명 제거된다.

닐루 바치스타**는 재판 서류와 경찰 보고서를 읽는 일을 맡는다. 도망자는 총알 세례를 받고 어느 외딴 집에서 쓰러졌다. 그는 기관총을 소지하지 않았고, 이전에도 결코 소지한 적이 없었다. 그리고 그의 방대한 갱단은 그의 곁에서 죽은 열네 살 소년이 전부였다.

---

* 19세기 말과 20세기 초 브라질의 북동부 지역에서 악명을 떨친 무법자 집단으로, 애꾸눈 랑피앙(Lampião)이 그들의 보스였다.
** Nilo Batista(1944~). 브라질의 변호사·법률가.

변론

"공소사실에 대해 생각을 말해 보시오." 판사가 지시했다.

서기는 키보드에 손을 얹고 피고의 진술을 기록했다. '엘 토르니요'라는 별명으로 알려진 그는 멜로*에 거주하며 성인이고 미혼이며 실업자였다.

피고는 기소된 범죄 혐의를 부인하지 않았다. 맞다. 그는 자신의 소유가 아닌 암탉 한 마리를 목 졸라 죽였다. 그가 변론했다.

"닭을 죽일 수밖에 없었어요. 곯은 배가 꼬르륵거린 지 오래였거든요."

그리고 결론지었다.

"정당방위였습니다, 판사님."

---

* 우루과이 세로 라르고 주의 주도.

선고

우리는 페로 산티얀, 디아블레로 아리아스, 그리고 몇몇 다른 친구들과 어울려 포도주와 엠파나다를 먹으며 노래를 불렀다. 그때 누군가가 죽은 페테테를 초대했고, 그는 술자리에 합류해 몇 잔 마셨다.
　나는 전에 그를 만난 적이 없었지만 그날 한낮에 함께 마시고 노래하면서 이 배불뚝이 땅딸보와 친구가 되었다. 그는 자기가 죽은 것은 찢어지게 가난한 주제에 병에 걸릴지 모른다는 끔찍한 생각을 했기 때문이라고 말했다. 그는 한밤중에 당뇨병으로 혼수상태에 빠졌고, 후후이 병원에는 인슐린이 없었다.

감옥

1984년, 루이스 니뇨는 한 인권 기구에 의해 파견되어 리마의 루리간초 교도소의 복도를 둘러보았다.

루이스는 켜켜이 쌓인 고독 속에 가라앉았다. 누더기를 걸쳤거나 알몸인 죄수들을 밀어제치며 간신히 나아갈 수 있었다.

그 후에 그는 교도소장과의 면담을 요청했다. 교도소장은 자리에 없었다. 의료 서비스 책임자가 그를 맞았다.

루이스는 피를 토하며 죽어 가는 몇몇 죄수를 봤고 상처투성이에 열이 펄펄 끓는 죄수는 그보다 더 많았다고 말했다. 그런데도 의사는 단 한 명도 보지 못했다고 덧붙였다. 책임자가 설명했다.

"우리 의사들은 간호사들이 부를 때만 움직입니다."

"그런데 간호사들은 어디 있나요?"

"간호사를 위한 예산이 없습니다."

처형

전기의자는 1888년 7월 30일에 처음으로 시험되었다.

그날 세계 진보의 전위였던 뉴욕 시는 두건을 쓴 사형집행인이 교수형을 집행하는 야만적인 관행을 폐지했다. 문명은 과학적이고 즉각적이고 확실하고 고통 없는 죽음의 새 장을 열었다.

수많은 사람들이 초청되어 그 사건을 목격했다.

재갈이 물리고 굵은 가죽 끈에 묶인 죄수가 3백 볼트의 전기 쇼크를 받았다. 그는 괴로움에 몸부림치며 신음했지만 죽지 않았다.

발전기가 그에게 4백 볼트의 전기를 흘려보냈다. 더 격렬한 경련이 있었다. 여전히 살아 있었다.

그에게 7백 볼트의 전기를 흘리자 주둥이가 터져 피거품이 뿜어져 나왔고, 희미하게 울부짖는 목쉰 소리가 들렸다.

네 번째 폭격은 그의 숨통을 끊어 놓았다.

처형된 죄수는 '대시'라는 이름의 개였다.

그는 길에서 행인 두 명을 물었다는 이유로 증거도 없이 유죄판결을 받았다.

초라한 장례

정통한 사람들에 따르면, 말베르데*는 푸른 잎들 사이에 몸을 숨기고 멕시코 경찰을 따돌리기 위해 나무로 변장했기 때문에 그런 이름을 얻었다.

어떤 사람들은 약탈품을 나누어 주었던 이 도적이 결코 실존 인물이 아니라고 말하지만, 그의 존재를 아무도 부정하지 않는다. 비록 바티칸의 성인은 아니었지만 그는 쿨리아칸**의 주 정부 청사에서 몇 발자국 떨어진 곳에 자신의 예배당을 가지고 있다. 정부는 기적을 약속한다. 말베르데는 기적을 행한다.

산악 지대와 바다로부터 순례자들이 몰려들어 예배당에 감사의 선물을 바친다. 내가 첫 수확한 옥수수의 잎, 그 철에 처음으로 잡은 새우, 나를 비껴간 총탄.

제단 위에는 레몬 한 줄이 놓여 있다. 신자들은 각자 레몬을 한 개씩 가져간다. 그냥 먹으면 레몬은 입을 깨끗하게 한다. 믿음을 가지고 먹으면 영혼을 맑게 하고 행운을 가져다준다.

예배당은 말베르데가 총탄에 벌집이 돼서 쓰러진 곳에 세워져 있다. 오래전에 있었던 일이다. 그의 장례는 금지되었고, 바로 그 때문에 돌팔매질이 시작되었다. 방방곡곡에서 사람들이 돌을 던지러 왔다. 정부 당국은 시민들이 도적에게 돌팔매질하는 것을 보고 흡족해 했다. 높이 쌓인 돌 피라미드가 말베르데를 덮었다.

민중은 처벌을 가장해 그에게 집을 지어 주었다.

---

* Jesús Malverde(?~1909?). 의적 또는 빈자들의 천사로 묘사되며, 멕시코 북서부 시날로아 주 근방에서는 성자로 추앙되기도 한다. Malverde는 스페인어로 '독초'라는 뜻이다.
** 시날로아 주의 주도.

호화로운 장례

파일럿인 호르헤 아길라르는 언제나 불이 밝혀져 있는 3층짜리 묘를 차지하고 있다. 편광 유리가 이 자유무역의 순교자의 이름과 업적을 기리는 독수리 날개 장식을 비춘다.

태양에너지로 조명을 밝히는 로비토 레타모사*의 여섯 기둥 파르테논 역시 어둠을 모른다.

부인 및 경호원 전원과 함께 과달라하라**의 거리에서 사살된 안토니오 폰세카*** 박사는 생각에 잠긴 예수그리스도의 컬러 초상화와 그가 사랑하는 사람들의 대형 사진들에 둘러싸인 채, 인광燐光을 발하는 거대한 납골당에 잠들어 있다.

부당하게 자행된 복수 행위로 까마득히 높은 데서 허공으로 던져진, 구에로 팔마****의 어린 자녀들의 무덤은 빛과 대리석 천사들 그리고 플라스틱 장난감들로 가득하다.

마약 거래상들과 그 가족들은 쿨리아칸 공동묘지에서 호화로운 구역인 우마야 정원에 거처하고 있다. 그들의 무덤에는 그들이 부활할 경우에 대비해 모두 전화가 설치되어 있다.

음주를 곁들인 그들의 생일 파티는 밤낮 없이 여러 날 동안 계속되며, 밴드도 쉼 없이 연주한다. 파티는 사고 없이 평화롭다. 단지 한 음악가가 지쳤다며 계속 연주하기를 거부했을 때만, 단 한 번 총성이 울렸을 뿐이다.

"그때 이후로 계약을 어기는 오케스트라는 없습니다." 묘지기이자 무덤 파는 사람인 에르네스토 벨트란이 빈 병을 주우며 설명한다.

---

* Lobito Retamoza. 과달라하라 마약 카르텔의 보스. 경비행기 추락으로 사망했다.
** 멕시코 중서부 할리스코 주의 주도. 멕시코 제2의 도시.
*** Antonio Fonseca(?~1984). 살인 청부업자. 과달라하라 마약 카르텔의 보스인 에르네스토 폰세카 카리요(Ernesto Fonseca Carrillo, 1942~)의 조카이자 경호원이다.
**** Güero Palma. 과달라하라 마약 카르텔의 보스로 1995년 체포되었다.

규율

영국의 법학자이자 철학자인 제러미 벤담*은 선과 악을 측량할 수 있는 도덕적 계산법을 고안했다.

그는 악에 맞서, 1787년 완벽한 감옥을 창안했다. 중앙 탑 둘레에 감방이 고리 형태로 배치된 거대한 원통 구조였다. 탑에서는 감시자의 눈이 경계했고 감시 받는 죄수들은 그들을 지켜보는 눈을 볼 수 없었다. 감방 설계는 정신병원이나 공장, 병영, 학교에서 활용될 수도 있었다.

그 이후 세계의 많은 나라들에서 이 권력의 건축이 실행에 옮겨졌는데, 벤담은 "교정이 불가능한 사람들을 처벌하고, 미치광이들을 통제하고, 사악한 사람들을 계도하고, 용의자들을 격리하고, 게으른 사람들에게 일을 시키기 위해" 이 건축물을 고안했다.

그가 죽었을 때, 그의 마지막 의지가 실현되었다. 벤담은 그가 바라던 대로 박제되었다. 검은 옷차림에 한 손으로 지팡이를 잡고 평소 사용하던 의자에 앉은 모습이었다. 그렇게 해서 세상의 무질서를 길들이는 이 조련사는 유니버시티 칼리지 런던**의 이사회 회의를 여러 해 동안 계속 감시할 수 있었다. 의사록에는 "출석하지만 투표권이 없는" 존재로 기록되었다.

* Jeremy Bentham(1748~1832). 영국의 법학자·철학자·변호사. '최대 다수의 최대 행복'을 추구하는 공리주의를 표방했다.
** 1826년 존 스튜어트 밀을 비롯해 벤담의 영향을 받은 자유주의자연합(An association of liberal gentlemen)이 세운 학교이다.

악惡

콜롬비아에서 농장 노동자들은 그를 '돈 사타'[악마]라고 부른다. 그는 그들에게 손을 써서 일할 필요 없이 스스로 알아서 사탕수수를 베는 정글 칼을 선사한다. 그는 그들과 함께 술을 마시러 간다. 그들은 유황 냄새도, 불타는 것에 대한 두려움도 느끼지 않고 아주 유쾌한 시간을 보낸다.

볼리비아에서 광부들은 그를 '티오'[삼촌]라고 부른다. 그는 담배와 술을 제공받는 대가로 그들을 산속 깊은 곳으로 안내해 최고의 광맥을 선사한다.

아르헨티나에서 카니발 기간에 북쪽 땅은 그의 것이다. 재의 수요일*에 악마가 씐 사람들은 악마를 몰아내고, 결코 물을 마시는 법이 없는 축제의 주인을 매장한다. 그리고 다음 해를 기약하며 그와 눈물로 작별한다.

브라질 빈민가의 파티에서 북소리는 비천한 사람들의 원수를 갚는 악명 높은 이 특별 초대 손님을 부른다. 그들은 자신들에게 악을 베풀어서 지옥과 똑같지만 기후는 더 좋은 세상에 살게 해달라고 그에게 간청한다.

---

* El miércoles de cenizas(Ash Wednesday). 부활 주일 전 4일에 해당하는 사순절의 첫날. 사순절에 교인들은, 광야에서 금식하고 시험을 받던 예수의 수난을 되새기고자, 단식과 속죄를 행한다.

선善

하늘에서 우리를 지켜 주시는 호세 마리아 에스크리바 데 발라게르*는 이제 성인이고 거의 천사에 가까운 존재다.

살아 있을 때 이 독실한 하느님의 종은 전쟁을 찬양하고 공산주의자들과 자유사상가들을 고발했으며, 동성애자들과 유대인들을 증오하고 여자를 멸시하고 오푸스데이**를 창설했다.

교황에 의해 성인품에 오르기 전에, 프란시스코 프랑코*** 총통이 노고에 대한 보상으로 후작 작위를 내렸다. 프랑코가 스페인 공화국을 말살하고 이단자들을 절멸하는 동안, 에스크리바는 그에게 찬미가를 불렀고 그의 영혼의 평화를 지켜 주었다.

그는 신의 은총에 이르는 길에서 많은 기적을 행했다.

가장 놀라운 기적은 1996년에 일어났다. 에스크리바는 당시에 이미 죽은 몸이었다. 아직 성인품에 오르지 않았지만, 이미 거기에 가까워지고 있었고 하늘로부터 거리에서 발생하는 범죄의 희생자들을 도우러 왔다. 멕시코의 과달루페에서 한 신봉자가 에스크리바의 작은 성패聖牌에 도움을 빌었고, 이튿날 도난당했던 그의 소형 트럭이 발견되었다. 얼마 후, 이탈리아의 밀라노에서 몇몇 열성 신도들이 9일 기도를 바쳤고, 도난당했던 최신 모델의 고급 세단 여섯 대가 기적적으로 주인의 품으로 돌아왔다.

---

* José María Escrivá Albás(1902~75). 스페인의 사제로 보수적이고 엄격한 평신도 및 사제 조직인 '오푸스데이'의 창설자. 2002년 10월 6일에 교황 요한 바오로 2세에 의해 성인으로 공표되었다.
** Opus Dei. 라틴어로 '하느님의 사업'이라는 뜻이다. 1928년에 창설되었으며 1950년 교황청의 승인을 받았다.
*** Francisco Franco(1892~1975). 스페인의 군인·정치가. 1936년 반정부 쿠데타를 일으켜 내전에서 승리하고 1939년에 팔랑헤당의 일당 독재 정권을 수립했다.

프로

그는 집안의 기둥이었고 어머니의 지팡이, 누이들의 방패였다.

집의 안쪽, 긴 복도가 끝나는 지점에 성모마리아께 봉헌된 제단이 있었다. 그는 임무를 수행하러 떠나기 전에 그곳에서 성수반에 담가 축성한 탄약을 집어 들고 가슴에 천으로 된 성모상을 맸다. 어머니와 누이들은 제단 앞에 무릎을 꿇고 있었다. 그녀들은 기적의 성모마리아에게 소년의 일이 잘 끝나게 해달라고 간청하며 몇 시간이고 묵주기도를 드렸다.

그는 전문적인 기술로 코린토의 거리들, 그리고 바예 델 카우카의 다른 마을과 도시들에서 명성을 얻고 존경을 받았다. 그러나 그의 이름은 콜롬비아 전역으로 퍼져 나가지 못했다. 경쟁이 치열했기 때문이다.

그는 사람들에게 총질을 해서 먹고살았고 총을 맞고 죽었다.

사적인 일로 부인에게 네 발을 발사한 경우를 빼면, 그는 언제나 다른 사람들에게 고용되어 살인을 저질렀다. 그는 기업가들과 장군들, 상속인들, 남편들의 의뢰를 받고 방아쇠를 당겼다.

"아무도 나를 나쁘게 생각하지 않았으면 좋겠어." 그는 말하곤 했다. "난 돈 때문에 그 일을 하는 거야."

또 한 명의 프로

멕시코 경찰의 수장인 아르투로 두라소* 장군은 월말이면 이미 사망했거나 아예 태어난 적도 없는 경관 2천 명의 급여를 수령했다. 또한 멕시코를 통과하는 코카인이나 헤로인에 대해 그램당 얼마씩 수수료를 챙겼다. 건망증이 심한 사람들은 현물이나 목숨으로 지불했다. 수입을 늘리기 위해 공공질서의 수장은 한술 더 떠 장교 지위를 팔기까지 했는데, 대령 계급은 150만 페소를 받았다. 그러나 자기가 좋아하는 가수들에게 대위 계급을 선사하기도 했다.

1982년, 그는 명예박사 학위를 받았고 일간지들은 가운을 입고 모자를 쓴 그의 모습을 실었다.

그 무렵, 평생 헌신적으로 일해 모은 돈으로 두라소 장군은 자신의 집을 소유하고 싶다는 꿈을 실현할 수 있었다. 그는 멕시코와 세계의 다른 나라들에 여러 채의 집을 소유하고 있었다. 멕시코에 있는 집들 중에서 한 곳은 프랑스제 가구들로 휘황찬란하고, 다른 한 곳은 영국식 경마장과 뉴욕식 디스코텍을 갖추고 있다. 알프스 산맥의 산장을 본떠 놓은 곳과 파르테논신전을 그대로 베끼고 한가운데 수영장까지 만든 곳 또한 빼놓을 수 없었다.

그는 너무 과도하게 해먹은 나머지 끝내 감옥에 갇히고 말았다.

---

* Arturo Durazo Moreno(1924~2000). 1970~80년대 멕시코의 정치 및 경찰계에서 논란이 많았던 인물. 호세 로페스 포르티요 정부에서 멕시코시티 교통경찰국장을 역임했다.

인생 성공법

일간지 『더 타임스 오브 인디아』의 보도에 따르면, 1999년에 우타르프라데시 주*의 서쪽에 위치한 무자파르나가르 시에서 새로운 교육기관이 성공적으로 운영되고 있었다.

그곳에서는 청소년들에게 특화된 교육을 제공했다. 교장이 세 명인데, 그중 한 명인 수쉴 무치는 가장 수준 높은 강의를 맡아, 납치·강탈·처형 등을 교과 내용에 포함하고 있었다. 다른 두 명의 교장은 더 상투적인 교과를 담당하고 있었다. 모든 강의에는 실습이 포함되어 있었다. 가령 고속도로와 간선도로에서의 강탈 교육을 위해 학생들은 웅크리고 숨어 있다가 그들이 선택한 자동차에 금속성 물체를 던졌다. 충격에 운전자가 깜짝 놀라 차를 멈추면 교사의 지도 아래 습격에 착수했다.

이 학교는 시장의 필요에 부응하고 사회적 기능을 수행하기 위해 생겨났다. 학교 책임자들의 설명에 따르면, 시장은 범죄 영역에서 갈수록 더 높은 수준의 전문화를 요구했고, 범행 교육은 젊은이들에게 보수가 좋은 정규 일자리를 보장해 줄 수 있는 유일한 전문교육이었다.

이 뉴스는 나를 수심에 잠기게 했다. 기사를 읽은 뒤부터 이 문제를 곰곰이 생각해 보았다. 전통적인 학교의 교사 가운데 이 같은 현대적인 요구에 부응해 재교육을 받고 적응할 수 있는 사람은 과연 얼마나 될까?

---

* 인도 북부 갠지스 강 중·상류 유역에 위치하며, 면적은 인도에서 네 번째로 넓다.

거지들

   인생에서 성공하기 위해 거지들 역시 연구한다.
   바나 쇼윈도에서 몰래 텔레비전을 힐긋거리면서 거지들은 그 직업의 명수들로부터 교훈을 얻는다. 작은 화면을 통해, 그들은 국제 회의에서 모자를 쓰다듬고 정기적으로 워싱턴을 순례하면서 애걸복걸하는 기술을 익히는 라틴아메리카의 대통령들이 진행하는 수업을 참관한다.
   그렇게 거지들은 진실이 효과적이지 않다는 것을 배운다. 훌륭한 전문가는 결코 포도주를 위해 돈을 요구하지 않는다. 절대 그렇지 않다. 노모를 입원시키거나 방금 죽은 어린 아들의 관 값을 치른다는 명목으로 손을 벌려 도움을 간청한다. 그 사이에 다른 손으로는 의사의 처방전이나 사망 확인서를 보여 준다.
   거지들은 또한 뭔가 구걸의 대가를 제공해야 한다는 것을 배운다. 거리가 그들의 조국이므로 그들에게는 영토가 없다. 땅도, 하층토도, 넘겨줄 공기업도 없다. 그러나 그들은 내세에 예약된 자리로, 베풀어 준 자비에 보답한다.
   "저에게 도둑질하지 않게 해주세요. 예수님께서도 요구하셨습니다. 성서에 그렇게 나와 있어요. 하느님께서 당신이 베푼 대로 다 갚아 주십니다. 하느님께서 당신을 하늘나라로 인도할 것입니다. 당신은 천국에 갈 자격이 있습니다……."

작업복

그가 죽고 나서 135년이 흐른 뒤에 에이브러햄 링컨은 볼티모어와 아나폴리스를 비롯해 메릴랜드 주의 여러 도시들의 거리를 걷고 있었다.

링컨은 아무 상점에나 들어갔다. 실크해트의 챙을 잡고 몸을 숙여 가볍게 인사했다. 콧수염 없는 잿빛 턱수염을 쓸어내리며 특유의 우수 어린 눈으로 전경全景을 유심히 살피고 나서 검은 프록코트에서 357구경 매그넘 권총을 꺼냈다. 그는 빙빙 돌리지 않고 단도직입적으로 말했다.

"돈 자루를 내놓든가, 아니면 목숨을 내놔."

2000년 5월 한 달 동안 캐빈 깁슨은 경찰에 붙잡혀 투옥될 때까지 열 개의 상점을 털었다. 그는 언제나 에이브러햄 링컨으로 변장했다.

깁슨은 그때부터 줄곧 수감되어 있다. 아직도 긴 세월을 감옥에서 보내야 한다. 그는 그 이유가 뭔지 스스로에게 묻는다. 따지고 보면 결국 가장 성공한 정치인들도 대략 똑같은 짓을 하기 위해 링컨으로 변장하지 않나?

강도로 돌변한 피해자

라틴아메리카의 군사독재는 불온서적들을 불태웠다. 지금은 민주주의 아래에서 회계장부가 태워진다. 군사독재 아래서는 사람들이 실종되었다. 금융 독재는 돈이 사라지게 한다.

어느 화창한 날, 아르헨티나의 은행들은 예금주들에게 돈을 돌려주기를 거부했다.

노르베르토 로글리치는 쥐가 갉아먹거나 도둑이 훔쳐 가지 못하도록 저축한 돈을 은행에 맡겼다. 은행에 돈을 강탈당했을 때, 돈 노르베르토는 (나이는 거저먹는 게 아니어서) 몸이 몹시 아팠지만 퇴직한 몸이라 치료비를 댈 형편이 못되었다.

그에게는 다른 선택의 여지가 없었다. 절망한 그는 금융의 요새를 뚫고 들어가 허락도 구하지 않고 곧장 지점장의 책상까지 걸어갔다. 손에는 수류탄을 꽉 쥐고 있었다.

"내 돈을 내놓지 않으면 모두 날려 버리겠어."

수류탄은 장난감이었지만 기적을 만들어 냈다. 은행은 그에게 돈을 내주었다.

그 뒤 돈 노르베르토는 체포되었다. 검사는 8~16년의 징역형을 청구했다. 은행이 아닌 그에게.

체포된 경찰

숙제를 제일 잘하는 모범생이었기 때문에 아르헨티나는 동물원의 사자와 인도人道의 포석까지 팔아 치웠고 온 세상에 빚을 지게 되었다. 그러자 아르헨티나를 붕괴시키는 데 크게 기여한 국제통화기금과 세계은행은 2003년 초에 재정 상태를 점검하기 위해 사절단을 파견했다.

이 국제 금융 경찰의 일원인 호르헤 바카 캄포도니코는 세금 포탈을 담당하기로 되어 있었다. 그는 이 분야의 전문가였다. 그는 사기를 치는 데 능숙했기 때문에 사기에 대해 훤히 꿰고 있었다. 그가 부에노스아이레스에 내리자마자 인터폴이 그를 체포했다.

이 관리에게 체포령이 내려져 있었다.

그의 보스들에 대한 체포령은 없었다.

말[言] 도둑

오늘날의 사전에 따르면, '라스 부에나스 악시오네스'las buenas acciones는 더 이상 선행을 의미하지 않고 주식시장에서 거래되는 우량주를 말한다.* 그리고 주식시장은 '가치의 위기'[주식 가치의 하락]가 일어나는 무대다.

'시장'은 이미 동네에서 과일과 채소를 사는 친밀한 장소가 아니다. 이제는 얼굴 없는 끔찍한 주인이 '시장'이라고 불린다. 이 주인은 영원하다고 말하며 우리를 감시하고 우리를 가차 없이 응징한다. 그의 평론가들은 '시장이 불안하다'고 알려 주고, '시장을 화나게 해서는 안 된다'고 경고한다.

'국제사회'는 거대 은행가들과 그들의 우두머리 전사들의 이름이다. 그들의 '원조 계획'은 자신들이 질식시키는 국가들에 납으로 만든 구명 장비를 팔며, 그들의 '평화 임무'는 죽은 자들을 평화롭게 한다.

미국에서는 '공격부'가 '국방부'로 불리고 세계를 향해 퍼붓는 미사일의 홍수는 '인도주의적 폭격'으로 불린다.

어느 벽에 누군가가, 아니 모두가 써놓은 이런 글귀가 있다.

"나의 목소리가 아프다."

---

* 스페인어로 'acción'에는 '행동' 외에 '주식'이라는 뜻이 있다.

도둑질과 강도짓

단어들은 의미를 잃는 반면, 30억 년 동안 산소를 배출해 온 해조류의 친절함으로 채색된 초록 바다와 푸른 하늘은 색깔을 잃는다.

또 밤은 별들을 잃는다. 이젠 세계의 대도시들에 항의 포스터가 붙여진 걸 볼 수 있다.

"우리에게 별들을 볼 수 있게 해달라."

서명 : "사람들."

그리고 창공에는 이미 이렇게 외치는 현수막이 많이 등장했다.

"우리에게 사람들을 볼 수 있게 해달라."

서명 : "별들."

혼히 있는 일

세월이 흘러 도냐 칠라 몬티는 이제 기타보다는 하프*에 더 가까워진 이승과 저승의 경계를 맴돌았다.
아들인 오라시오는 그 사실을 알고 있었지만, 어머니의 눈알이 굴러다니고 심장이 벌렁거리고 손이 떨리는 것을 보았을 때 충격을 받았다. 마지막 숨을 몰아쉬며 도냐 칠라는 가까스로 중얼거렸다.
"난 강탈당했어."
어떤 물건들을 강탈당했는지 오라시오가 묻자 그녀는 일시적으로 시력과 호흡, 맥박, 그리고 말을 회복했다. 그녀는 화가 나서 말했다.
"물건들이라고? 넌 내가 쥐뿔도 가진 게 없다는 걸 잘 알잖니? 하느님께서 날 부르시면, 몸에 걸치고 있는 것만 가지고 떠날 거야."
그녀는 똑똑히 힘주어 말했다.
"물건들이 아니야. 도둑놈들은 나의 생각을 훔쳐 갔어."

* 죽은 아내 에우리디케를 되살리려 명부(冥府)로 찾아가 하프 연주와 노래로 하데스의 마음을 돌린 오르페우스의 이야기에 빗대어, 칠라 몬티의 생이 다해가는 것을 의미하는 듯하다.

도둑맞은 기억

1921년 파타고니아의 농장 노동자들이 파업에 돌입했다. 그러자 농장주들은 영국 대사를 소환했고, 그는 아르헨티나 대통령을 소환했으며, 대통령은 군대를 소집했다.

군대는 모제르총을 발사하면서 파업과 파업 참가자들을 진압했다. 농장 노동자들은 농장 공동묘지에 던져졌고, 다음 수확기에는 양털을 깎을 줄 아는 사람이 하나도 살아 있지 않았다.

페드로 비냐스 이바라 대위는 한 농장에서 작전을 지휘했다. 반세기 후 대위가 이제 퇴역 대령이 되었을 때, 오스발도 바예르*는 그와 대화를 나누었다. 그는 공식적인 이야기를 들을 수 있었다.

"아, 맞아요." 퇴역 군인이 회고했다. "아니타 농장. 그 전투."

바예르는 그 전투에서 6백 명의 노동자들이 사망했는데 군인은 단 한 명의 사망자나 부상자가 없었고 심지어는 경상을 입은 군인조차 없었던 이유가 뭔지 궁금했다.

질서유지군은 친절하게 설명해 주었다.

"바람 덕분이었습니다. 우린 바람 부는 쪽으로 향해 있었어요. 그래서 우리의 총탄은 빗나가지 않았지요. 그들의 총탄은 맞바람을 받아 궤도를 벗어났고요."

---

* Osvaldo Ildefonso Bayer(1927~). 아르헨티나의 아나키스트 역사가·작가·저널리스트.

돈으로 산 기억

1839년, 온두라스 주재 미 대사 존 로이드 스티븐스는 50달러에 마야 도시 코판*을 통째로 매입했다.

1892년, 뉴욕 근처에서 이로쿼이족** 추장이 그의 공동체가 오랜 세월 간직해 온 네 개의 신성한 벨트를 팔았다. 코판의 잡초 위에 솟아 있는 폐허처럼, 작은 조가비로 만든 그 벨트들은 부족원들의 집단적인 역사를 이야기하고 있었다. 헨리 B. 캐링턴*** 장군은 75달러를 주고 벨트를 구입했다.

1937년, 도미니카공화국을 희게 만들기 위해서 라파엘 레오니다스 트루히요**** 장군은 1만8천 명의 흑인을 살해했다. 그의 외조모처럼 모두 아이티인들이었다. 트루히요는 아이티 정부에 두당 29달러의 보상금을 지불했다.

2001년, 자신이 저지른 범죄들에 대한 여러 번의 재판을 거친 끝에 칠레의 아우구스토 피노체트 장군은 3천5백 달러의 벌금을 물었다. 사망자 1인당 1달러꼴이었다.

---

* 온두라스 서부 산악 지대에 있는 마야 문명의 도시 유적. 가운데에는 피라미드와 신전을 포함한 아크로폴리스와 다섯 개의 광장이 있다.
** 북아메리카 동부 삼림지대에 거주하는 아메리칸인디언.
*** Henry Beebee Carrington(1824~1912). 미국의 법률가·교수·작가·장교.
**** Rafael Leónidas Trujillo Molina(1891~1961). 도미니카공화국의 군인·정치가·독재자. 1930~38년, 1942~52년에 대통령을 역임했다.

불에 탄 기억

1499년, 그라나다의 시스네로스* 대주교는 8세기에 걸친 스페인에서의 이슬람 문화를 기록한 서적들을 불길 속에 던졌고, 13세기에 걸친 유대 문화를 종교재판의 화염에 휩싸이게 했다.

1562년, 유카탄에서 수도사인 디에고 데 란다**는 8세기에 걸쳐 전해진 마야 문학을 불태웠다.

그 전에도 세상에는 기억이 불길 속에 던져진 다른 사건들이 있었고, 그 이후에는 더 많았다.

2003년, 침략군이 이라크 정복을 완수했을 때, 승리자들은 탱크와 군대로 유정油井과 석유 저장소, 그리고 석유성省 건물을 포위했다. 한편, 군인들은 다른 쪽에서 박물관이 약탈되고 최초의 전설과 최초의 이야기들, 인류 최초의 성문법이 담긴 점토판 서적들이 도난당하는 것을 쳐다보며 휘파람을 불었다.

그다음에는 종이책이 불탔다. 바그다드 국립도서관이 화염에 휩싸였고 50만 권이 넘는 책들이 잿더미로 변했다. 아랍어와 페르시아어로 인쇄된 최초의 책들 중 많은 수가 그곳에서 소실되었다.

---

* Francisco Jiménez de Cisneros(1436~1517). 프란체스코 수도회 소속으로 이사벨과 페르난도 왕에 의해 1495년 톨레도 대주교의 직책에 올랐다.
** Diego de Landa Calderón(1524~79). 유카탄 대교구의 주교를 역임한 스페인 사제.

전통

학급에서 열등생인 그는 집안의 골칫거리였다. 치욕스러운 상황은 구제불능처럼 보였다. 그러던 어느 날 열등생의 아버지가 담임교사에게 연회를 베풀었다. 귀와 입을 즐겁게 해주는 아첨과 진수성찬으로 가득한 긴 밤이 지나고 나서 담임교사는 선물을 한 아름 안고 집으로 돌아갔다. 다음날 아침 열등생은 최우등생이 되었다.

4천 년이 넘은 이 이야기는 요컨대 뇌물이 문명 세계의 가장 오랜 관행의 하나임을 입증한다.

이 이야기는 유프라테스 강 기슭에서 발견되었다. 바그다드 박물관에서 사라진 수많은 흙판들 중의 하나에 뾰족한 막대기로 그려진, 새 발자국처럼 보이는 기호를 사용해 수메르인들이 기록했다.

선구자

인류의 위대한 발명. 수레와 기계를 움직이는 바퀴를 누가 발명했는지는 아무도 모르지만, 경제를 작동시키는 바퀴를 발명한 사람의 이름은 알려져 있다. 그는 기원전 115년에 태어난 마르쿠스 리키니우스 크라수스*였다.

그는 시장의 활력은 재화 및 용역의 수요와 공급의 밀고 당기기에 달려 있다는 것을 밝혀냈다.

이런 경제순환 법칙을 실행에 옮기기 위해서 그는 로마에 회사를 창설했다.

그리하여 최초의 사설 소방 회사가 탄생했다.

사업은 대대적인 성공을 거두었다.

돈 마르쿠스 리키니우스는 불을 지르고 나서 화재를 진압하는 대가로 수입을 올렸다.

---

* Marcus Licinius Crassus(BC 115~BC 53). 로마 공화정의 군인·정치가. 술라파로 정계에 등장해 스파르타쿠스 전쟁을 진압하고 율리우스 카이사르와 폼페이우스와 함께 제1차 삼두정치를 이끌었다. 파르티아와 전쟁 중에 대패해 죽었다.

또 한 명의 선구자

페페 아리아스는 최초의 가상 회사를 세웠다. 온라인 상거래나 나스닥 지수가 생겨나기 반세기 전에 그는 부에노스아이레스 한복판에 있는 4천 제곱미터의 땅을 매각하려고 내놓았다.

페페는 계약서를 손에 든 채 미리 서명할 채비를 하고 장차 구매자가 될 이들을 맞았다. 공간이 비좁아 의자 하나조차 놓을 자리가 없었기 때문에 그는 서서 손님을 맞았다.

"땅은 어디에 있습니까?" 손님들이 물었다.

"여기요."

"여기 말입니까?"

"그렇습니다, 손님." 페페는 하늘을 향해 두 팔을 올리며 설명했다. "4천 제곱미터입니다. 하지만 위쪽입니다."

롤 모델

 천 년의 끝이 가까워지고 있을 때, 우루과이 언론은 인터넷의 천국에서 자신의 빛으로 밝게 빛나는 한 우루과이인*의 성공담을 집중 조명했다. 우리의 사이버 공간의 스타의 광채는 덧없는 것이 되고 말았지만, 그 광채가 지속되고 있는 동안 우루과이 대통령은 우리 모두에게 그의 모범을 좇을 것을 권고했다.
 이 모범적인 기업가는 천재 소년이었다. 여섯 살의 나이에 그는 동네 친구들에게 시간당 또는 날짜 단위로 요금을 받고 장난감을 빌려 주었다. 열 살의 나이에는 이미 보험회사와 은행을 세웠다. 그는 도난과 사고에 대비해 학용품을 보험에 들게 했고, 합리적인 이자율로 급우들에게 돈을 빌려 주었다.

---

* 스페인어권 최초의 인터넷 포털 서비스 업체인 스타미디어(Starmedia)의 공동 창설자이자 최고 경영자인 페르난도 에스푸엘라스(Fernando Espuelas, 1966~)를 말한다.

첨단 기술

레비 프레이스타브*가 파타고니아에 온 것은 벌써 거의 반세기 전이다.

그는 호기심에서 혹은 어쩌면 우연히 이곳에 왔다. 이 땅을 걷고 이 공기를 호흡하면서, 그는 부모님이 지금껏 이 좋은 곳을 두고 엉뚱한 곳에 살고 계셨다는 것을 깨달았다. 그래서 그는 영원히 머물렀다.

도착 직후, 그는 수경 재배 프로젝트에서 일자리를 얻었다. 그 지역의 한 박사가 어떤 잡지에서 읽은 새로운 기법을 시도해 보기로 했던 것이다.

레비는 땅을 파고 망치질을 했으며, 날이면 날마다 물에서 상추를 재배하기 위해 필요한 유리와 쇠 받침대, 홈이 파인 파이프로 된 복잡한 구조물을 조립하면서 구슬땀을 흘렸다. 박사는 미국에서 시행되고 있는 사업이라면, [시행되는] 이유가 무엇이든지 간에 [그 사업은] 절대 실패할 리 없다고 말하곤 했다. 그는 또 그 사람[미국인]들은 문명의 선봉에 있고 기술이야말로 부의 열쇠인 만큼, 이미 여러 세기 뒤처진 우리가 따라잡기 위해선 부지런히 뛰어야 한다고 했다.

그 무렵, 레비는 아직 토마토가 요리 접시에서 생겨난다고 믿고, 요리되지 않은 닭이 걸어 다니는 것을 보면 질겁하는, 아스팔트 세계의 사람이었다. 그러나 어느 날 광활한 파타고니아를 바라보다가 문득 질문이 떠올랐다.

"그런데, 박사님. [수경 재배를 할 만한] 가치가 있을까요? 땅이 이렇게 많은데 그럴 만한 가치가 있을까요?"

그는 일자리를 잃었다.

---

* Levi Freisztav(1927~). 아르헨티나의 시인·조각가·화가.

세일

그는 비행기에서 추락한 직후의 카를로스 가르델[*]처럼 보였다. 그는 기침을 하며 목을 보호하는 스카프의 매듭을 조절했다. 스카프는 한때 흰색이었다.
"전 아무것도 팔지 않습니다!" 그가 외쳤다.
그는 몬테비데오 연금 금고 앞 작은 벤치 위에 서있었다. 손에는 그 자신처럼 끝이 해진 끈으로 묶은 종이상자를 들고 있었다.
구경꾼들 몇이 다가왔다. 모두 노인들이나 상노인들이었다. 늘 도시를 배회하는 페페 바리엔토스 역시 끼어들었다. 점차 구경꾼들은 군중이 되어 갔다.
"전 아무것도 팔지 않습니다!"
남자가 되풀이했다.
때가 되자 그는 과장된 몸짓과 함께 하늘을 향해 종이상자를 처들었다.
"신사 숙녀 여러분, 전 아무것도 팔지 않습니다! 왜냐하면 이건…… 이건 값을 매길 수 없기 때문입니다!"
뼈만 앙상한 그의 손가락들이 쾌락을 지연시키는 연인의 진득함으로 아주 천천히, 신비함을 묶고 있는 끈을 푸는 동안 노인들은 조바심을 내며 서로 밀쳤다.
상자가 열렸다.
안에는 나비 모양으로 접은 색 셀로판지 조각들이 들어 있었다. 초록색, 파란색, 연보라색, 빨간색, 노란색…… 셀로판지 하나하나는 새로운 삶이었다.
"마음대로 골라잡으세요!" 장사꾼이 외쳤다. "형편껏 돈을 주시고 새 생명을 가져가세요! 거저 주는 겁니다, 신사 숙녀 여러분! 독과 감옥, 정신병원이 담긴 포도주 한 병 값보다도 쌉니다!"

---

[*] Carlos Gardel(1890~1935). (1887년 우루과이에서 태어났다고 주장되기도 한다.) '탱고의 황제'로 불리는 아르헨티나의 전설적인 음악가이자 영화배우로, 전성기에 비행기 사고로 사망했다.

마케팅

　살림 하라리는 도둑의 눈에 뿌리려고 늘 손이 닿는 가까운 곳에 동양의 확실한 무기인 작은 후추 봉지를 두고 지냈다. 그러나 도둑조차 들어오지 않았다. '라 린다린다' 상점은 그의 아홉 자녀들의 뱃속처럼 텅텅 비어 있었다.
　살림은 라파엘라*에서 직물을 팔려고 머나먼 다마스쿠스**에서 왔다. 그는 결코 포기하는 법이 없었다. 레몬 나무에는 열매가 열리지 않았고, 그래서 그는 가지에 레몬을 묶었다. 손님이 단 한 명도 들어오지 않자 그는 여러 필의 옷감을 거리로 던졌다.
　"여기서는 몽땅 거저 줍니다!"
　파라나 강***에서 배 한 척이 침몰했다는 소식이 그의 귀에 들어왔고, 그는 자신의 비단과 옥양목, 호박단에 물을 뿌리고는 큰 소리로 외쳤다.
　"난파선에서 건진 천입니다."
　그러나 그렇게 해도 성과가 없었다. 아무 소용이 없었다. 사람들은 가게 앞을 그냥 지나쳤고 아무도 들어오지 않았다.
　그의 불행은 오랫동안 계속되었다. 하루하루 상황은 악화되어 갔다. 그러던 어느 날 밤 살림은 불에 탄 작은 램프를 문질렀고, 머나먼 그의 조국에서 요정이 찾아왔다. 요정은 그에게 입장료를 받으라는 마법의 비밀을 일러 주었다.
　그러자 그의 운명이 바뀌었다. 도시의 사람들 모두가 줄을 섰다.

---

* 아르헨티나 중부 산타페 주에 있는 도시.
** 시리아의 수도.
*** 브라질 중남부를 흐르는 4,880킬로미터 길이의 강. 브라질 남동쪽 고원에서 시작해 팜파스를 지나 라플라타 강으로 흘러든다.

모범적인 은행가

존 피어폰트 모건 주니어*는 세계에서 가장 유력한 은행과 그 밖의 88개 기업의 소유주였다. 그는 매우 바쁜 사람이었기 때문에 세금 납부하는 것을 잊었다.

1929년의 위기가 발발한 이후 3년째 세금을 내지 않고 있었다. 그 사실이 알려졌을 때, 월스트리트의 대재앙으로 파산한 수많은 사람들의 분노가 폭발하면서 전국적인 스캔들이 되었다.

탐욕적인 은행가의 이미지를 바꾸기 위해 그는 링글링 브라더스 서커스**의 홍보 전문가에게 도움을 청했다.

홍보 전문가는 그에게 진기한 인물인 리아 그라프***를 고용하라고 권고했다. 그녀는 서른 살로 키는 68센티미터밖에 되지 않았지만, 얼굴이나 몸은 난쟁이 같지 않았다.

이렇게 해서 한 장의 사진에 초점을 맞춘 대대적인 홍보전이 시작되었다. 사진 속에서 은행가는 인자한 아버지의 표정으로 옥좌에 앉아 있고 미니어처 인간은 그의 무릎에 앉아 있었다. 대공황으로 오므라든 보통 사람들을 보호하는 금융 권력의 상징. 그것이 아이디어였다.

아이디어는 효력을 발휘하지 못했다.

---

* John Pierpont Morgan, Jr.(1867~1943). 미국의 은행가. J. P. 모건 사를 창립한 존 피어폰트 모건(1837~1913)의 아들.
** 링글링 형제들이 1884년 미국에서 창설한 서커스단.
*** Lya Graf(?~1941). 독일 태생 유태인. 1920년대 미국으로 건너가 서커스에서 활동한 뒤 1930년대 다시 독일로 돌아갔다. 1941년 부모와 함께 아우슈비츠에서 사망했다.

정치경제학 수업

작은 오르간 소리가 웨이퍼* 장수가 마을에 도착하고 있음을 알렸다. 밀과 공기, 그리고 또한 음악으로 만들어진, 거죽이 딱딱하고 두꺼운 웨이퍼는 우리의 입에 군침이 돌게 했다.

웨이퍼의 양은 운에 달려 있었다. 동전 한 닢을 건네고 바늘이 행운의 숫자를 가리킬 때까지 숫자 판을 돌리기 시작했다. 내 기억이 맞는다면, 숫자는 0부터 20까지 있었는데, 숫자에 따라 꽝이 되거나 눈곱만큼이거나 많거나, 아니면 대박이었다.

나는 첫 경험을 결코 잊지 못할 것이다. 나는 동전을 건네고는 발끝으로 서서 숫자 판을 돌리기 시작했다. 숫자 판이 멈췄을 때, 나는 바늘이 20을 가리키고 있는 것을 볼 수 있었다. 그때 웨이퍼 장수가 손가락으로 짚으며 판정했다.

"영零."

항의했지만 소용없었다.

난 이미 손가락을 꼽아 가며 20까지 셀 수 있었지만, 빌어먹을 정치경제학을 알지 못했다.

그것이 나의 첫 수업이었다.

---

* 양과자의 한 종류로 밀가루·설탕·달걀·레몬즙 따위를 섞어 틀에 넣고 살짝 구운 다음, 크림이나 초콜릿을 두 쪽 사이에 발라서 만든다.

모범적인 노동자

물약 Z는 노동의 세계화 시대의 첨단 조제약이 아니라 아이티의 오랜 전통 비법이다.

적용되는 방식은 이렇다.

밤에, 물약 Z를 먹여 키운 꿀벌들이 잠자는 사람의 몸에 침을 찌른다.

동틀 녘에, 침에 쏘인 사람은 잠자리에서 일어나지 못한다.

한낮에 촛불처럼 생명이 꺼진다.

해 질 녘에, 그가 사랑하는 사람들이 그를 관에 넣어 공동묘지로 데려간다.

한밤중에, 망자는 무덤을 헤치고 나와 세상으로 돌아간다.

좀비로 변한 귀환자는 열정과 기억을 잃는다. 사탕수수를 으깨고 벽을 쌓고 장작을 실어 나르며 급료도 받지 않고 온종일 일한다. 눈에서 얼이 빠졌고 입은 굳게 닫혔다. 결코 불평하는 법이 없으며, 아무것도 요구하지 않고 심지어 부탁조차 하지 않는다.

모범적인 여인

그녀는 성서의 가르침과 역사적 전통에 순종하며 살았다.
그녀는 비질하고 윤내고 빨래하고 다림질하고 바느질하고 요리했다.
아침 여덟 시 정각에 아침을 차렸다. 남편의 지병인 인후염을 고려해 꿀 한 숟가락을 곁들였다. 열두 시 정각에는 점심 식사를 차렸는데, 콩소메*와 감자 퓌레,** 삶은 닭, 설탕에 절인 복숭아를 내왔다. 여덟 시 정각에는 저녁을 차렸으며 언제나 메뉴는 같았다.
늦게 내오거나 빨리 내오는 일은 결코 없었다. 남편이 지난날과 현재의 자신의 공적을 늘어놓는 동안 그녀는 말없이 식사를 했다. 그녀는 의견을 말하고 질문하는 부류의 여자가 아니었기 때문이다.
저녁 식사가 끝난 뒤에는 꾸물거리며 천천히 설거지를 하고, 남편이 잠들었기를 하느님께 간청하며 침대에 들어갔다.
그 무렵엔 페니실린에 이어 세탁기와 전기 청소기, 여성의 오르가슴이 이미 널리 보급된 상태였다. 그러나 그녀는 새로운 발명품들에 대해 알지 못했다.
그녀는 그저 라디오 연속극만 들었고, 세상의 폭력에서 벗어나 안전하게 살고 있던 평화로운 피난처에서 나가는 일은 거의 없었다.

---

* 육류, 야채 따위를 삶아 낸 물을 헝겊에 걸러 낸 맑은 수프.
** 야채나 고기를 갈아서 체로 걸러 걸쭉하게 만든 음식.

어느 날 오후 그녀는 바깥세상으로 나갔다. 아픈 언니를 병문안 하기 위해서였다.

해질녘에 돌아와 보니 남편이 죽어 있었다.

몇 년 후, 헌신적인 여인은 이 이야기의 결말이 사실과 다르다고 고백했다.

그녀는 헤라르도 멘디베라는 이웃에게 다른 결말을 들려주었다. 이웃 남자는 다른 이웃에게 전해 주었고 그렇게 해서 이 얘기가 온 마을에 퍼졌다. 언니의 집에서 돌아왔을 때 그녀는 남편이 바닥에 쓰러진 채 눈을 치켜뜨고 숨을 헐떡이는 것을 발견했다. 얼굴은 온통 토마토 색깔이었다. 그녀는 남편 옆을 지나쳐 부엌으로 들어가 먹물 오징어 요리와 바스크식 남방 대구 요리, 그리고 산더미처럼 쌓인 과일과 아이스크림 후식으로 잊지 못할 연회를 준비했다. 모든 요리에는 그녀가 감춰 두었던 숙성된 포도주가 뿌려졌다. 그리고 평소에 의무적으로 해오던 대로 밤 여덟 시 정각에 저녁상을 차렸고 배가 터지도록 먹고 마셨다. 남편이 바닥에서 미동도 하지 않는 것을 확인하고는 성호를 긋고 검정 옷으로 갈아입은 다음 의사에게 전화를 걸었다.

모범적인 선수

2002년 아시아에서는 두 개의 월드컵 축구 대회가 열렸다. 한 월드컵에서는 살아 있는 실제 선수들이 경기를 했다. 동시에 다른 한 월드컵에서는 로봇들이 경기를 했다.*

세계 로봇 토너먼트는 매년 각기 다른 장소에서 열린다. 대회 조직자들은 앞으로 언젠가 실제 선수들과 경기를 벌인다는 기대를 가지고 있다. 이미 컴퓨터가 체스 시합에서 가리 카스파로프**를 무찔렀으며, 로봇 선수들이 결국 축구장에서도 유사한 위업을 이루게 될 날을 상상하기란 어렵지 않다고 그들은 말한다.

기사技師들에 의해 프로그래밍이 된 로봇들은 견고한 수비와 빠른 공격을 전개한다. 결코 지치지 않고 항의하지도 않는다. 또 공을 가지고 즐기지 못한다. 그들은 묵묵히 코치의 지시를 따를 뿐, 단 한 순간도 경기의 주체가 선수들이라고 믿는 우를 범하지 않는다. 또 그들은 결코 웃는 법이 없다.

* 2002년 국제로봇축구연맹(FIRA) 주관으로, 한일 월드컵을 기념하기 위해 5월 23~29일에 열린 로봇 축구 대회를 말한다. 월드컵 본선에 진출한 32개국이 참가했다.
** Gary Kasparov(1963~). 러시아의 그랜드 마스터·작가·활동가. 역사상 가장 위대한 체스 선수로 평가되는 그는 1997년 컴퓨터와의 시합에서 패했다.

대관식

둘이 아니었다. 셋이었다. 2002년에 제3의 월드컵도 열렸다.*
브라질이 도쿄에서 챔피언에 등극한 바로 그날 히말라야 산정에서 열린 단판 승부였다.

아무도 알지 못했다.

국제축구연맹 랭킹에서 각각 꼴찌와 꼴찌에서 두 번째인 지구상에서 최악의 대표팀들인 부탄 왕국과 카리브 해의 섬나라 몬세라트가 자웅을 겨루었다.

트로피는 거대한 은도금 컵으로 경기장 가장자리에서 대기하고 있었다.

선수들은 유명 선수 하나 없이 모두가 무명이었지만 경기를 마음껏 즐겼다. 최대한 즐기는 것 말고 그 이상의 의무는 없었다. 경기가 끝났을 때, 두 쪽을 붙여 만든 컵은 반으로 갈라졌고 두 팀이 함께 나누어 가졌다.

부탄이 승리하고 몬세라트는 패했지만 그런 사소한 일은 전혀 중요하지 않았다.

---

* 2002년 해발고도가 2,320미터인 부탄의 수도 팀푸에서 국제축구연맹(FIFA) 랭킹 202위 부탄과 203위 몬세라트의 경기가 펼쳐졌고, 부탄이 4 대 0으로 이겼다.

모범적인 조문객

어딘가 닮았다. 다른 지역과 마찬가지로 브라질에서도 가장 인기 있는 정치인들, 이름 높은 백만장자들, 축구 영웅들, 텔레비전 스타들, 천재적인 음악가들은 모두 무언가 공통점이 있다. 그들 모두 예외 없이 죽는다.

자이미 사비누는 일찍이 이 문제를 훌륭하게 연구했다. 명사가 운명을 다할 때마다 그는 가장 먼저 그 사실을 알았고 가장 먼저 모습을 나타냈다. 자이미는 그가 한 관공서의 말단 직원으로 일하던 리우데자네이루 변두리에서 전광석화처럼 어디든 가리지 않고 고인의 장례식에 달려갔다.

"닐로폴리스*의 20만 주민을 대표해서 왔습니다." 그는 이렇게 말했고, 그렇게 아무 문제없이 모든 통제와 차단선을 통과할 수 있었다. 누구나 한 사람은 멈춰 세울 수 있지만 어느 누구도 20만 명을 제지할 수는 없기 때문이다.

자이미는 번개같이 정확한 순간에 정확한 장소에 가있었다.

텔레비전 카메라에 불이 들어오고 사진기자들의 플래시가 터지는 바로 그 순간 그는 메울 수 없는 빈자리를 남긴 국가적인 명사의 관을 어깨에 메고 있거나, 아니면 가장 가까운 친인척과 가장 절친한 친구들 틈에 목을 길게 빼고 까치발로 서있었다. 슬픔에 젖은 그의 얼굴은 빠짐없이 뉴스와 신문을 장식했다.

신문기자들은 그를 '해적 앵무새'라고 부르곤 했다. 시기심에서였다.

---

* 브라질 리우데자네이루 주에 있는 도시.

기적을 행한 죽은 여인

삶은 죽음을 초래하는 습관이다. 어느 누구도 그것[죽음]을 비껴갈 수 없다. 도냐 아순시온 구티에레스 역시 1세기에 걸친 긴 생을 끝내고 죽음을 맞았다.

친척들과 이웃들이 마나과*에 있는 그녀의 집에서 밤새 관을 지켰다. 탄식이 축제로 바뀌고 눈물이 음주와 웃음에 자리를 내준 지 이미 오래였다. 밤이 한창 무르익은 바로 그 순간에 도냐 아순시온이 관에서 벌떡 일어났다.

"날 여기서 꺼내 줘, 바보 천치들아." 그녀가 명했다.

그러고는 주위 사람들의 시선은 전혀 아랑곳하지 않고 자리에 앉아서 음식을 먹기 시작했다.

조문객들은 소리 없이 자리를 빠져나갔다. 이젠 이야기를 들려주는 사람도, 카드놀이를 하는 사람도 없었다. 또 더 이상 술을 마실 구실도 찾지 못했다. 시신 없이 경야經夜를 치를 수는 없는 노릇이었다. 사람들은 남은 밤 시간에 뭘 해야 할지 모른 채 정처 없이 흙길 위로 사라졌다.

한 증손자가 화가 나서 투덜거렸다.

"할머니가 이러시는 게 벌써 세 번째예요."

---

* 니카라과의 수도이며, 마나과 주의 주도.

인플레이션

그는 살아서는 말라깽이였지만 죽어서는 뚱뚱보였다.
관 뚜껑에 못질을 하기 위해 온 일가친척들이 그 위에 올라앉아야 했다. 그가 갑작스럽게 뚱뚱해진 것을 두고 다양한 의견이 쏟아졌다.
"죽음이 부풀어 오르게 만든 거야."
"탄소 가스야."
"상한 우유 때문이야."
"영혼이에요." 미망인이 흐느꼈다. "영혼이 옷 밖으로 나가려고 하는 거라고요."
영국식 트위드 정장은 고인의 평생에서 유일한 사치품이었다. 그는 죽었을 때 입으려고 그 옷을 재단해서 짓도록 했다. 그때 이미 그의 주변에 올빼미들이 날아다녔고, 그는 죽음이 임박했음을 알았다.
그는 유산을 남기지 않았다. 단 한 푼도. 늘 가난 속에서 살았던 가족은 차이를 눈치채지 못했다.
여러 해가 지난 뒤에 니콜라 디 사바토는 삼촌의 시신 발굴 작업에 참여했다.
고인에게 남은 것은 거의 없었다. 뼈와 너덜너덜해진 옷이 전부였다.
옷은 온통 돈으로 가득 채워져 있었다.
지폐, 수천 달러의 지폐는 이미 아무 쓸모가 없었다.

모범적인 후보

그는 의지할 곳 없던 유년 시절을 떠올리며 울지도 않았고 아이들에게 입을 맞추지도 않았다. 또 사인을 해주지도 장애인들과 사진을 찍지도 않았다. 아무 약속도 하지 않았다. 유권자들에게 끝없이 연설을 쏟아 내지도 않았다. 그의 이념은 좌파도 우파도 아니었지만 중도파 역시 아니었다. 꽃다발 앞에서는 헤 하고 입이 벌어지는 것으로 잘 알려져 있었지만, 그는 매수할 수 없는 인물이었고 돈을 경멸했다.

1996년 선거에서 그는 여론조사에서 선두를 달리고 있었다. 그는 필라르* 시장 선거의 유력한 후보였고, 그의 명성은 브라질 북동부 전역에서 높아져 갔다. 진실을 말한다고 하면서도 거짓말을 일삼는 정치인들에 신물이 난 사람들은 흰 피부색에 턱수염이 어울리는, 흔히 '쉬부'**라고 불리는 이 우직한 청년을 신뢰했다. 공개 행사에서 페데리쿠는 두 발을 세우고 춤을 추었고, 그와 함께 시내를 순회한 밴드의 음악에 맞춰 근사하게 공중제비를 넘었다.

승리를 목전에 두고 그는 죽은 채 아침을 맞았다. 턱수염엔 붉은 피가 말라붙어 있었다. 그는 독살되었다.

---

* 브라질 북동부 지역 파라이바 주의 자치 지방.
** chibo. 포르투갈어로 '새끼 염소'라는 뜻이다.

투표권과 거부권

아르헨티나에서 선거가 있었던 해인 1916년*이 흐르고 있었다. 캄파나**에서는 잡화상 뒷방에서 투표가 이루어졌다.

직업이 목수인 호세 헬만이 맨 먼저 도착했다. 그로서는 평생 처음 하는 투표였고, 시민의 의무를 이행한다는 생각에 가슴이 부풀어 올랐다. 그날 아침, 다른 쪽 세상에서 온 이 이민자는 민주주의 과정에 동참할 예정이었다. 그는 머나먼 우크라이나의 군사독재 말고는 아무것도 알지 못했다.

호세가 급진당[급진시민연맹]을 찍은 자신의 투표용지를 투표함에 넣고 있을 때, 한 걸걸한 목소리가 그의 손을 제지했다.

"당신은 지금 투표용지 더미를 착각하고 있소." 목소리가 경고했다. 쇠창살 사이로 엽총의 총신이 보였다. 총구는 보수당[국민자치당]의 명부가 있는 올바른 투표용지 더미 쪽을 가리켰다.

---

* 1912년 남자 성인의 투표권이 인정되고 비밀선거가 법제화된 뒤 처음 치러진 선거. 이 선거에서, 비민주적으로 아르헨티나를 통치하던 국민자치당(Partido Autonomista Nacional)을 누르고 급진시민연맹(Unión Cívica Radical)이 집권했다.

** 아르헨티나 동부 부에노스아이레스 주에 있는 도시.

민주주의의 가격

퇴직 노동자 도리스 해덕*은 로스앤젤레스에서부터 워싱턴까지 걸었다. 한 마리 거북이 해안에서 해안까지 미국을 가로질렀다.

그녀는 정치인들이 선거운동에 자금을 대는 백만장자들에게 민주주의를 팔아넘긴 것을 고발하기 위해 길을 나섰다. 그녀는 길을 가는 도중에 줄곧 사람들을 선동하는 연설을 했다.

볕에 그을리고 추위에 얼어붙고 바람에 날리며 길을 걸은 지 어느덧 일 년이 넘었을 때, 눈이 옴짝달싹 못하게 그녀의 발을 묶었다. 엄청난 눈 폭풍이 버지니아 서쪽의 산악 지대를 강타했다.

컴벌랜드**에서 도리스는 생일을 자축했다. 아흔 개의 작은 초가 꽂혔다. 그러고 나서 스키를 타고 여행을 계속했다.

마지막 달에는 내내 스키를 타고 눈밭 위를 여행했다.

21세기가 시작되었을 때, 그녀는 워싱턴에 도착했다. 많은 군중들이 국회의사당까지 그녀와 함께 걸었다. 그곳에서는 입법자들이 일하고 있다. 그들은 자신들의 서비스에 보상을 제공하는 대기업들을 위해 일하는 정치 노동자다.

국회의사당 계단에서 도리스는 간결한 연설을 했다. 그녀는 국회의사당 입구를 가리키며 말했다.

"이곳은 매음굴로 변하고 있습니다."

그렇게 말하고는 떠났다.

---

* Doris Haddock(1910~2010). 미국의 정치 활동가.
** 미국 메릴랜드 주의 북서부에 있는 도시.

문명과 야만

신들이 잠들거나 잠든 척하는 사이에 사람들은 걷는다. 토토니카판* 교외에 숨겨진 이 소도시에 장이 서는 날이어서 오가는 발길들이 분주하다. 다른 마을들에서 아낙네들이 짐 보따리를 들고 신록의 오솔길을 따라 도착한다. 그녀들은 바늘 가는 데 실 가듯 장이 열리는 곳을 따라 오늘은 여기 내일은 저기, 이 마을 저 마을 떠돈다. 그리고 여유롭게 담소를 나누며 새로운 소식을 나눈다. 그 사이에 천천히 이런저런 물건을 판다.

한 노파가 바닥에 천을 펼쳐 놓고 그 위에 자기 물건들을 늘어놓는다. 코펄 향, 쪽빛 염료와 코치닐 염료,** 몇몇 가지 아주 매운 고추, 향 허브, 야생 꿀 단지, 헝겊 인형과 채색 점토 인형, 벨트, 레이스, 장식 띠, 씨앗으로 만든 목걸이, 뼈로 만든 빗, 작은 거울…….

방금 과테말라에 도착한 한 관광객이 그 물건들을 몽땅 사고 싶어 한다.

노파가 이해하지 못하자 양손으로 '전부'라고 말한다. 그녀는 고개를 가로젓는다. 관광객은 계속 고집을 부린다. "당신이 원하는 값을 부르면 내가 얼마를 치를지 말하겠소." 그는 거듭 말한다. "당신 물건을 '몽땅' 사겠소." 목소리가 갈수록 높아진다. 소리를 지른다. 노파는 목석처럼 앉아서 말이 없다.

관광객은 질려서 자리를 뜬다. 그는 생각한다. "이 나라는 도무지 미래가 없군."

노파는 멀어지는 그의 모습을 바라보며 생각한다. "내 물건들은 당신을 따라가고 싶어 하지 않아."

---

* 과테말라 중서부에 있는 토토니카판 주의 주도. 평균 해발고도가 2천 미터를 넘는 고지대에 위치해 있으며 주민은 대부분 마야 원주민들이다.
** 중남미 사막의 선인장에 기생하는 곤충인 깍지벌레의 암컷에서 뽑아 정제한 붉은 색소.

세계시장

계피색 나무들, 황금빛 열매.
마호가니의 손들이 커다란 녹색 이파리로 둘러싸인 하얀 씨앗들을 감싼다.
씨앗들은 태양빛을 받아 발효한다. 그다음에 포장이 벗겨지고 나면 태양이 바깥에서 그것들을 말리고 서서히 구릿빛으로 물들인다.
그 뒤에 카카오가 푸른 바다를 건너 여행을 시작한다.
그것을 재배하는 손들을 떠나 그것을 먹는 입들에 이를 때까지 카카오는 캐드베리, 마르스, 네슬레 또는 허시 공장들에서 가공되어 세계의 슈퍼마켓들에서 팔린다. 금고에 쌓이는 돈 중에서 1달러당 3.5센트가 카카오를 생산한 마을 몫이다.
토론토 출신의 신문기자 리처드 스위프트는 가나의 산악 지대에 있는 그런 마을들 중의 한 곳에 있었다.
그는 카카오 농장들을 둘러보았다.
휴식을 취하려고 앉았을 때 그는 배낭에서 초콜릿 바를 몇 개 꺼냈다. 한입 베어 물기 전에 호기심 많은 아이들에 둘러싸였다.
그들은 단 한 번도 초콜릿을 맛본 적이 없었다. 그들은 초콜릿을 무척 좋아했다.

세계정부

20세기가 저물어 가고 있을 때, 그 자신의 삶도 끝자락을 향하던 줄리어스 니에레레*는 국제 공동체와 대화를 나누었다. 세계은행의 수장들이 워싱턴에서 그를 접견했다.

니에레레는 식민 세력과의 오랜 투쟁 끝에 탄자니아 초대 대통령에 오른 인물이었다. 독립을 믿었던 그는 그것[독립된 국가]이 국기에 대한 경례[에서 의례적으로만 상징되는 국가]보다 훨씬 더 큰 의미를 갖기를 바랐다.

"당신은 왜 실패했습니까?" 국제기구 고위 전문가들이 그에게 물었다.

니에레레가 답했다.

"대영제국은 거의 전 국민이 문맹이고 두 명의 숙련 기술자와 열두 명의 의사만을 보유한 나라를 우리에게 남겼습니다. 나의 임기가 끝났을 때, 문맹자들은 거의 없었고 우리는 수천 명의 숙련 기술자와 의사를 갖게 되었습니다. 1985년 대통령직에서 물러난 뒤로 13년이 지났습니다. 현재 학교에 다니는 아이들의 수는 3분의 2 정도로 급감했고 공중 보건과 사회 서비스는 엉망이 되었습니다. 그 13년 동안 탄자니아는, 국가를 근대화하기 위해서라며 세계은행과 국제통화기금이 내건 요구 사항을 모두 이행했습니다."

이렇게 말하고 나서 줄리어스 니에레레는 되물었다.

"당신들은 왜 실패했습니까?"

---

* Julius Nyerere(1922~99). 탄자니아의 정치가. 1953년 탕가니카아프리카인민족동맹(TANU)을 결성해 당수가 되었다. 1961년 탕가니카 자치 정부 초대 수상이 되고, 1962년 탕가니카 초대 대통령이 되었다. 1964년 탕가니카와 잔지바르가 통합해 탄자니아연합공화국이 성립되자 초대 대통령에 취임했다.

백인의 책무

레옹 롬* 대위는 사람 머리와 나비를 수집했다. 나비는 핀으로 벽에 고정시켰다. 사람 머리로는 정원을 장식했다. 식민 군대의 또 다른 장교인 기욤 반 케르크호펜은 그와 경쟁했는데, 목을 절단하는 데는 자기가 최고의 전문가라고 주장했다.

벨기에보다 백 배 더 큰 콩고는 레오폴드 2세**의 사유재산이었다. 고무와 상아의 경이로운 원산지이자, 쇠사슬로 묶이고 매질당하고 손발이 잘리고 살해당한 흑인들의 거대한 광경이 펼쳐지는 곳.

1900년, 영국 외교관 로저 케이스먼트***는 브뤼셀 왕궁 만찬에 초대받았다. 만찬 중에 레오폴드 2세가 자신의 사명인 콩고의 개화가 시종일관 엄청난 난관에 부딪친다고 말했다. 돌덩이도 녹이는 아프리카의 태양 아래서 노동 문화에 무지한 열등한 인종에게 일의 규율을 가르치는 것은 대단한 도전이었다.

왕은 선의를 가진 부하들이 때때로 권력을 남용했음을 인정했다. 그는 기후를 탓했다.

"참을 수 없는 더위가 그들을 미치게 합니다."

---

* Leon Rom(1861~1924). 콩고자유국에서 활동했던 벨기에의 군인.
** Leopold II(1835~1909). 벨기에의 왕(1865~1909년 재위). 대외적으로 중립을 유지하기 위해 군비를 강화했고 정국 안정에 힘썼다. 식민정책을 추진해 콩고자유국을 왕의 사유지로 만들었다.
*** Roger Casement(1864~1916). 영국의 외교관으로 제국주의의 여러 만행을 폭로해 국제적인 명성을 얻었지만, 비밀에 아일랜드 독립 운동가로 활동하다가 1916년 체포되어 사형당했다.

과학의 경이

그는 스물여섯 살 때 처음으로 수술실에 들어갔다.
그때부터 수술실과 무대를 오가며 살았다.
세계의 정상은 무슨 색일까? 눈[雪]의 색이다. 최정상의 왕중왕이 되기 위해 그는 피부와 코, 입술, 눈썹, 머리카락을 바꿨다. 검은 피부를 희게 칠했고, 펑퍼짐한 코와 두툼한 입술과 텁수룩한 눈썹을 뾰족하게 했으며, 두피에는 부드러운 머리카락을 이식했다.
화학 산업과 성형 기술 덕분에, 주사실과 수술실을 부단히 들락거린 끝에 20대 말에 아프리카의 저주가 깨끗이 지워진 모습을 갖게 되었다. 이젠 단 하나의 얼룩도 남아 있지 않았다. 과학이 자연을 패배시켰다.
그때쯤 그의 피부는 죽은 사람의 색깔을 갖게 되었고, 여러 차례 뭉개진 코는 두 개의 구멍을 가진 흉터가 되고 말았다. 또 그의 입은 붉게 물든 고깃점이었고 눈썹은 도깨비 같은 보기 흉한 그림이었으며, 머리에는 가발이 씌워졌다.
이름만 빼고 그에게서 남은 것은 하나도 없었다. 그는 여전히 마이클 잭슨으로 불렸다.

관료주의의 경이

소냐 피에 데 단드레는 아침 일찍 일어난다. 직업상 일찍 일어나야 했거니와, 또 갓난아기 냄새를 풍기는 갓 태어난 날을 호흡하기를 좋아했기 때문이다.

그날 아침, 그녀는 나지막이 콧노래를 흥얼거리며 아침 햇살에 젖은 산토도밍고의 거리를 걸었다. 그리고 여권을 찾기 위해 창구 앞에 늘어선 줄의 맨 앞에 서있었다. 여권을 받았을 때, 그녀는 기재 사항에 피부색이 들어 있다는 것을 알게 되었다. 여권에는 "갈색"이라고 적혀 있었다.

소냐는 흑인이고 그것을 전혀 나쁘게 생각하지 않는다. 그녀는 오류를 고쳐 달라고 요구했다. 오류였을까?

"이 나라에는 흑인이 없습니다." 서식을 작성했던 흑인 직원이 설명했다.

주문呪文

알렉산드라 셸데루프*는 추운 곳에서 돌아왔다.
그녀는 15년이나 멀리 떨어져 살아왔다.
알렉산드라가 막 도착해서 맨 먼저 한 일은 라디오를 켜는 것이었다. 그녀는 고국의 새로운 소식과 목소리들을 듣고 싶었다. 침이 고이게 하는 타말레,** 공중에서 낮잠을 즐길 수 있게 하는 해먹, 그리고 기억을 떠올리게도 하고 숨기게도 하는 색깔들은, 하나같이 그녀의 고국 파나마의 원주민들에게 빚진 것들이다.
라디오는 광고를 전하고 있었다. 끊어졌다 이어졌다 하는 전화 대화가 들렸다. 이해할 수 없는 순전한 소음이었다. 화가 난 한 여자가 물었다. "그런데 나와 전화하는 이 인디오는 대체 누군가요?" 이어 전문가의 목소리가 조언하고 있었다. "사람들이 당신을 인디오와 혼동하기를 원치 않는다면 이제 케이블앤와이어리스***의 휴대폰을 구입하십시오."

---

* Alexandra Schjelderup. 파나마 출신의 국제 관계 전문가로 뉴스 캐스터이자 가수. 현재 라틴아메리카 예술 네트워크인 EnRedArte의 대표.
** 바나나 잎이나 옥수수 껍질로 옥수수가루 빵을 말아 찌거나 구운 파이의 일종.
*** 영국의 통신 회사.

아기 예수

니냐 마리아는 잠을 거의 자지 않거나 아예 자지 않았다. 산들 사이로 첫 햇살이 나타날 때부터 매일 밤이 끝날 때까지 니냐 마리아는 속삭이듯 기도하며 제단 앞에 무릎을 꿇고 꼼짝하지 않았다.

제단 한가운데는 가무잡잡한 아기 예수가 자리 잡고 있었다. 대형 초의 시커먼 연기에 그을린 아기 예수는 사람의 머리털을 갖고 있었다. 그곳 사람들의 검은 머리털이었다. 콘라라 계곡의 농부들은 그들을 빼닮은, 하느님의 아들을 자주 찾았다.

니냐 마리아는 기름때를 먹으며 힘들게 살았지만 매일 샘물로 아기 예수를 씻기고 계곡의 꽃들로 덮어 주었으며, 그를 둘러싸고 있는 초에 불을 붙였다. 그녀는 결코 싫증 내지 않았다. 소녀 시절에는 농아인 두 남동생을 돌보았고 그 뒤에는 아기 예수에게 삶을 봉헌했다. 낮에는 아기 예수의 집을 보살피며 지냈고, 밤이면 그의 잠든 모습을 지키며 밤을 지새웠다.

그 숱한 봉헌에 대한 대가로 니냐 마리아는 결코 그 무엇도 바란 적이 없었다.

백한 살의 나이에 그녀는 소원이 생겼다. 그녀는 소원이 뭔지 결코 말하지 않았지만, 약속을 얘기했다.

"만약 아기 예수님께서 내 소원을 들어주시면 그분의 머리를 금발로 물들일 거야."

명의 名醫

　그 의사는 비서를 두지 않았다. 전화도 없었을 것이다. 기능음악*도 카펫도 없고 벽에 고갱의 복제품도 걸려 있지 않은 진료소에는 달랑 소형 침대 한 개, 의자 두 개, 테이블 한 개, 의과대학 졸업장만 놓여 있었다.
　그는 보카 지구**에서 가장 경이로운 치료사가 되기에 이르렀다. 이 의학자는 알약이나 약초 따위를 전혀 쓰지 않고 치료했다. 그는 실내복 차림으로 먼저 이렇게 묻기 시작한다.
　"그런데 손님, 어떤 병을 갖고 싶으세요?"

---

* Muzak. 상점·식당·공항 등에서 배경 음악처럼 내보내는 녹음된 음악.
** 탱고의 발상지로 유명한 부에노스아이레스의 지역. 유럽에서 이주한 사람들이 흘러든 항구로 일찍부터 보헤미안이나 예술가들이 모이는 이국적 정서가 넘치는 곳이었다.

기적의 치료법

2세기 전에 사우바도르 지 바이아에서 허영심 많은 가족들이 죽음을 눈앞에 둔 환자의 침대 둘레로, 그들이 돈을 지불할 수 있는 한 의사들을 최대한 불러들였다.

의사들의 말을 들으려는 일가친척들과 이웃 사람들로 침실이 북적거렸다. 환자를 진찰하고 나서 의사들은 각자 증세에 대해 진단을 내렸다. 그들은 엄숙한 어투로 견해를 밝혔고, 모여 있던 사람들은 활기 넘치는 목소리로 논평했다.

"옳거니."
"아니야! 틀렸어!"
"아주 좋아."
"의사가 착각한 거야."
"동감이야."
"웬 헛소리야!"

첫 번째 순번이 끝나자 의사들은 새로운 말로 자신들의 견해를 피력했다.

논쟁은 늘어지고 있었다. 그러나 아주 길지는 않았다. 과학의 일을 중단시키는 것이 악취미이긴 하지만, 고통스러운 임종을 앞둔 환자가 서둘러 마지막 숨을 몰아쉬었던 것이다.

또 다른 기적의 치료법

아메리카에서 코코넛 씨앗을 뿌린 사람은 아무도 없다. 코코넛은 저 스스로 씨를 뿌렸다. 말레이시아의 어떤 나무에서 떨어져 모래 위를 굴러다니다가 바닷물에 실려 갔다. 코코넛은 세계의 바다를 떠다니며 항해하다가 아메리카의 해안에 도착했다. 코코넛은 이 해안들이 마음에 들었고 그때부터 우리에게 치유 효과가 있는 즙을 선사하고 있다.

안드레아 디아스는 어느 날 오후 잰걸음으로 태평양 해안을 걷고 있었는데, 그때 무릎이 탈골되는 부상을 입었다. 케포스 항*에서 사람들이 그녀에게 코코넛 물을 주었다.

"이걸 마시구려." 길에서 그녀를 데려온 선한 남자가 말했다.

그러고는 이보다 나은 치료약은 없다고 설명했다.

"아담과 이브는 이것밖에 마시지 않았는데 아무 병도 없었다오."

그녀는 그가 시키는 대로 순순히 따랐지만, 입이 근질거려 참을 수 없었다.

"그런데 그걸 어떻게 아세요?"

남자는 딱하다는 표정으로 그녀를 쳐다보았다.

"아가씨, 성서에 그렇게 나와 있다오. 천국에는 의사가 없다는 걸 모른단 말이오? 모든 병은 의사를 따라왔다오."

---

* 코스타리카에 있는 항구.

기적

나는 파리의 무프타르 거리 마지막 모퉁이에서 생 메다르 성당*을 발견했다.

문을 열고 들어갔다. 일요일 정오가 지난 시각이었다. 성당은 텅 비어 있었고, 마지막 기도 소리가 이미 잦아진 뒤였다. 여자 청소부가 혼자 성상聖像에서 먼지를 떨어내고 바닥을 쓸고 있었을 뿐 그 밖에 아무도 없었다.

나는 성당을 구석구석 둘러보았다. 어스름 속에서 "왕명으로 이 장소에서 하느님이 기적을 행하는 것을 금하노라."라고 쓰인 1732년의 왕의 칙령을 찾고 있었다.

카를리토스 마차도는 일전에 나에게, 너무나 많은 기적을 행하는 성인**에게 봉헌된 이 성당 입구의 돌에 금지문이 새겨져 있다고 말해 주었다. 금지 문구를 찾아보았지만 발견하지 못했다.

"어머, 안 돼요! 안 됩니다! 절대 안 돼요!" 청소부는 머리에 클립을 끼운 채 빗자루를 들고 계속 청소 일을 하며 나에게 눈길도 주지 않고 화를 냈다.

"그런데 그 왕의 칙령은…… 여기에 있긴 했나요?"

청소부는 나를 쏘아붙였다.

"있었어요. 하지만 이젠 없어요."

그녀는 빗자루 끝에 양손을 올려놓고 손등에 턱을 괴었다.

"그런 건 신자들에게 상스러워요. 아시겠어요?"

• 프랑스 서부의 중세 도시 투아르에 있는 유서 깊은 교회.
•• 서른일곱 살의 젊은 나이로 죽은 뒤 숱한 기적을 일으켰던 프랑수아 드 파리(François de Paris, 1690~1727) 신부를 말한다. 그 기적을 속임수라고 믿고 진상을 밝히고자 성당을 방문했다가, 오히려 직접 경험한 것을 책으로 엮은 루이 바실 카레 드 몽제롱 판사가 격노한 루이 15세에 의해 투옥되기도 했다. 이듬해인 1732년 사태를 방치할 수 없다고 판단한 파리의 치안 당국은 왕명에 따라 성 메다르 성당을 폐쇄했다. 콜린 윌슨·대먼 윌슨 지음, 『풀리지 않은 세계의 불가사의』, 황종호 옮김, 하서(2009), 223-231쪽.

기적에 감사드려요

멕시코 성당들의 제대 주변에는 봉헌물이 쌓인다. 작은 깡통 위에 그린 그림과 글자들로 이렇게 적혀 있다.

"판초 비야*의 군대가 제가 아니라 제 동생을 겁탈해서 과달루페 성모님께 감사드려요."

"세 명의 자매가 있는데 그중에서 제가 가장 못났지만 맨 먼저 결혼해서 아토차의 성스러운 아기 예수님께 감사드려요."

"그저께 밤에 아내가 제 친구인 안셀모와 도망쳤는데 이제 그녀가 저에게 했던 모든 것들에 대한 대가를 그가 치르게 됐으니 고통의 성모마리아께 감사드립니다."

"제가 남편을 죽였는데도 사람들이 저에게 아무 책임도 묻지 않았으니 아카풀코의 성스러운 얼굴에 감사드려유."

그런 식이었다. 그리고 아직도 여전히 그렇다. 그러나 가령 "제가 강을 건너 미국에 갔는데 물에 빠지지도 않고 목숨을 잃지도 않았으니 우리 주 예수그리스도께 감사드려요."라고 적힌 새로운 봉헌물도 보인다.

레오나르도 다 빌치스라는 이름으로 알려진 알프레도 빌치스는 라 라구니야 시장**에서 주문을 받고 봉헌물을 그린다. 그가 그린 예수그리스도는 모두 그의 얼굴을 하고 있다. 또 감사의 말에 곁들이기 위해 종종 축구 선수 복장을 한 대천사를 그리기도 한다. 그의 고객들 중에는 중요한 시합을 앞두고 하느님께 의탁한 사람이나, 신의 권능으로 자신이 사랑하는 클럽이나 멕시코 대표팀에 골의 은총을 선사한 사람들도 많다.

---

* Pancho Villa(1877~1923). 멕시코의 혁명가. 하층민을 대변하고 농지개혁을 이끈 멕시코 혁명의 지도자.
** 멕시코시티에 있는 시장으로, 주로 옷과 액세서리를 취급해 젊은 여성들이 많이 찾는다.

저세상

1996년 여름이 끝나 갈 무렵, 호세 루이스 칠라베르트*는 부에노스아이레스에서 역사적인 골을 기록했다.** 골을 막을 뿐만 아니라 골을 넣기도 했던 파라과이의 수문장은 아주 멀리서, 거의 경기장 한가운데서 슛을 했다. 공은 구름을 뚫고 하늘로 날아갔고, 별안간 상대편 골대 위에서 수직으로 떨어져 골인되었다.

신문기자들은 그의 슛의 비결을 알고 싶어 했다. 어떻게 공이 그렇게 믿을 수 없는 궤적을 그린 겁니까? 왜 하늘에서 일직선으로 떨어졌나요?

"천사와 부딪쳤으니까요." 칠라베르트가 설명했다.

그러나 어느 누구도 공에 핏자국이 있는지 확인해 볼 생각을 하지 않았다. 아무도 주의를 기울이지 않았다. 그래서 우리는 천사들이 최소한 그 점에서라도 우리와 비슷한지 알 수 있는 기회를 잃었다.

---

* José Luis Félix Chilavert(1965~). 파라과이의 축구 선수. 킥 능력이 뛰어나 현역 시절 골키퍼임에도 프리킥과 페널티킥을 전담해 '골 넣는 골키퍼'로 널리 알려졌다.
** 아르헨티나 프로 리그의 벨레스 사르스필드 소속으로 뛰던 1996년 3월 22일 리베르 플라테와의 경기에서 기록한 58미터짜리 프리킥 골을 말한다. 이 경기에서 벨레스가 3 대 2로 승리했다.

성모聖母

남성들의 위업으로 점철된 과거. 카나리아제도*의 공식 역사에는 여성들이 등장하지 않는다.

단 한 명도 없을까? 한 명의 여성이 존재한다.

그녀는 수 세기 전, 스페인이 카나리아제도를 정복하기 전에 테네리페** 해안에 도착했다.

그녀는 물거품 속에 잠든 채 파도에 실려 도착했고 어부들이 그녀를 건졌다. 어부들이 말을 건넸지만 그녀는 대답하지 않았다. 어부들은 그녀를 섬의 왕에게 데려갔다. 군주 앞에서도 그녀는 계속 말이 없었다. 왕자들이 그녀를 놓고 다투고 그녀의 총애를 얻으려고 싸우다 서로 죽였을 때 그녀는 눈 하나 깜짝 안 하고 그 광경을 지켜보았다.

섬의 공식 역사에 등장하는 유일한 여성은 아직도 그곳에 있다. 그녀의 이름은 마리아이며 그녀를 비추는 초 때문에 사람들은 그녀를 칸델라리아***라고 부른다. 그녀는 처녀이고 나무로 만들어졌다. 남성들은 무릎을 꿇고 그녀에게 경배를 바친다.

---

* 아프리카 북서부 대서양에 있는 스페인령 화산 제도.
** 카나리아 제도에서 가장 큰 섬.
*** 스페인어에서 '초'를 뜻하는 '칸델라'(candela)에서 유래했다.

다른 여인들

마태복음에 따르면, 예수는 마흔여섯 명의 선조를 가졌고, 그중 마흔하나는 남자고 다섯은 여자였다.

잘 알려진 대로, 다섯 여자들 중 한 명인 마리아는 원죄 없이 잉태되었다. 그러나 예수의 선조로 등장하는 다른 여인들은 다음과 같다.

시아버지와의 사이에서 자식을 얻기 위해 창녀로 위장한 타마르.

예리고 성에서 창녀로 몸을 팔았던 라합.

유부녀의 몸으로 다윗 왕의 침대에서 솔로몬을 낳은 밧세바.

선민選民에 속하지 않았고, 그래서 이스라엘 민족이 섬길 만한 가치가 없었던 룻.

죄인이었던 세 여인과 멸시받았던 한 여인. 지상에서 저주받았던 이 여인들은 하느님의 아들의 할머니들이었다.

크리스마스이브

스페인, 1939년 12월 24~25일.*

"크리스마스이브야. 뭔가 선물을 받을 거야." 하비에르가 쓸쓸히 웃으며 말했다.

프랑코군의 포로인 하비에르와 안톤은 등 뒤로 손이 묶인 채 이송 중이었다. 트럭이 덜컹거리면서 그들을 밀어붙여 서로 부딪히게 했고, 이따금씩 군인들이 총검으로 그들을 쿡쿡 찔렀다.

하비에르는 쉬지 않고 말했다. 안톤은 침묵을 지키고 있었다.

"우릴 어디로 데려가는 거지?" 하비에르가 물었다. 실은 '왜 나를, 난 빨갱이도 뭣도 아니고, 평생 누구와 다툰 적도 없는데, 나는 결코 정치에 연루된 적이 없는데, 난 아무것도 아닌데 하필이면 왜 나를 데려가느냐'고 묻고 있었다.

한번은 길에서 트럭이 쿵쾅거릴 때, 두 사람의 얼굴이 서로 밀착되어 눈을 빤히 마주보게 되었다. 그때 하비에르는 눈꺼풀에 힘을 주고 중얼거렸다.

---

* 스페인 내전(1936년 7월 17일~1939년 4월 1일) 직후의 이야기다.

"이봐, 안톤. 내가 그랬어."
 그러나 아무 소리도 들리지 않았다. 트럭의 소음 때문에 아무 소리도 들리지 않았다. 하비에르는 거의 절규하듯이 '내가 그랬어', '내가 그랬어'를 되풀이했다.
 "내가 그들을 데려왔어. 내가 그랬어."
 안톤은 길가를 응시하고 있었다. 달이 뜨지 않았지만, 아스투리아스의 숲은 빛나고 있었다. 하비에르는 그들의 강요에 못 이겨 그랬다고, 그들이 그의 전 가족을 무릎 꿇리고 아이들까지 모두 죽여 버리겠다고 협박했다고 말했다. 안톤은 암흑 속에서 자신의 빛으로, 트럭을 거슬러 흐르는 광채로 반짝이는 숲에서 눈을 떼지 않고 있었다.
 하비에르는 잠자코 있었다.
 들리는 건 엔진이 쿨럭거리고 트럭이 길에 부딪치는 소리뿐이었다. 잠시 후 하비에르가 반복해서 말했다.
 "크리스마스이브야."
 이어서 그가 말했다.
 "엄청 춥네."
 잠시 뒤에 트럭이 멈추었다. 총살대가 그들을 기다리고 있었다.

부활절 주일

1973년, 몬테비데오, 기병대 제9 병영. 빌어먹을 밤이었다. 트럭의 굉음, 연발탄의 섬광, 양손을 목뒤로 깍지 낀 채 바닥에 엎드린 포로들, 등 뒤마다 겨눠진 총구, 비명, 발길질, 개머리판[으로 구타하기], 협박…….

이튿날 아침, 아직 날짜 가는 것을 잊지 않았던 한 포로가 기억해 냈다.

"오늘은 부활절 주일이야."

모임은 금지되어 있었다.

그러나 그들은 모였다. 막사 한가운데서 모였다.

가톨릭 신자가 아닌 사람들이 도와주었다. 일부는 철책 문을 감시하고 경비병들의 발걸음을 예의 주시했다. 다른 사람들은 둥글게 인간 띠를 만들어 부활절 예식을 행하는 포로들 주변을 무심코 거닐었다.

미겔 브룬이 몇 마디 말을 웅얼거렸다. 그는 모든 포로들의 해방을 선포한 예수의 부활을 일깨웠다. "예수님께서는 박해받고 투옥되셨으며 고문당하고 십자가에 못 박혀 돌아가셨으나 오늘 같은 어느 일요일, 속박된 모든 이들이 자유를 얻고 고독한 모든 자들이 동행을 만날 수 있도록 무덤의 돌문을 흔들어 넘어뜨리셨습니다."

포로들은 아무것도 가진 게 없었다. 빵도 포도주도 없었고 잔조차 없었다. 빈손들의 성찬식이었다.

미겔은 몸을 바친 분에게 봉헌했다.

"먹읍시다." 그가 속삭였다. "이것은 그분의 몸입니다."

포로 신자들은 손을 입으로 가져가 보이지 않는 빵을 먹었다.

"마십시다. 이것은 그분의 피입니다."

그들은 존재하지 않는 잔을 들어 보이지 않는 포도주를 마셨다.

두려움의 역사

달은 땅에게 전할 말이 있어 딱정벌레를 보냈다.

딱정벌레는 벌써 수백 년째 길을 가고 있었는데, 그때 하늘에서 토끼와 부딪쳤다.

"그 걸음걸이로는 절대 도착하지 못할 거야." 토끼는 이렇게 충고하며 자기가 대신 전갈을 전해 주겠다고 나섰다.

딱정벌레는 토끼에게 임무를 넘겼다. 그는 '달이 다시 태어나듯 생명도 다시 태어난다'는 말을 남자와 여자들에게 전해야 했다.

토끼는 땅을 향해 전속력으로 내달았다.

번갯불의 속도로 당시에 사람들이 살고 있던 아프리카 남부의 밀림에 착륙한 토끼는 숨도 쉬지 않고 그들에게 달의 말을 전했다. 언제나 도착하기 무섭게 떠나는 버릇이 있는 토끼는 허겁지겁 성급하게 말했다. 남자와 여자들은 그가 한 말을 이렇게 알아들었다.

"달은 다시 태어나지만 당신들은 아니오."

그때부터 우리는 죽음을 두려워하게 되었는데, 이 두려움은 모든 두려움의 아버지다.

명령의 기술

이름도 왕조도 시대도 알려지지 않은 중국의 한 황제가 어느 날 밤 수석 고문관을 불러 그를 잠 못 들게 하는 고민거리를 털어놓았다.

"아무도 나를 두려워하지 않네." 황제가 말했다.

신하들은 그를 두려워하지 않았기 때문에 그를 존경하지도 않았다. 그를 존경하지 않았기 때문에 그에게 순종하지도 않았다.

"징벌을 내려야 합니다." 고문관이 의견을 말했다.

황제는 공물을 바치지 않는 자는 매질하고 그가 지날 때 허리를 굽히지 않는 자에게는 장시간 체형을 가하며, 감히 그의 행동을 비판하는 자가 있다면 교수형에 처하라고 명을 내렸다고 말했다.

"하지만 그 자들은 죄인들입니다." 고문관이 말했다. 그리고 설명을 덧붙였다.

"두려움 없는 권력은 공기 없는 폐처럼 쪼그라듭니다. 죄인들만 처벌한다면 오직 죄인들만 두려움을 느끼게 됩니다."

황제는 말없이 곰곰이 생각하고 나서 말했다.

"알겠소."

황제는 사형집행인에게 고문관의 목을 치라고 명했다. 그리고 베이징의 모든 주민들이 톈안먼 광장에서 있었던 처형식에 참석하도록 조치했다.

고문관은 긴 목록의 첫 번째 희생자였다.

두려움의 해부

태양이 손가락으로 건드려서 날[日]이 태어난다.

엘살바도르의 시골 마을에서 아낙네들이 모닥불을 피우고 일을 시작한다.

"어떻게 새벽을 맞았어?"라고 그녀들은 묻는다. 날처럼 그녀들 역시 새벽을 맞기 때문이다.

그녀들은 몸을 통해 새로운 날이 자신들에게 무엇을 줄지 알고 있다.

전쟁 중에는 동틀 녘 아낙네들 각자의 몸이 두려움의 지도였다. 두려움이 가슴을 짓누르면 자식들 중 누군가가 돌아오지 못할 징조였다. 두려움이 복부를 쿡쿡 찌르면 군대가 가까이 다가오고 있다는 뜻이었다. 또 신장이 아프면 우물에 물이 마르거나 물을 찾아 떠나는 사람의 생명이 위태로워질 조짐이었다.

공포

강물이 거의 그녀를 삼켰다.

에우프로시나 마르티네스가 빨래를 하고 있을 때 급류가 덮쳐 그녀를 휩쓸어 갔다. 그녀는 바위들 틈에서 수없이 발버둥친 끝에 목숨을 건졌다. 그러나 영혼을 잃고 말았다. 공포가 영혼을 가져가 버렸다. 두려움에 얼어붙은 영혼은 물속으로 자취를 감추었다.

그때부터 영혼을 잃어버린 에우프로시나는 몸을 움직일 수 없었고 음식에 손을 대지 않았으며 잠을 이루지도 못했다. 또 이젠 밤과 낮을 구분할 줄도 몰랐다.

푸에블라 산맥*에서 온 민간 치료사가 그녀의 병을 고쳤다. 그녀의 영혼은 두려움에서 돌아와 몸과 재회했다. 그때 에우프로시나는 자리에서 일어나 다시 걸었다. 이따금 성난 강물처럼 발밑에서 당신을 잡아채는 이 세상 위를.

• 멕시코의 마드레 오리엔탈 산맥의 남쪽 끝에 있는 산맥.

도깨비

모두 한데 뒤엉켜 쉬지 않고 놀면서 아이들은 벌레나 초목들과 뒤섞여 즐겁게 살고 있었다.

그런데 어느 무시무시한 날, 한 나그네가 파이산두 평원의 이름 없는 벽지까지 다다르게 되었는데 그는 공포를 몰고 왔다.

"조심해, 도깨비가 오고 있어!"

"도깨비가 와서 널 잡아갈 거야!"

"도깨비가 와서 널 잡아먹을 거야!"

올가 휴즈는 페스트의 첫 징후들을 감지했다. 치료약이 없는 질병이 그녀의 많은 자녀들을 괴롭히기 시작했다. 그때 그녀는 자신의 많은 개들 중에서 가장 유순하고 가장 다정한 약골을 골라 도깨비라고 이름을 붙여 주었다.

마술 피리

날렵함과 예리함을 잃은 연장들을 치료하는 치유자가 거리를 돌아다니고 있었다.

날 가는 사람의 발은 금강 숫돌을 돌리고 있었고, 나이프와 주머니칼, 가위의 날엔 빗물처럼 불똥이 튀고 있었다. 떼 지어 따라다니며 그 광경을 경탄의 눈길로 바라보던 우리 동네 꼬마들은 구경거리의 관객들이었다.

작은 손풍금이 웨이퍼 장수의 도착을 알렸던 것처럼, 피리는 날 가는 사람의 광고꾼이었다.

이웃 사람들이 말하기를, 무언가를 생각하고 있다가 그 피리 소리를 듣게 되면 그 자리에서 당장 생각을 바꾸게 된다고 했다.

이젠 도시의 거리들에 날 가는 사람들이 거의 남아 있지 않다. 열린 창으로 그들의 피리 소리도 더 이상 들려오지 않는다. 대신 다른 소리들, 공포의 선율이 울린다. 그리고 순식간에 생각을 바꾸는 사람들이 많다.

페스트

배는 잔잔한 바다에서 스웨덴 해안을 따라 남쪽으로 미끄러지고 있었다.

눈부신 여름날 아침이었다. 승객들은 갑판에 앉아서 아침 식사 시간을 기다리며 태양과 부드러운 미풍을 즐겼다.

갑자기 한 소녀가 난간 쪽으로 뛰어가서 토했다.

그때 소녀 옆에 있던 부인이 똑같은 행동을 취했다. 즉시 두 남자가 일어나더니 그녀들을 따라 했다. 뱃머리 쪽에 앉아 있던 다른 승객들도 잇따라 토했다.

선미 쪽에 있던 승객들은 이 우스꽝스러운 광경을 비웃었다. 그러나 얼마 안 있어 어떤 승객들은 고요한 바다 위로 몸을 숙인 채 목구멍에 손가락을 집어넣었고, 다른 승객들도 그들을 뒤따랐다.

구토를 하지 않을 수 있는 사람은 아무도 없었다.

빅토르 클렘페러*는 후미의 자리에 앉아 있었다. 전염병처럼 번지는 구토 행렬에서 자신을 지키기 위해 그는 다음 아침 식사를 생각하며 정신을 집중하고 있었다. 크림 커피, 오렌지 마멀레이드······.

맨 뒤에 앉아 있던 사람들에게 차례가 닥쳤다. 그들은 모두 토했다. 그도 마찬가지였다.

클렘페러는 이 일을 잊었다. 수년 뒤 독일에서 히틀러의 부상浮上을 멈출 수 없게 되었을 때, 이 일이 그의 머리에 떠올랐다.

---

* Victor Klemperer(1881~1960). 독일의 사업가·저널리스트·문학 교수.

경계경보

누구의 침략도 받지 않으면서도 습관적으로 다른 나라들을 침공하는 국가가 침략당할지도 모른다는 공포에 떤다.
1980년대에 위협은 니카라과라는 이름으로 불렸다. 로널드 레이건 대통령은 두려움의 가스로 여론을 소독했다. 그가 텔레비전에서 위협을 고발하는 동안 그의 등 뒤에서는 지도가 빨간색으로 물들어 갔다. 피와 공산주의의 격류가 중미에서 퍼져 나가 멕시코를 휩쓸고 텍사스를 통해 미국에 입성했다.
텔레비전 시청자들은 니카라과가 어디에 있는지 전혀 알지 못했다. 또 그 맨발의 나라가 워싱턴에서 만들어진 반세기에 걸친 독재와, 마나과 시*의 절반을 지도에서 지워 버린 지진에 유린당했다는 사실 또한 알지 못했다.
공포의 원천인 니카라과에는 모두 다섯 대의 엘리베이터와 작동하지 않는 한 대의 에스컬레이터가 있었다.

• 니카라과의 마나과 호 남쪽 연안에 있는 도시로, 니카라과의 수도이다.

여론 조작

1964년이 흐르고 있었고, 국제 공산주의의 용은 칠레를 삼키려고 일곱 개의 입을 쩍 벌리고 있었다.

광고는 불탄 교회와 포로수용소, 러시아제 탱크, 산티아고 한복판의 베를린장벽 그리고 아이들을 끌고 가는 수염이 텁수룩한 게릴라들의 모습을 보여 주면서 여론에 폭격을 가하고 있었다.

선거가 치러졌다.

두려움이 이겼다. 살바도르 아옌데*는 패배했다. 그 고통스러운 날들 동안, 나는 그에게 가장 고통스러운 게 뭐냐고 물었다. 아옌데는 다름 아닌 그곳 프로비덴시아 지구**의 이웃집에서 있었던 일을 들려주었다. 쥐꼬리만 한 월급에 부업일과 청소, 아이 돌보는 일로 등이 휠 정도였던 여자는 비닐봉지에 자기가 가진 옷을 전부 넣은 다음 주인들의 정원에 묻었다. 사유재산의 적들이 그녀에게서 옷을 약탈해 가지 못하도록 하기 위해서였다.

---

* Salvador Allende(1908~73). 칠레의 소아과 의사 출신 정치가로, 1970년 세계 역사상 최초로 민주 선거를 통해 사회주의 정권을 수립했다. 1973년 미국의 지원을 받은 피노체트의 쿠데타에 저항하다 대통령궁에서 최후를 맞았다.
** 산티아고의 신시가지.

두건을 쓴 남자

　6년 뒤에는 두려움의 물결에 맞서 좌파가 칠레 대통령 선거에서 승리했다.
　"우리는 인정할 수 없다⋯⋯." 헨리 키신저가 경고했다.
　천 일이 지났을 때 군사 쿠데타가 일어나 대통령 궁에 폭격을 가하고 살바도르 아옌데를 죽음으로 몰고 갔다. 그 밖에도 많은 사람들을 총살했고 민주주의를 암살함으로써 민주주의를 구했다.
　산티아고의 축구 경기장은 감옥으로 변했다.
　수많은 포로들이 관람석에 앉아 자신의 운명이 정해지기를 기다리고 있었다.
　두건을 쓴 남자가 관람석 사이로 돌아다녔다. 어느 누구도 그의 얼굴을 보지 못했다. 그는 모든 포로들의 얼굴을 볼 수 있었다. 그의 시선은 총탄을 발사하고 있었다. 사회주의에서 전향한 두건 쓴 남자는 걷다가 걸음을 멈추고 손가락으로 가리키곤 했다. 그가 지목한 과거의 동료들은 고문을 당하거나 죽음의 길을 갔다.
　군인들이 그의 목에 밧줄을 묶어 데리고 다녔다.
　"저 두건 쓴 녀석은 꼭 개처럼 보이는군." 죄수들이 말했다.
　"아니, 개만도 못한 놈이야." 개들이 말했다.

교수

안뜰에서 박차가 달린 장화 소리가 들렸다. 장화보다 더 높은 어딘가에서 알시비아데스 브리테스의 목소리가 쩌렁쩌렁 울렸다. 파라과이 경찰서장인 그는 남의 급료를 착복하고 사망한 경찰관들의 몫까지 챙기는 국가의 종복이었다.

죄수는 알몸으로 자신이 흘린 피 웅덩이 위에 엎어져서 그 목소리를 알아들었다. 그가 지옥에 들어온 것은 이번이 처음이 아니었다. 학생들이나 땅 없는 농민들이 소요를 일으킬 때마다, 그리고 새벽에 아순시온*이 군사독재를 비판하는 전단지로 뒤덮일 때마다 사람의 살을 분쇄하는 기계에 그를 처넣고 취조하곤 했다.

장홧발이 그를 걷어찼고 그는 나뒹굴었다. 경찰서장의 목소리가 선고하듯 말했다.

"베르날 교수…… 부끄러운 줄 아시오. 어린 학생들에게 귀감이 되어야 하지 않겠소. 교수들은 분쟁을 일으키라고 있는 게 아니오. 교수들은 시민들을 만들어 내라고 있는 거요."

"내가 하고 있는 게 바로 그거요." 베르날 교수가 말을 더듬었다.

그는 기적적으로 대답했다. 그는 산송장이나 다름없었다.

• 파라과이의 수도이자 최대 무역항.

풍차

넬리 델루치는 '라 에스쿠엘리타'*라고 불렸던 포로수용소를 찾아 철조망 울타리와 목초지를 가로질렀다. 그러나 아르헨티나 군대는 온전한 벽돌 한 장조차 남겨 두지 않았다.

오후 내내 찾아 돌아다녔지만 헛수고였다. 정처 없이 배회하며 개활지 한복판에서 완전히 길을 잃었을 때 풍차가 넬리의 눈에 들어왔다. 그녀는 멀리서 풍차를 발견했다. 가까이 다가갔을 때 그녀는 바람을 맞아 삐걱거리는 풍차의 신음을 들었다. 의심의 여지가 없었다.

"여기야."

주변엔 목초밖에 눈에 띄지 않았지만 바로 여기가 포로수용소가 있던 자리였다. 풍차 앞에 서서 넬리는 15년 전 고문으로 몸이 가루가 될 때 밤낮없이 그녀와 함께했고 다른 포로들과 함께했던 그 신음을 알아들었다.

그녀는 풍차의 탄식에 진력이 난 한 대령이 날개를 붙들어 매라고 명령을 내렸던 일을 떠올렸다. 밧줄을 칭칭 감아 풍차의 날개를 단단히 묶었다. 그러나 풍차는 계속 신음을 냈다.

---

* La Escuelita. 스페인어로 '작은 학교'라는 뜻이다.

메아리

프레이 티투*는 떠났지만 남았다. 프랑스에 망명해 자유의 몸이 되었지만, 그는 여전히 브라질에 투옥되어 있었다. 친구들은 지도에 나와 있는 대로 그의 사형집행인들의 나라는 멀리 대양 건너편에 있다고 말했지만 전혀 소용이 없었다. 그곳은 그의 사형집행인들이 살고 있는 나라였다.

그는 그의 지옥이 매일 되풀이되는 형에 처해졌다. 과거에 있었던 모든 일이 다시 일어나고 있었다. 3년이 넘도록 고문자들은 그에게 휴식을 주지 않았다. 그가 어디에 있든, 파리와 리옹의 수도원에 있든, 아니면 프랑스 남부의 시골 마을에 있든, 그의 배를 발로 걷어차고 개머리판으로 머리를 때렸으며, 발가벗은 몸을 담뱃불로 지졌고 귀와 입에 전기봉으로 충격을 가했다.

그들은 결코 입을 다물지 않았다. 프레이 티투는 침묵을 잃어버렸다. 그를 잠 못 들게 하는, 그리고 한때 하느님을 끌어당기는 자석이었던 기도를 바치지 못하게 하는 그 끔찍한 비명이 울리지 않는 어떤 장소나 사원을 찾아 지구 곳곳을 찾아 떠돌아 다녔지만 헛수고였다.

그는 더 버틸 수 없었다. "삶을 잃느니 차라리 죽는 편이 낫다." 그가 남긴 마지막 말이다.

---

* Frei Tito(1945~74). 브라질의 도미니크회 수사. 군사독재 시기에 당한 고문의 후유증을 견디지 못해 자살했다.

수문장

한낮에 함부르크 부두 앞에서 두 남자가 맥주를 마시며 담소를 나누고 있었다. 한 사람은 전직 우루과이 주재 미국중앙정보국CIA 지부장 필립 에이지*였고 다른 한 사람은 나였다.

그 위도에서는 흔히 볼 수 없는 태양이 빛으로 테이블을 적시고 있었다.

맥주를 마시던 중에 나는 화재에 대해 물었다. 수년 전, 내가 일했던 에포카 사** 사옥이 화염에 휩싸였다. 나는 그것이 CIA의 소행인지 알고 싶었다.

"아니오." 에이지가 말했다. "화재는 신성한 신의 선물이었소." 그가 덧붙였다.

"우린 윤전기를 불태울 수 있는 기막힌 잉크를 받았지만 그걸 사용할 수 없었소."

CIA는 신문사 인쇄소에 요원을 한 명도 투입하지 못했고 우리의 인쇄공들 중 누구도 포섭할 수 없었다. 우리의 인쇄실장은 쥐새끼 한 마리 지나가는 것도 용납하지 않았다. "그는 위대한 수문장이었소." 에이지가 인정했다. "위대한 골키퍼."

"그래요." 내가 맞장구를 쳤다. "당신 말이 맞아요."

대책 없이 친절이 몸에 밴, 사람 좋은 얼굴을 한 헤라르도 가티는 위대한 수문장이었다. 또한 그는 공격할 줄도 알았다.

우리가 함부르크에서 만났을 때, 에이지는 CIA와 결별한 상태였고 우루과이는 군사독재 치하에 있었다. 그리고 헤라르도는 납치되어 고문당한 끝에 살해된 뒤 실종 처리되었다.

---

* Philip Burnett Franklin Agee(1935~2008). CIA 작전관 출신으로 자신의 경험을 상세히 기록한 『회사 내부: CIA 일지』(*Inside the Company : CIA Diary*)(1975)의 저자로 잘 알려져 있다.
** 좌파 일간지 『에포카』(*Época*)를 발행한 언론사. 1964~66년 갈레아노가 주간을 역임했다.

상실

과테말라에서 군사독재가 기승을 부릴 때 돈 프란시스코의 딸이 추아쿠스 산맥*에서 체포되었다. 새벽녘에 군 장교가 소녀를 그녀 아버지의 집까지 끌고 갔다.

장교는 돈 프란시스코에게 물었다.
"게릴라들이 하는 일이 나쁜가요?"
"그래요, 나빠요."
"그럼 그들을 어떻게 해야겠소?"
돈 프란시스코는 대답하지 않았다.
"그들을 죽여야 하지 않겠소?" 장교가 물었다.
돈 프란시스코는 땅바닥을 내려다보며 계속 침묵을 지켰다.
그의 딸은 두건이 씌워지고 손이 묶인 채 무릎을 꿇고 있었고, 총구가 그녀의 머리를 겨누고 있었다.
"그들을 죽여야 하지 않겠소?" 장교가 재차 물었다.
그러고 나서 또 다시 물었다. 돈 프란시스코는 아무 말도 하지 않았다.
총탄에 머리통이 날아가기 전에 그녀는 울었다. 두건 아래에서 울었다.
"아버지 때문에 울었지요." 카를로스 베리스타인이 얘기한다.

---

* 과테말라 중부의 고원지대에 위치한 산맥.

부재

치치카스테낭고* 공동묘지에서는 죽음이 수많은 색깔로 빛난다. 아마도 그 색깔들은 꽃이 만발한 무덤에서 지상에서의 악몽, 즉 죽음이 한 방에 우리를 발가벗기고 동등하게 할 때 끝나는, 지배하는 자와 지배당하는 자의 이 흉몽이 끝났음을 기리고 있을 것이다.

그러나 공동묘지에는 과테말라의 원주민 마을들에서 대학살이 자행되었던 때인 1982년의 묘비도, 1983년의 묘비도 없다. 군인들은 사체를 바다나 분화구에 던져 버렸거나, 아니면 어딘지 모를 구덩이에서 태워 버렸을 것이다.

치치카스테낭고 묘지의 밝은 색깔들은 거지와 왕을 똑같이 정중하게 대하는 평등의 화신인 죽음에게 인사한다. 그러나 삶 또한 그렇게 평등하기를 바랐다는 이유로 목숨을 잃은 사람들은 묘지에 없다.

---

* 과테말라 엘 키체 주에 있는 도시.

조우

그가 공장에서 일한 지 얼마 되지 않아 기계에 손이 끼었다. 실한 올이 그에게서 빠져나갔다. 달아나는 실을 붙잡으려고 했지만 오히려 붙잡힌 것은 엑토르였다.

그는 희망을 꺾지 않았다. 엑토르 로드리게스는 잃어버린 실오라기들을 찾으며 여생을 보냈다. 그는 불편한 손으로 노조를 세우고 흩어진 사람들을 모았으며, 온갖 위험을 무릅쓰고 두려움이 풀어 놓는 것을 다시 짜는 일에 헌신했다.

오랜 세월 탄압 속에서 성장을 거듭하며 그는 블랙리스트에 오르고 감옥에 갇혔으며 그 밖의 온갖 고초를 겪었다.

그가 최후를 맞았을 때 많은 사람들이 그를 기다리기 위해 묘지 입구로 갔다. 엑토르는 부세오 해변* 위에 솟아 있는 언덕에 묻힐 예정이었다. 바람이 심하게 불던 그 잿빛 정오에 우리는 그곳에서 한참을 기다렸다. 그때 묘지의 인부들이 꽃도 조문객도 없이 손으로 관을 들고 도착했다. 엑토르를 기다리고 있던 사람들 중 일부가 행렬을 이루어 관을 뒤따라 들어갔다.

실수였을까? 우리가 관을 착각했던 걸까? 누가 알겠는가. 홀로 쓸쓸히 도착한 고인에게 그의 친구들이 보여 준 모습이야말로 가장 엑토르와 닮았다.

---

* 우루과이 몬테비데오의 남동쪽에 있는 해변.

문

카를로스 파사노*는 쥐 한 마리, 그리고 282호실 감방 문과 대화하면서 6년을 보냈다.

쥐는 충실하지 못해서 살그머니 빠져나갔다가 제멋대로 돌아오곤 했다. 그러나 문은 언제나 그 자리에 있었다.

훗날 감옥은 몬테비데오의 쇼핑센터로 탈바꿈했다. 감금 시설은 소비 시설로 바뀌었으며 형무소는 이제 사람들을 가두는 대신, 아르마니 의상과 디오르 향수 그리고 파나소닉 비디오카세트리코더VCR를 가두고 있다.

감방의 문들은 결국 고물상으로 팔려 갔다.

그곳에서 카를로스가 자신의 문을 찾아냈다. 방 번호는 없었지만 그는 한눈에 알아봤다. 그가 숟가락으로 판 구멍들이 있었다. 목재의 오래된 얼룩, 수감되어 있는 동안 그가 매일 여행했던 신비한 나라들의 지도가 있었다.

지금 그 문은 아무것도 가둘 수 없는 언덕 꼭대기에 우뚝 서있다.

---

* Carlos Fasano. 우루과이의 저널리스트·활동가. 현재 일간지 『라 레푸블리카』(*La República*)의 책임 편집자로 있다.

기억

그는 싸웠고, 부상당했고, 검거되었다.
이미 고문실에서 반쯤 죽은 몸이 되었을 때 군사 법정이 그에게 완전한 죽음을 선고했다.
그는 자신이 혼자라는 것을 알고 있었다. 그는 아직 존재했지만, 그의 동료들에게는 이미 잊혀졌다.
철저히 버림받은 채 그는 죽음이 임무를 완수하기를 기다렸다.
감방의 고독 속에서 벽과 얘기했다.
그러나 죽음이 도착하기 전에 전쟁이 끝났고 그는 석방되었다.
산살바도르*의 거리에서 그는 계속 벽과 대화를 나누었다. 벽이 그에게 응답하지 않자 주먹질을 하고 머리로 들이받았다.
결국 정신병원에 들어갔다. 그곳에서는 그를 침대에 묶어 놓았다. 이젠 벽과도 대화를 나눌 수 없었다.
수년 전에 그의 친구였던 노르마가 그를 찾아갔다. 사람들이 그를 풀어 주었다. 그녀는 그에게 사과 한 개를 주었다. 그는 아무 말도 하지 않은 채 손에 놓인 사과를, 그 빛나는 빨간 세계를 응시하고 있었다. 그리고 이내 사과를 깨물어 조각내더니 자리에서 일어나 침대를 돌아다니며 다른 사람들에게 일일이 작은 사과 조각을 나눠 주었다.
그리하여 노르마는 알게 되었다.
"루이스는 미쳤지만 여전히 루이스야."

---

* 엘살바도르의 수도. 엘살바도르 중서부, 해발고도 680미터의 산간분지에 있다.

틱

1972년 여름, 카를로스 랜케르스도르프[*]는 처음으로 이 단어를 들었다.

그는 바차혼[**]에서 있었던 첼탈족 원주민[***]들의 집회에 초대받았는데, 한마디도 알아듣지 못했다. 그는 그들의 언어를 알지 못했고 그들의 열띤 토론은 미친 듯이 쏟아지는 빗줄기처럼 들렸다.

'틱'이라는 단어는 그 비를 뚫고 지나왔다. 모두들 그 단어를 말했고 '틱, 틱, 틱' 하고 그 단어를 반복했다. 타닥타닥 소리가 빗발치는 목소리들 위로 솟아올랐다. '틱'이 핵심인 집회였다.

카를로스는 온 세상을 돌아다녔고 모든 언어에서 가장 많이 사용되는 것이 '나'라는 단어임을 알고 있었다. 이 마야 공동체들의 말과 행동의 중심에서 반짝이는 단어인 '틱'은 '우리'를 뜻한다.

---

[*] Carlos Lenkersdorf(1926~2010). 독일 태생의 멕시코 철학자·교수.
[**] 멕시코 동남부 치아파스 주에 있는 마을.
[***] 치아파스 주에 거주하는 마야 원주민.

벌새

안데스 산맥의 몇몇 잃어버린 마을들에서, 기억의 명수들은 하늘이 세상 위에 올라타고 있던 시절을 기억하고 있다.

하늘이 너무 낮아서 사람들은 몸을 웅크리고 걸어 다녔고, 쿵 하고 머리를 부딪치지 않고는 똑바로 일어설 수 없었다. 새들은 날기 시작했지만 첫 날갯짓을 하고는 곧장 천공에 부딪혔다. 독수리와 콘도르는 전력을 다해 돌진했지만 하늘은 그다지 개의치 않았다.

세상이 압착되었던 시기는 춤추는 작은 번개가, 남아 있는 얼마 안 되는 대기에 길을 냈을 때 막을 내렸다. 벌새는 바늘처럼 날카로운 부리로 하늘의 엉덩이를 찔렀는데, 계속 찔러 대자 하늘이 어쩔 수 없이 계속 올라가 지금의 높이에 이르게 되었다.

강력한 새들인 독수리와 콘도르는 힘과 비상을 상징한다. 그러나 하늘의 압박에서 대지를 해방시킨 주인공은 세상에서 가장 작은 새였다.

섹스 심벌

수컷 벼룩은 뽐내지 않는다. 그는 높은 돛대나 탑, 오벨리스크를 세우지 않으며 마천루를 세우지도 않는다. 또한 장총이나 대포, 미사일을 제작하지도 않는다.

암컷 벼룩의 연인인 수컷 벼룩은 어떤 음경의 심벌도 꾸며 낼 필요가 없다. 진짜를 몸에 지니고 있기 때문이다. 길이가 무려 몸 전체의 3분의 1이나 되고 동물의 왕국을 통틀어 가장 놀라운 크기이며, 작은 깃털들로 덮여 있다.

약자를 괴롭히는 학살자들인 인간 수컷들은 수천 년 동안 이런 굴욕적인 사실을 감춰 왔다.

사자와 하이에나

용맹함과 고결함의 상징인 사자는 찬가 속에서 고동치고 깃발 속에서 펄럭이며 성과 도시를 호위한다. 비겁함과 잔인함의 상징인 하이에나는 고동치거나 펄럭이지 않으며 그 무엇도 호위하지 않는다. 사자는 왕과 평민들에게 이름을 제공하지만, 어느 누가 하이에나라는 이름을 가졌거나 가지고 있다는 얘기는 없다.

사자는 고양잇과의 육식 포유동물이다. 수컷은 으르렁거리는 일에 전념한다. 암컷들이 사슴이나 얼룩말, 또는 무방비 상태이거나 한눈을 파는 짐승들을 사냥하는 동안 수컷은 기다린다. 식사가 준비되면 수컷이 먼저 먹는다. 암컷들은 남은 음식을 먹는다. 그러고도 남은 음식이 있으면 새끼들 차지다. 아무것도 남지 않으면 새끼들은 굶을 수밖에 없다.

하이에나과의 육식 포유동물인 하이에나는 다른 습성을 가지고 있다. 먹이를 구해 오는 것은 수컷이며 새끼들과 암컷들이 먹고 난 뒤에 맨 마지막으로 먹는다.

우리는 칭찬하기 위해 "그는 사자야."라고 말한다. 그리고 모욕하기 위해 "그는 하이에나야."라고 말한다. 하이에나가 웃는다. 왜일까.

박쥐

그의 악명은 드라큘라 백작에게서 비롯되었다.

배트맨이 그의 이미지를 개선하기 위해 최선을 다했지만, 박쥐는 여전히 감사의 마음보다는 공포를 불러일으킨다.

그러나 어둠의 왕국의 상징인 박쥐는 인간의 목을 찾아 밤을 뚫고 날지 않는다. 실제로, 박쥐는 시간당 천 마리의 모기를 사냥함으로써 우리를 대신해 말라리아와 맞서 싸우는 호의를 베풀고 친절하게도 식물을 죽이는 해충들을 먹어 치운다.

우리의 중상中傷에도 불구하고, 이 효과 만점의 농약은 우리에게 암을 유발하지 않으며 수고비를 요구하지도 않는다.

상어

영화와 문학에서, 피에 굶주린 이 교활한 괴물은 언제나 입을 딱 벌린 채 날카로운 무수한 이빨을 드러내고 세계의 바다를 누빈다. 그는 우리를 생각하며 입맛을 다신다.

영화와 문학을 벗어나면 상어는 인육에 전혀 관심을 보이지 않는다. 드물게 우리를 공격하기도 하지만, 그때는 단지 자기방어를 위해서이거나 실수 때문이다. 근시인 상어가 우리를 돌고래나 바다표범과 혼동하면 한입 물어뜯고는 구역질을 하며 뱉어 낸다. 우리 인간은 뼈투성이에 살은 거의 없으며, 그나마 얼마 안 되는 살코기는 맛이 끔찍하다.

위험한 존재는 우리 인간들이며 상어들도 이 사실을 잘 안다. 그러나 그들은 영화를 만들지도 소설을 쓰지도 않는다.

수탉

유명한 모론의 수탉은 새날의 전령도 상징도 아니었다.

사람들이 말하기를, 그는 판관이거나 조세 징수원 또는 왕의 사절이었다. 그의 성은 [스페인어로] '수탉'이라는 뜻의 '가요'gallo였는데, 마을을 활보하며 이렇게 말하곤 했다.

"이 수탉이 노래하는 곳에서 다른 수탉들은 입을 다물라."

아첨꾼이자 모욕자인 그는 위를 향해서는 핥고 아래를 향해서는 침을 뱉었다.

말없는 사람들은 수년 동안 침묵했다. 마침내 어느 화창한 날 사람들은 권력을 남용하던 그가 살고 있는 화려한 저택을 습격했다. 그들은 악당을 붙잡아 옷을 찢고 발가벗겨 거리를 끌고 다니며 돌팔매질을 당하게 했다.

사람들에 따르면 이 일은 5세기 전쯤에 스페인 도시 모론 델 라 프론테라에서 일어났으며, 그 도시를 방문하는 사람들은 아직도 털 뽑힌 수탉이 청동으로 조각된 채 떠돌아다니는 것을 볼 수 있다고 한다. 그것은 비록 하찮은 권력이라도 권력에 도취하면 당신도 언젠가는 모론의 수탉처럼 털이 뽑힌 채 꼬꼬댁거리며 도시에서 쫓겨나는 신세가 될 수 있으니 조심하라는 경고다.

암탉

국경 없는 수의사회와 미 공군의 자료를 비교해 보면, 암탉과 전투기는 닮은 점이 별로 없다는 결론에 이르게 된다.

암탉은 암탉의 형태를 가지고 있고 [스페인어로] '가이나'gallina라 불린다. 반면에 B-2A 전투기는 박쥐처럼 생겼고 이름은 스피릿이다.

암탉의 가격은 기껏해야 5~6달러밖에 안 되지만, 전투기는 대당 22억 달러나 나간다.

암탉은 몸 상태가 최상일 때 1킬로미터를 갈 수 있는 반면, 전투기는 연료 보급 없이 음속의 두 배 속도로 1만2,800킬로미터를 날 수 있다.

암탉은 지면에서 한 뼘도 날아오르지 못하지만, 전투기는 1만5천 킬로미터 상공을 난다.

암탉은 매일 알을 한 개씩 낳지만, 전투기는 18톤의 위성 유도 폭탄을 투하한다.

비둘기들

실비아 무르닝카스는 몬테비데오 해안에서 롤러스케이트를 타고 있었다. 하늘엔 구름 한 점 없고 공중엔 바람 한 줄기 없는 햇살 가득한 고요한 오후였다. 그때 그녀는 떠들썩한 싸움 소리를 들었다.

싸움은 람블라 호텔에서 일어났다. 재건축 공사가 한창인 호텔 1층에는 건축물 잔해가 도처에 널려 있었고, 깨진 벽돌과 부서진 나무 조각 위에는 하얀 깃털의 양탄자가 있었다.

실비아는 흠칫 놀라 뒤로 물러섰다. 평화의 상징들이 부리로 쪼아 서로 죽이고 있었다. 그들은 서로 마주보고 쏜살같이 돌진해 공중에서 빙글빙글 돌다가 창문에 부딪혔고 피범벅이 된 채 다시 싸움을 시작했다.

영웅들

멀리서 대통령들과 장군들이 죽이라고 명령을 내린다.
그들은 오로지 부인들하고만 싸울 것이다.
그들은 면도날에 베일 때 말고는 피를 흘리지 않을 것이다.
그들은 자동차가 내뿜는 것 말고는 독가스를 들이마시지 않을 것이다.
정원에 아무리 비가 많이 내려도 그들은 진창에 빠지지 않을 것이다.
그들은 햇볕에 썩어 가는 시체 냄새를 맡고 토하지 않지만 상한 햄버거 냄새에는 토할 것이다.
그들은 사람들과 도시들을 박살 낼 폭발에는 귀청이 터지지 않지만 승리를 축하하는 불꽃놀이에는 귀가 먹먹해질 것이다.
그들은 자신들에게 희생당한 사람들의 눈빛에도 잠을 설치지 않을 것이다.

전사

　1991년, 미국은 파나마를 침공한 직후에 다시 이라크를 침공했다. 이라크가 쿠웨이트를 침공했다는 것이 이유였다.
　티머시 맥베이*는 살상을 위해 고안되었고 그 전쟁을 위해 프로그래밍이 되었다. 그는 병영에서 훈련받았다. 훈련 교본은 이렇게 소리치라고 명령하고 있었다.
　"풀은 피를 먹고 자란다!"
　그런 생태주의적 의도에서 그들은 이라크 지도에 피를 뿌렸다. 전투기들은 히로시마 폭격 당시의 다섯 배에 달하는 폭탄을 투하했고, 이어 탱크가 부상자들을 산 채로 매장했다. 맥베이 하사관은 그 해변 모래언덕에서 상당수의 적군을 뭉개 버렸다. 군복을 입은 적군과 아무것도 입지 않은 적군을.
　"부수적 피해**입니다." 그들은 그에게 이렇게 말하라고 시켰다.
　그에게 동성 무공훈장이 수여되었다.
　전쟁에서 돌아왔을 때 그는 플러그가 뽑히지 않았다. 오클라호마에서 그는 168명을 살해했다. 희생자들 중에는 아녀자들도 있었다.
　"부수적 피해입니다." 그는 말했다.
　그러나 이번에는 그의 가슴에 훈장을 달아 주지 않았다. 그들은 그의 팔에 주사를 놓았다. 그리고 그는 작동이 정지되었다.

---

* Timothy James McVeigh(1968~2001). 전직 미군 병사. 1995년 오클라호마시티 연방 청사를 폭파해 168명을 숨지게 했다.
** 군사 행동으로 인한 민간인의 인적·물적 피해.

불타는 대지

1991년 2월 13일 새벽, 스마트폭탄 두 발이 바그다드 한 구역의 지하 군사기지를 강타했다.

그러나 그곳은 그냥 군사기지가 아니었다. 잠든 사람들로 가득 찬 방공호였다. 몇 초 후 그곳은 거대한 불길에 휩싸였다. 408명의 시민들이 불에 타 죽었다. 사망자들 중에는 52명의 아이들과 12명의 유아들이 있었다.

할레드 모하메드의 온몸은 화끈거리는 상처로 뒤덮였다. 그는 자신이 죽었다고 생각했지만 죽지 않았다. 그는 어둠 속을 더듬어 가까스로 빠져나올 수 있었다. 그는 볼 수 없었다. 불길이 그의 눈꺼풀을 봉해 버렸던 것이다.

세상 역시 그 장면을 보지 못했다. 텔레비전은 이 전쟁이 시장에 선보이고 있는 새로운 모델의 살상 무기를 소개하느라 여념이 없었기 때문이다.

천둥치는 하늘

이라크 다음 차례는 유고슬라비아였다.

멀리 멕시코에서 알렉산데르는 전화상으로 베오그라드에 쏟아지는 전쟁의 성난 포화 소리를 듣고 있었다. 이어졌다 끊어졌다 하는 전화기 너머로, 그는 어머니 슬라바 랄리키의 목소리를 들었다. 찢어지는 폭음과 날카로운 사이렌 소리에 뒤섞여 목소리는 거의 들리지 않았다.

베오그라드에 미사일이 비 오듯 쏟아졌고, 폭발이 있을 때마다 슬라바의 머릿속에서 몇 번이고 메아리쳤다.

1999년 봄, 78일 동안 그녀는 밤마다 잠을 이룰 수 없었다.

전쟁이 끝난 뒤에도 여전히 잠을 이루지 못했다.

"침묵이야." 그녀가 말했다. "이 참을 수 없는 침묵."

또 다른 전사들

유고슬라비아가 미사일을 견디고 미사일이 텔레비전에서 찬양되고 세계의 장난감 가게에서 팔리는 동안 두 소년이 자신들만의 전쟁을 치르는 꿈을 이루었다.

적이 없었기 때문에 그들은 가까이에 있는 사람들을 택했다. 에릭 해리스와 딜런 클레볼드는 자신들이 다니던 컬럼바인 고등학교 카페테리아에서 13명을 살해하고 많은 사람들에게 부상을 입혔다.* 이 사건은 록히드 사의 미사일 공장에 의존해 살아가는 도시인 리틀턴**에서 일어났다. 에릭과 딜런은 미사일을 사용하지 않았다. 그들은 슈퍼마켓에서 구입한 권총과 소총, 탄약을 사용했다. 사람들을 살해한 뒤에 스스로 목숨을 끊었다.

언론은 그 밖에도 모든 재학생들과 함께 학교를 날려 버리기 위해 두 개의 프로판 폭탄을 설치했으나 폭발하지 않았다고 보도했다.

아무리 터무니없다 해도 언론은 그들이 가졌던 또 다른 계획에 대해 거의 언급하지 않았다. 죽음에 도취된 이 청년들은 항공기를 납치해 뉴욕 트윈타워***에 부딪쳐 폭파시킬 생각을 가지고 있었다.

---

* 1999년 4월 20일 미국에서 있었던 총기 난사 사건.
** 미국 콜로라도 주에 있는 도시.
*** 2001년 9월 11일 미국 대폭발 테러 사건 당시 폭파된 110층짜리 세계무역센터 쌍둥이 빌딩.

새천년에 오신 것을 환영합니다

고등학교에서 총격이 있고 2년 반이 지난 후에 뉴욕 트윈타워가 메마른 모래성처럼 붕괴되었다.

이 테러 공격으로 3천 명의 노동자들이 희생되었다.

조지 부시 대통령은 그렇게 살상 허가를 받았다. 그는 무한 전쟁, 즉 테러리즘에 대한 세계 전쟁을 선포했고, 즉각 아프가니스탄을 침공했다.

이 또 한 번의 테러 공격으로 3천 명의 농민들이 희생되었다.

섬광과 폭발, 비명, 욕설. 텔레비전 화면이 들끓고 있었다. 그들은 매일 트윈타워의 비극을 되풀이했고, 이 비극은 아프가니스탄에 투하되는 폭탄의 폭발음과 뒤섞였다.

이 전 지구적 광기에서 멀리 떨어진 어느 외딴 마을에서 나울 오헤다가 세 살배기 손자와 함께 마룻바닥에 앉아 있었다. 아이가 말했다.

"세상은 자기 집이 어디에 있는지 몰라."

그들은 지도를 보고 있었다.

신문 기사를 보고 있었을 수도 있다.

뉴스

오락 산업은 고독의 시장을 먹고산다.
위로 산업은 고뇌의 시장을 먹고산다.
보안 산업은 두려움의 시장을 먹고산다.
사기 산업은 어리석음의 시장을 먹고산다.
이 산업들은 성공 여부를 어떻게 측정할까? 주식시장에서다.
무기 산업 역시 마찬가지다. 무기 산업의 주가는 모든 전쟁에서 최고의 뉴스거리다.

글로벌 정보

9·11사태로 트윈타워가 붕괴되고 몇 달 후에 이스라엘이 예닌*을 폭격했다.

이 팔레스타인 난민촌은 폐허 더미 아래 시신이 널려 있는 거대한 구덩이로 변했다.

예닌의 구덩이는 뉴욕의 트윈타워가 남긴 것과 똑같은 크기였다.

그러나 사랑하는 사람들을 찾아 잔해 더미를 파헤치는 생존자들을 빼면 그 장면을 본 사람들이 얼마나 될까?

---

* 요르단 강 서안 지구의 팔레스타인 자치 지역. 폭격은 2002년 4월 1일부터 11일까지 이루어졌다.

무한 전쟁

평소의 습관대로 지구의 대통령은 추론했다.
그의 추론은 이랬다.
산불을 근절하려면 숲의 나무를 베어 버려야 한다.
두통을 치료하려면 환자의 목을 쳐야 한다.
이라크인들을 해방시키려면 박살이 날 때까지 그들에게 폭격을 퍼부어야 한다.
그래서 아프가니스탄 뒤에 이라크 차례였다.
다시 한 번 이라크다.
'석유'라는 단어는 언급되지 않았다.

객관적인 정보

이라크는 인류에 대한 위협이었다. 사담 후세인*은 9·11사태에 대한 책임이 있으며, 언제라도 당신 집의 구석에 원자탄을 떨어뜨릴 수 있는, 테러를 일삼는 폭군이다.

그들은 그렇게 말했다. 그 후에 진실이 밝혀졌다. 유일한 대량 살상 무기는 그의 존재를 날조한 연설들뿐이었다.

그 연설들은 거짓말을 했고, 텔레비전과 신문, 라디오도 거짓말을 했다.

반면에 아무리 멍청해 보여도 스마트폭탄은 거짓말을 하지 않았다. 침략당한 나라의 들판과 거리들에서 비무장 시민들이 창자가 튀어나오고 산산이 부서져 날아가게 함으로써 지능 폭탄은 이 전쟁의 진실을 말했다.

• Saddam Hussein(1937~2006). 이라크가 보유한 대량 살상 무기(WMD)를 제거한다는 명분으로 일어난 미국과 이라크 간 전쟁에 패한 뒤 도피했으나, 결국 미군에게 체포되어 전범 재판에 회부되었다. 2006년 12월 30일 사형이 집행되었다.

지시

    테러리스트들에게 납치된 비행기가 뉴욕 트윈타워의 두 번째 빌딩을 강타한 2001년 9월 11일에 일어난 일이다.
    타워가 삐걱거리며 흔들리기 시작하자 사람들은 곧장 밑으로 대피하려고 층계로 몰려갔다.
    아비규환의 상태에서 갑자기 확성기가 울려 퍼졌다.
    확성기는 직원들에게 사무실로 복귀하라고 지시했다.
    지시에 따르지 않은 사람들은 목숨을 구했다.

포병

이스라엘 총리는 결정을 내렸다. 국방 장관이 그것을 전달했다. 최고사령관은 암적 존재인 팔레스타인인들에 맞서 화학 요법을 쓰겠다고 설명했다. 여단장은 통행금지령을 내렸다. 대령은 부락들과 씨앗이 뿌려진 경작지들을 쓸어버리라고 명령했다. 사단장은 탱크를 배치했고 구급차의 진입을 막았다. 대위는 사격 명령을 내렸다. 중위는 포병에게 첫 번째 미사일을 발사하라고 명령했다.

그러나 포병, 그 포병은 그곳에 없었다. 명령 계통에서 마지막 고리였던 이갈 브로너*는 학살 명령을 거부했다는 이유로 투옥되었다.

• Yigal Bronner. 이스라엘 태생의 시카고 대학 산스크리트 문학 교수.

또 한 명의 포병

그는 유년 시절부터 벽돌공이었다. 열여덟 살이 되었을 때 군복무 때문에 일을 그만두어야만 했다.

그는 포병대에 배치되었다. 하루는 대포 사격 훈련 중에 빈집에 발사하라는 명령을 받았다.

여느 집들처럼 들판 한가운데에 홀로 서있는 집이었다. 그는 조준하는 법을 비롯해 모든 것을 배웠지만 그렇게 할 수 없었다. 그러자 고함과 함께 재차 명령이 떨어졌다. 그러나 그는 명령에 따를 수 없었다. 절대로 그럴 수 없었다. 그는 발사하지 않았다.

그는 그런 집들을 많이 지었다. 그는 한 채의 집은 땅속에 뿌리박은 다리와 아이들이 그린 듯한 얼굴, 창문의 눈, 문의 입을 갖고 있으며, 집 안 깊숙한 곳에 그 집을 지었던 사람들의 영혼과 그곳에 살았던 사람들의 기억을 간직하고 있다고 설명할 수 있었으리라.

그 모든 것을 설명할 수 있었지만 그는 아무 말도 하지 않았다. 그 말을 했다면 얼간이라는 이유로 총살당했을 것이다. 그는 부동자세로 꼿꼿이 서서 침묵을 지켰다. 그는 결국 감옥에 갇히고 말았다.

카를로 바르바레시[*]는 아르헨티나의 산악 지대에서 모닥불에 둘러앉아 친구들에게 이 얘기를 들려준다. 무솔리니 시절에 이탈리아에서 그의 아버지에게 있었던 일이다.

● Carlo Barbaresi. 이탈리아 출신의 건축가·교수. 주로 아르헨티나의 코르도바 주에 머문다.

그리고 또 한 명의 포병

그날은 1967년의 여느 일요일 오후와 달랐다.

전통적인 더비전*이 열리는 오후였다. 산타페 클럽이 미요나리오스와 맞붙었고, 보고타 시 전체가 축구장 관람석에 있었다. 경기장 밖에는 장애인들과 장님들 말고는 아무도 없었다.

경기는 무승부로 끝날 것처럼 보였다. 그런데 그때 산타페의 골게터인 스트라이커 오마르 로렌소 데반니가 골에어리어 안에서 넘어졌다. 주심은 페널티킥을 불었다.

데반니는 어리둥절했다. 그건 실수였다. 아무도 그를 건드리지 않았고 그저 발을 헛디뎠을 뿐이었다. 그는 심판에게 사실대로 얘기하고 싶었지만 산타페 선수들이 그를 일으켜 세운 다음 무등 태워 페널티 지점으로 데려갔다. 물러설 곳이 없었다. 경기장은 아우성으로 가득했고 열광의 도가니였다.

교수대 같은 골대와 크로스바 사이에서 골키퍼가 기다리고 있었다. 이윽고 데반니가 볼을 페널티 마크에 놓았다.

그는 자신이 어떻게 할지, 그리고 그 일로 어떤 대가를 치를지 아주 잘 알고 있었다. 그는 파멸을 택했고 영예를 택했다. 그는 달려가서 있는 힘껏 공을 밖으로 차버렸다. 골문을 한참 벗어났다.

---

* 같은 지역 내 맞수 팀들 간에 치러지는 경기.

시간의 무게

4세기 반 전에 제네바에서 미겔 세르벳*이 녹색빛을 내는 장작불 위에서 산 채로 불태워졌다. 그는 종교재판을 피해 그곳에 도착했지만 칼뱅은 그를 화형에 처했다.

세르벳은 그 누구도 성인이 되기 전에 세례를 받아서는 안 된다고 믿었고, 성스러운 삼위일체의 신비에 대해 의심을 품었다. 그는 아주 고집불통이어서 소신을 꺾지 않고 자신의 의학 수업에서 계속 피는 심장을 통해 흐르고 폐에서 정화된다고 가르쳤다.

그의 이단적인 생각은 그를 집시의 삶으로 내몰았다. 체포되기 전까지 그는 수없이 나라와 집과 직업과 이름을 바꾸어야만 했다.

세르벳은 그가 저술한 책들과 함께 고통 속에 서서히 불탔다. 그 책들 중 한 권의 표지에는 등에 끔찍하게 무거운 문을 지고 있는 삼손의 모습이 새겨져 있었다. 그 밑에는 "나는 나의 자유를 지고 다니노라."라고 적혀 있었다.

---

* Miguel Servet(1511~53). 혈액의 순환을 연구한 스페인의 의학자이자 삼위일체를 부정한 신학자.

시간의 흐름

창건되고 나서 6세기가 흐른 뒤에 로마는 한 해를 1월 1일에 시작하기로 결정했다.

그때까지는 해마다 3월 15일에 새해가 밝았다.

전쟁 때문에 날짜를 바꿔야 했다.

스페인은 불타고 있었다. 제국의 권력에 도전하며 수많은 로마 군단을 무너뜨린 반란으로 인해 로마는 날짜 계산과 국사國事의 주기를 변경하지 않을 수 없었다.

마침내 히스파니아* 반란자들의 수도인 누만티아**가 포위되고 불타 함락될 때까지 봉기는 여러 해 동안 이어졌다.

두에로 강***가의, 밀밭에 에워싸인 어느 언덕에 그 유적이 잠들어 있다. 세계의 달력을 영원히 바꾸어 놓은 이 도시에서 남은 것은 거의 아무것도 없다.

그러나 해마다 12월 31일 자정에 잔을 들어 올릴 때, 비록 그 사실을 모른다 해도, 우리는 자유인이, 그리고 또 다른 해가 계속 태어나도록 그 도시를 위해 건배한다.

---

* 고대 로마제국에서 이베리아 반도를 통칭해 일컫는 말이다. 이 이름은 훗날 스페인을 가리키는 라틴어 고유명사가 되었다.
** 현재의 스페인 소리아 북쪽 7킬로미터 지점에 있었던 켈트 이베리아인들의 도시로 지금은 사라지고 없다.
*** 스페인 북부 산악 지대에서 발원해 포르투갈을 지나 대서양으로 흘러드는 강.

시간

우리는 날[日]들의 자식들이다.
"길에 있는 사람은 무엇인가?"
"시간."
그런 신비를 다룬 옛 스승들인 마야인들은 우리가 시간에서 왔고 시간으로 빚어졌으며 죽을 때마다 다시 태어난다는 것을 잊지 않았다.
또 그들은 시간은 군림하며, 그것[시간]을 사려고 하는 돈과
그것을 지우려고 하는 외과 수술과
그것을 침묵시키려고 하는 알약과
그것을 측정하려고 하는 기계들을 [시간이] 조롱한다는 것을 안다.
그러나 무장봉기한 치아파스의 원주민들*이 평화 회담을 시작했을 때, 멕시코 정부의 한 관리가 분명하게 설명했다. 그는 자신의 손목과 원주민들의 손목을 가리키며 힘주어 말했다.
"우린 일본제 시계를 사용하고 당신들 역시 일본제 시계를 사용합니다. 우리에겐 아침 아홉 시고 당신들에게도 마찬가지로 아침 아홉 시입니다. 이제 터무니없는 시간의 문제로 날 괴롭히지 마시오."

* 1994년 멕시코 치아파스 주의 마야족 원주민들에 대한 토지 분배와 처우 개선을 요구하며 봉기한 반정부 투쟁 단체 사파티스타민족해방군(EZLN)을 말한다.

고난의 시기

　일기가 불순해서 하늘은 시커멓고 얼음과 폭풍우의 날들이 이어지면 갓 태어난 알팔파*는 잠자코 기다린다. 겁먹은 어린 싹들은 잠을 자기 시작하고 궂은 날씨가 지속되는 동안 잠 속에서 살아남는다. 불순한 날씨가 아무리 오래 지속된다 해도.
　마침내 해가 나고 하늘이 푸른빛을 띠고 땅바닥이 따스해질 무렵 알팔파는 잠에서 깨어난다. 그제야 비로소 자란다. 얼마나 쑥쑥 자라는지 그것을 바라볼 때 우리는 대기에서 불어오지 않는 바람에 의해 뿌리부터 떠밀려 자라는 모습을 볼 수 있다.

---

* 청자색 꽃이 피는 콩과의 여러해살이풀로, 자주개자리라고도 한다. 가뭄이나 무더위, 추위에 잘 견디고 놀라울 만큼 빠르고 무성하게 재생되어, 1회의 생장 기간에 많게는 13번까지 건초를 수확할 수 있다.

빛의 비상

세상이 태어날 때 가장 꾸물거리며 눈을 뜨고 잠을 깼던 카하마르카의 가장 험준한 산들에는 이름 없는 예술가들이 그린 많은 그림들이 있다.*

바위 면에 새겨진 그 화려한 색깔의 문신은 풍상을 이겨내고 수천 년 전부터 살아남았다.

그림들은 시간대에 따라 존재하기도 하고 존재하지 않기도 한다. 몇몇 그림은 하루가 열릴 때 불붙었다가 정오에 꺼진다. 다른 그림들은 새벽으로부터 밤으로 향해 가는 태양의 길을 따라 형태와 색깔이 바뀌어 간다. 또 다른 것들은 황혼 녘이 되어서야 비로소 모습을 드러낸다.

그림들은 인간의 손에서 태어났지만, 또한 매일매일 시간이 보내는 빛의 작품이기도 하다. 그리고 그림들은 빛이 시키는 대로 따른다. 또 다른 예술가이자 여왕이요 여주인인 빛은 원할 때 마음 내키는 대로 그림들을 감추고 나타낸다.

---

* 이 책에 실린 삽화들도 이 그림들의 일부이다.

도전

세상에서 가장 큰 새들이 하늘이 아닌 바닥에서 난다.

나스카 지역의 옛 거주자들이 그린 것으로, 그들은 헐벗은 사막에 그토록 아름답기 그지없는 문양을 새길 줄 알았다.*

땅에서 올려다보면 선들은 아무 의미가 없다. 황무지 저편으로 아득해지는, 돌과 먼지의 긴 수로에 지나지 않는다.

비행기를 타고 상공에서 내려다보면 사막의 그 주름들은 날개를 펼친 거대한 새들의 형상을 이룬다.

그 그림들은 이천 년 또는 이천오백 년 전에 그려졌다. 우리가 아는 한 비행기는 존재하지 않았다. 과연 누구를 위해 그려졌을까? 누구의 눈을 위해? 전문가들도 의견이 분분하다.

정말 궁금하다. 메마른 땅에서 빛나는 그 완벽한 선들은 정녕 하늘이 볼 수 있도록 태어난 것인가?

하늘은 우리에게 별이나 구름으로 아로새긴 눈부신 도안을 선사한다. 마땅히 고마움을 표해야 할 일이다. 그러나 대지 역시 할 수 있다. 아마도 사막을 걸작으로 탈바꿈시킨 사람들도 그렇게 말하고 싶었으리라. 대지 역시 하늘처럼 그림을 그릴 수 있으며 지상에서 이륙하지 않고도 자신이 창조하는 새들의 날개로 날 수 있다고.

---

* 페루 남부 태평양 연안과 안데스 산맥 사이의 나스카와 후마나 평원에 그려져 있는 거대한 지상 그림을 말한다. 기원전 500년에서 기원후 500년 사이 선잉카기의 유산으로 알려져 있다. 1994년 유네스코 세계문화유산으로 지정되었다.

날들의 탄생

그는 언제나 맨 먼저다. 밤의 끝이 가까워 오면 음치가 침묵을 깨뜨린다. 결코 지치는 법이 없는 이 음치는 명가수들을 깨운다. 첫 햇살이 비치기 전에 세상의 모든 새들은 그들을 빼닮은 꽃들 위를 날아다니며 창가에서 세레나데를 부르기 시작한다.

어떤 새들은 예술에 대한 사랑을 노래한다. 다른 새들은 소식을 전하거나 뜬소문이나 재담을 들려주며, 연설을 하거나 큰 소리로 기쁨을 알리기도 한다. 그러나 예술가와 통신원, 말전주꾼, 재담꾼, 변덕쟁이 그리고 미치광이가 모두 한데 와자지껄하며 어우러져 완벽한 오케스트라를 이룬다.

새들은 아침을 알리는 걸까? 아니면 노래하며 아침을 만드는 걸까?

| 해설 |

이야기 사냥꾼의 '삐딱한' 세상 읽기

김현균

라틴아메리카를 대표하는 비판적 지식인이자 탁월한 이야기꾼인 에두아르도 갈레아노Eduardo Galeano는 1940년 몬테비데오에서 태어났으며, 사회주의 성향의 주간지 『엘 솔』El Sol에 '히우스'Gius라는 가명으로 캐리커처를 그리면서 일찍이 열네 살의 어린 나이에 저널리즘의 길로 들어섰다. 그 후 주간지 『마르차』Marcha의 편집장(1961~64)과 좌파 일간지 『에포카』Época의 주간(1964~66)을 역임하면서 저널리스트로 두각을 나타냈다. 또 군사독재기(1973~85)에는 아르헨티나로 망명해 『크리시스』Crisis를 창간했으며, 1976년 호르헤 비델라 Jorge Videla의 군사 쿠데타로 아르헨티나에서 이른바 '추악한 전쟁' Guerra Sucia이 시작되자 다시 스페인으로 망명했다. 1985년 우루과이에서 군사독재가 막을 내린 뒤에는 몬테비데오에 거주하며 저술 활동에 전념했고 2015년 타계했다.

갈레아노는 저널리스트로서의 활동을 토대로 해박한 지식과 날카로운 통찰력이 돋보이는 많은 정치적 연대기를 펴냈으며, 대표적인 저서로 『1964년 중국: 도전의 연대기』China 1964: Crónica de un desafío(1964), 『라틴아메리카의 절개된 혈맥』Las venas abiertas de América Latina(1971), 『라틴아메리카 연대기』Crónicas latinoamericanas(1972) 등이 있다. 특히, 약 5백 년에 걸친 수탈과 불의의 역사를 고발하고 있는 『라틴아메리카의 절개된 혈맥』은 그를 고전 작가의 반열에 올려놓은 에세이로, 20개 이상의 언어로 번역되어 건강한 세상을 꿈꾸는 세계의 젊은이들에게 널리 읽혀 왔다. 1980년대에는 라틴아메리카

대륙의 비극적 역사를 서사시적으로 서술한 대작인 『불의 기억』 Memoria del fuego 3부작 —『탄생』Los nacimientos(1982), 『얼굴과 가면』 Las caras y las máscaras(1984), 『바람의 세기』El siglo del viento(1986) — 을 통해 독서 대중에게 필요한 정치서나 역사서가 어떻게 씌어져야 하는지 그 전범을 보여 주었다.

갈레아노는 또한 저널리스트로서의 경험이 속속들이 녹아 있는 문학적 글쓰기를 통해 독특한 자기만의 영역을 구축해 왔다. 단편집 『세상의 유랑자』Vagamundo(1973)는 사회적 주제와 신화, 전설을 결합하는 독창적 방식을 보여 주었으며, 소설 『우리들의 노래』La canción de nosotros(1975) 역시 허구적 요소와 증언적 요소를 아우르는 종래의 흐름을 견지한다. 또 1978년에는 아르헨티나와 우루과이의 독재를 다룬 소설 『사랑과 전쟁의 낮과 밤』Días y noches de amor y de guerra을 발표하기도 했다. 그는 활발한 저술 활동으로 카사 데 라스 아메리카스 상(1975, 1978), 미도서상(1989), 알로아 상(1993), 그리고 라난Lannan 재단의 문화자유상(1999) 등 국내외의 여러 상을 수상했다.

페루의 카하마르카 지역에서 유래한 이름 없는 삽화들이 실려 있는 『시간의 목소리』Bocas del tiempo는 갈레아노가 직접 디자인했으며, 2004년 세계 책의 날에 스페인·멕시코·아르헨티나를 비롯한 스페인어권의 여러 나라에서 동시에 출간되었다.

갈레아노의 많은 책들이 그렇듯, 『시간의 목소리』 역시 대부분 쪽당 한 편씩 배치된 333개의 짧은 이야기, 즉 333개의 '시간의 목소리'로 구성되어 있다. 이 이야기들에서 작가는 우주의 내역사intra-historia와 일상의 삶에 존재하는 위대함에 주목한다. 그는 아름다움은 바로 현대사회가 가치를 부여하지 않는 일상적이고 하찮은 것들에 있으며, 『시간의 목소리』에서 그것을 되찾고 싶었다고 말한다. 이처럼 이야기들은 살아 있는 생활 현실에 뿌리를 두고 있기에, 작가는 영감을 줄 '뮤즈'나 '천사'를 필요로 하지 않는다. 또 짧은 이야기의 간결한 언어는 "작은 것의 위대함과 거대한 것의 하찮음"을 표현할 수 있는 효과적인 수단이 된다. 그러나 역설적이게도 이런 간결함 뒤에는 매우 치밀한 미학적 태도와, 전통적인 장르의 틀을 깨뜨리려는 파괴적 욕망이 숨어 있다. 오랫동안 에세이와 시, 소설 그리고 단편을 자유롭게 넘나들었던 그에게, 장르는 언제나 끊임없이 열려 있는 가능성의 영역이다. 특히 내레이션과 에세이, 시와 연대기의 경계에서 '밀수密輸의 예술'을 행하는 짤막한 이야기들은 "적은 것으로 많은 것을 이야기할" 필요성을 정당화하기 때문에 갈레아노가 가장 선호하는 장르다. 그가 유려한 시적 산문의 세계를 펼쳤던 멕시코 작가 후안 룰포Juan Rulfo를 최고의 스승으로 섬기는 이유도 여기에 있다. 그러나 그는 『시간의 목소리』에서 "불필요한 언어의 옷을 벗겨 내는" 과정이 녹록치 않았음을 결코 부인하지 않는다. 실제로 이 책은 7년의 준비 과정을 통해 완성되었으며, 글을 선정하고 다시 종합하는 과정에서 내용은 좋지만 책 전체의 구도 및 구성에 부합하지 않는 많은 이야기들이 배제되었다고 한다. 그래서인지 일견 일필휘지로 술술 써내려 간 것처럼 보이는 각각의 이야기에는 즉흥적인 요소가 전혀 없다. 이런 의미에서 『시간의 목소리』는 "지극히 단순하면서도 복잡한 책"으로 정의할 수 있을 것이다.

세상의 다채로운 풍경을 보여 주는 이야기들은 실화에 바탕을 둔 것이거나, 혹은 일상적인 테마들에 관한 작가의 개인적인 성찰이다. "이야기 사냥꾼이자 목소리들의 청취자"인 갈레아노는 이 책에서 언론 조작, 망명, 권력, 전쟁이나 군사적 억압의 공포, 신자유주의적 경제 질서 등 현대사회의 다양한 병폐를 통렬하게 비판하고 고발한다. 이런 이야기들은 대체로 구체적인 역사적 상황을 배경으로 하며, 이라크 전쟁처럼 비교적 최근의 사건들도 포함하고 있다. 그러나 『시간의 목소리』에는 이와 함께 유년 시절, 우정, 존엄성, 사랑, 고통 같은 존재론적 테마를 위한 공간도 존재하며, 새나 나무, 물, 아메리카의 신화, 마라도나와 리베르타드 라마르케 같은 대중적 인물들에게 바쳐진 이야기들도 있다. 이처럼 상상할 수 있는 거의 모든 테마를 담고 있는 이 책은 작가 자신의 말대로, "다양한 해안과 항구와 강어귀를 흐르는 강"이며, "형형색색의 실로 엮어 짠 천"이다. 이 점에서 구조는 서로 다르지만 『포옹의 책』*El libro de los abrazos* (1989)과 성격이 매우 유사하다고 할 수 있다.

『시간의 목소리』는 "우리는 시간으로 빚어졌다."라는 인간에 대한 정의와 함께 시작된다. 뉴욕의 시인 뮤리엘 러카이저 Muriel Rukeyser 는 "세상은 원자가 아니라 이야기로 이루어져 있다."라고 말한다. 따라서 세상을 말하는 것은 이야기들이고 세상은 시간에서 생겨난다. 또 시간의 실로 엮인 이야기의 주인공들은 말하는 시간, 즉 '시간의 목소리'가 된다. 이런 작가의 시간 개념은 시간이 공간의 근원을 이루는 마야의 시간 개념과 맞닿아 있다. 한편, 시간과 유희하는 모든 이야기의 배후에서 타인을 위협으로, 경쟁자로, 적으로 간주하게 하는 현대사회에 대한 일관된 고발을 읽을 수 있다. 물론 작가는 독자들이 각자 스스로의 결론을 도출해 낼 수 있도록 비판적 거리와 객관성을 유지한다. 그러나 『시간의 목소리』를 이야기시로 읽든, 연대기로 읽든, 아니면 미니 픽션으로 읽든, 우리는 그 뒤에서 어제와 오늘의 불의에 분노하는 작가의 결연한 의지를 발견하게 된다. 언제나 사회적 약자의 편에 서서 글을 써온 그는 다시 한 번 말을 독점한 힘 있는 자들에 의해 침묵을 강요당해 온 목소리 없는 사람들의 대변자로서 작은 이야기들을 세상을 움직이는 강력한 무기로 변화시키고 있다. "자물쇠 구멍으로 우주를 드러내는" 작은 이야기들을 읽으며 독자는 눈에 보이지 않는 세상의 진실을 엿보게 된다. "정의의 의지와 미의 의지는 샴쌍둥이처럼 한몸"이라고 여기는 그는 라틴아메리카의 '아름다운 광기'를, '다른 세상이 가능하다'는 믿음을 눈을 감는 순간까지 쉼 없이 풀어냈다.

찾아보기

인명

ㄱ

가르델, 카를로스(Carlos Gardel) 271
가르시아 로르카, 페데리코(Federico García Lorca) 194, 195
가르시아 루포, 로헬리오(Rogelio García Lupo) 209
가요, 라파엘(Rafael Gallo) 211
가이스트, 토니(Tony Geist) 229
가티, 헤라르도(Gerardo Gatti) 318
갈레아노, 이본(Ivonne Galeano) 48
고도이, 마누엘라(Manuela Godoy) 98
구티에레스, 아순시온(Asunción Gutiérrez) 281
구티에레스, 엔그라시아(Engracia Gutiérrez) 71
구티에레스, 호세 안토니오(José Antonio Gutiérrez) 71
그라프, 리아(Lya Graf) 273
길리, 아돌포(Adolfo Gilly) 80
깁슨, 캐빈(Kevin Gibson) 257

ㄴ

네루다, 파블로(Pablo Neruda) 186
니뇨, 루이스(Luis Niño) 246
니에레레, 줄리어스(Julius Nyerere) 288

ㄷ

다빌라, 아우미르(Almir D'Avila) 156
단드레, 소냐 피에 데(Sonia Pie de Dandré) 291
담, 히메나(Ximena Dahm) 63
데반니, 오마르 로렌소(Omar Lorenzo Devanni) 346
델루치, 넬리(Nelly Delluci) 316
도토네, 단테(Dante D'Ottone) 162
디아스, 바르톨로메우(Bartolomeu Dias) 196
디아스, 안드레아(Andrea Díaz) 296

디에고 로페스, 루이스(Luis Diego López)   49

ㄹ

라마르케, 리베르타드(Libertad Lamarque)   186
라이켈트, 프란츠(Franz Reichelt)   199
랄리키, 슬라바(Slava Lalicki)   336
래드, 앨런(Alan Ladd)   38
랜케르스도르프, 카를로스(Carlos Lenkersdorf)   96, 324
레알 슈펭글러, 에우세비오(Eusebio Leal Spengler)   151
레예스, 레이나(Reina Reyes)   139
레오폴드 2세(Leopold II)   289
레타모사, 로비토(Lobito Retamoza)   249
로글리치, 노르베르토(Norberto Roglich)   258
로도, 호세 엔리케(José Enrique Rodó)   162
로드리게스, 다마소(Dámaso Rodríguez)   103
로드리게스, 엑토르(Héctor Rodríguez)   321
로바투, 몬테이루(Monteiro Lobato)   73
로시에요, 레오나르도(Leonardo Rossiello)   226
로페스, 마야(Maya López)   65
론칼리, 안젤로 주세페(Angelo Giuseppe Roncalli)   95
롬, 레옹(Leon Rom)   289
롱드르, 알베르(Albert Londres)   144
리스트, 프란츠(Franz Liszt)   176
리올포, 바우티스타(Bautista Riolfo)   179
리치오, 알레산드라(Alessandra Riccio)   115

ㅁ

마라도나, 디에고 아르만도(Diego Armando Maradona)   43
마르세나로, 로렌소(Lorenzo Marcenaro)   88
마르치니, 리카르도(Ricardo Marchini)   56
마르티네스, 에우프로시나(Eufrosina Martínez)   308
마차도, 카를리토스(Carlitos Machado)   297
마캉달, 프랑수아(François Mackandal)   175
막타스, 마리아나(Mariana Mactas)   59
맥베이, 티머시 제임스(Timothy James McVeigh)   334
메락, 앤(Anne Merak)   50

메요, 구스타보 데(Gustavo de Mello)　215
멘데스 페레이라, 마르코 폴로(Marco Polo Mendes Pereira)　75
멘디베라, 헤라르도(Gerardo Mendive)　277
멘추, 리고베르타(Rigoberta Menchú)　113, 229
멜로니, 아우로라(Aurora Meloni)　32
모건 주니어, 존 피어폰트(John Pierpont Morgan, Jr.)　273
모건, 헨리(Henry Morgan)　55
모네갈, 베아트리스(Beatriz Monegal)　47
모랄레스 가르시아, 로만(Román Morales García)　94
모레노, 아르투로 두라소(Arturo Durazo Moreno)　254
모하메드, 할레드(Khaled Mohamed)　335
몬테베르데, 마누엘(Manuel Monteverde)　55
몬티, 칠라(Chila Monti)　262
무뇨스, 곤살로(Gonzalo Muñoz)　192
무르닝카스, 실비아(Sylvia Murninkas)　332
무치, 수쉴(Susheel Mooch)　255
무히카, 카를로스(Carlos Mugica)　117
미게스, 미리암(Miriam Míguez)　40
미글리오니코, 레오나르도 마르틴(Leonardo Martín Migliónico)　37
미글리오니코, 미겔(Miguel Migliónico)　37
미로, 조안(Joan Miró)　156
믹스, 톰(Tom Mix)　72

ㅂ
바르바레시, 카를로(Carlo Barbaresi)　345
바리엔토스, 페페(Pepe Barrientos)　271
바리오스누에보, 프란시스코(Francisco Barriosnuevo)　36
바비오, 헤수스(Jesús Babío)　230
바스케스 델 라 크루스, 앙헬(Ángel Vázquez de la Cruz)　231
바예르, 오스발도 일데폰소(Osvaldo Ildefonso Bayer)　263
바우비, 제 페르난두(Zé Fernando Balbi)　132
바치스타, 닐루(Nilo Batista)　243
발, 오리올(Oriol Vall)　14, 202
발디비아, 페드로 데(Pedro de Valdivia)　220
발디비에소, 마리아 니디(María Nidi Baldiviezo)　176
발디비에소, 베아트리스 아르세 데(Beatriz Arce de Baldiviezo)　176

베나비데스, 티티나(Titina Benavídez) 157
베도이안, 후안(Juan Bedoian) 44
베르무데스, 프란시스카(Francisca Bermúdez) 60
베리스타인, 카를로스(Carlos Beristain) 319
베우수, 카에타누(Caetano Veloso) 75
벤담, 제러미(Jeremy Bentham) 250
벨레스, 훌리오(Julio Vélez) 204
벨트란, 에르네스토(Ernesto Beltrán) 249
부시, 조지 워커(George Walker Bush) 338
부에나벤투라, 엔리케(Enrique Buenaventura) 134
부에소, 아르날도(Arnaldo Bueso) 105
브랄리치, 안드레스(Andrés Bralich) 66
브레이튼바흐, 브레이튼(Breyten Breytenbach) 183
브로너, 이갈(Yigal Bronner) 344
브룬, 미겔(Miguel Brun) 304
브리테스, 알시비아데스(Alcibíades Britez) 315
비냐스 이바라, 페드로(Pedro Viñas Ibarra) 263
비야, 판초(Pancho Villa) 298
비야그라, 릴리아나(Villagra Liliana) 181
비야그라, 알베르토(Alberto Villagra) 145
비야그라, 엘레나(Helena Villagra) 11, 51, 52, 58, 174, 201, 228
비야그라, 엘사(Elsa Villagra) 60
빌치스, 알프레도(Alfredo Vilchis) 298

ㅅ

사네, 라민(Lamin Sanneh) 93
사라마구, 주제(José Saramago) 97
사바토, 니콜라 디(Nicola Di Sábato) 282
사비누, 자이미(Jaime Sabino) 280
사아드, 페드로(Pedro Saad) 82
사우가두, 세바스치앙(Sebastião Salgado) 19, 219
사파타, 에밀리아노(Emiliano Zapata) 236
산스 데 사우투올라, 마르셀리노(Marcelino Sanz de Sautuola) 164
산체스-훌리아오, 다비드(David Sánchez-Juliao) 200
산체스, 일라디오(Hiladio Sánchez) 167
산타야, 카를로스(Carlos Santalla) 158

산탄, 훌리안(Julián Santan) 184
산티얀, 페로(Perro Santillán) 245
상기네티, 훌리오(Julio Sanguinetti) 190
샐린저, 제롬 데이비드(Jerome David Salinger) 80
세라노, 프란시스코(Francisco Serrano) 146
세르벳, 미겔(Miguel Servet) 347
세바요스, 하비에르(Javier Zeballos) 46
세비야, 프란(Fran Sevilla) 99
세케이라 이 아랑고, 마누엘 데(Manuel de Zequeira y Arango) 150
셸데루프, 알렉산드라(Alexandra Schjelderup) 292
소리아노, 오스발도(Osvaldo Soriano) 137
소리야, 치나(China Zorrilla) 195
소사, 루벤 오마르(Rubén Omar Sosa) 238
소우사, 호아킨 데(Joaquín de Souza) 64
슈퇴플러, 요하네스(Johannes Stöffler) 85
스카글리오네, 마리아(María Scaglione) 60
스티븐스, 존 로이드(John Lloyd Stephens) 264
시르구, 마르가리타(Margarida Xirgu) 194
시우바, 클라우지오노르 다(Claudionor da Silva) 86
시타로사, 알프레도(Alfredo Zitarrosa) 180

ㅇ
아길라르, 호르헤(Jorge Aguilar) 249
아나, 마르코스(Marcos Ana) 89
아도움, 와그네르(Wagner Adoum) 208
아르마스 알폰소, 알프레도(Alfredo Armas Alfonzo) 104
아리스토파네스(Aristophanes) 191
아리아스, 디아블레로(Diablero Arias) 245
아리아스, 페페(Pepe Arias) 268
아마랄, 후안(Juan Amaral) 57
아멘돌라, 구이스카르도(Güiscardo Améndola) 166
아쉬라프, 모하메드(Mohammed Ashraf) 70
아시모프, 아이작(Isaac Asimov) 92
아예스타란, 라우로(Lauro Ayestarán) 185
아옌데, 살바도르(Salvador Allende) 313
아우비스, 헤이나우두(Reinaldo Alves) 86

아카발, 움베르토(Humberto Ak'abal)　114
안투니스, 조르즈(Jorge Antunes)　86
알렝카르, 아베우 지(Avel de Alencar)　20
알바라도, 페드로 데(Pedro de Alvarado)　220
알바레스 인수아, 카탈리나(Catalina Álvarez Insúa)　53, 54, 234
알바레스 카브랄, 페드루(Pedro Álvares Cabral)　220
알베르티, 라파엘(Rafael Albertí)　89
알파로, 우고(Hugo Alfaro)　148
앙브로지우, 이자이아스(Isaías Ambrosio)　153
어워드, 실비아(Silvia Awad)　60
에르난데스-마르티, 치티(Chiti Hernández-Martí)　142
에르난데스, 펠리스베르토(Felisberto Hernández)　139
에스코바르, 티시오(Ticio Escobar)　159
에스쿠데로, 루실라(Lucila Escudero)　100
에스크리바 발라게르, 호세 마리아(José María Escrivá Albás)　252
에스푸엘라스, 페르난도(Fernando Espuelas)　269
에스피뇰라, 프란시스코(파코)[Francisco(Paco) Espínola]　106
에이지, 필립 버넷 프랭클린(Philip Burnett Franklin Agee)　318
오르테가, 펠리사(Felisa Ortega)　228
오르티스, 알프레도 미레스(Alfredo Mires Ortiz)　11, 109
오브레곤, 알바로(Álvaro Obregón)　146
오셔로프, 아베(Abraham Osheroff)　229
오카란사, 페데리코(Federico Ocaranza)　69
오헤다, 나울(Naúl Ojeda)　338
요리오, 오를란도(Orlando Yorio)　117
우동, 장-앙투안(Jean-Antoine Houdon)　181
우브네르, 헤오르히나(Georgina Hübner)　135
우비디아, 압돈(Abdón Ubidia)　120
웅헤르펠드, 피니오(Pinio Ungerfeld)　31
웨슬러, 렌(Ren Weschler)　183
윌리엄 1세(William I)　79
윌슨, 로버트 우드로(Robert Woodrow Wilson)　171
이트리아고, 카르멘(Carmen Itriago)　104

ㅈ
자과리바, 루이자(Luiza Jaguaribe)　62

잭슨, 마이클(Michael Jackson)　290
조빙, 톰(Tom Jobim)　132
지라르동, 자크(Jacques Girardon)　15
지코바치, 페부스(Phebus Gicovate)　73
질렛, 펜(Penn Jillette)　78

ㅊ

채플린, 제럴딘(Geraldine Chaplin)　188
채플린, 찰리(Charlie Chaplin)　188
체호프, 안톤(Anton Chekhov)　191

ㅋ

카르네발레, 베라(Vera Carnevale)　39
카르네발레, 엑토르(Héctor Carnevale)　39
카르멘, 마리아 델(María del Carmen)　202
카르바할, 펠릭스 페이라요(Félix Peyrallo Carbajal)　215
카마르구 과르니에리, 호시니(Rossini Camargo Guarnieri)　73
카바예로, 미겔(Miguel Caballero)　241
카스타냐레스, 엔리케(Enrique Castañares)　98
카스티요, 카툴로(Cátulo Castillo)　45
카스파로프, 가리(Gary Kasparov)　278
카요, 에르모헤네스(Hermógenes Cayo)　178
카툴루스, 가이우스 발레리우스(Gaius Valerius Catullus)　45
카페타, 마르쿠스(Marcos Capeta)　243
칼데론, 디에고 데 란다(Diego de Landa Calderón)　265
캄포도니코, 호르헤 바카(Jorge Baca Campodónico)　259
캐링턴, 헨리 비비(Henry Beebee Carrington)　264
케르크호펜, 기욤 반(Guillaume Van Kerckhoven)　289
케이로스, 테르툴리아나(Tertuliana Queiroz)　239
케이스먼트, 로저(Roger Casement)　289
코르차도, 호세 미겔(José Miguel Corchado)　152
코르테스, 에르난(Hernán Cortés)　112, 220
콜럼버스, 크리스토퍼(Christopher Columbus)　220
크라수스, 마르쿠스 리키니우스(Marcus Licinius Crassus)　267
클라크, 베브(Bev Clark)　26
클렘페러, 빅토르(Victor Klemperer)　311

키신저, 헨리 알프레드(Henry Alfred Kissinger) 314
키하노, 카를로스(Carlos Quijano) 148

ᴇ

타티스, 구스타보(Gustavo Tatis) 36
탈러 베르크홀츠, 사라(Sarah Tarler Bergholz) 107
테체라, 카밀로(Camilo Techera) 22
텔러, 레이먼드 조지프(Raymond Joseph Teller) 78
투비오, 오라시오(Horacio Tubio) 193
트루히요 몰리나, 라파엘 레오니다스(Rafael Leónidas Trujillo Molina) 264
티손, 엑토르(Héctor Tizón) 143
티투, 프레이(Frei Tito) 317

ᴨ

파리, 프랑수아 드(François de Paris) 297
파바, 시몬 델 라(Simón de la Pava) 203
파발로로, 레네(René Favaloro) 179
파사노, 카를로스(Carlos Fasano) 322
파소, 노르베르토(Norberto Paso) 116
팔마, 구에로(Güero Palma) 249
페레스, 호르헤(Jorge Pérez) 74
페르난데스, 후아니타(Juanita Fernández) 60
페르도모, 레안드로(Leandro Perdomo) 206
펜지어스, 아노 앨런(Arno Allan Penzias) 171
펠릭스 칠라베르트, 호세 루이스(José Luis Félix Chilavert) 299
펠트, 장-마리(Jean-Marie Pelt) 15
폰세카, 안토니오(Antonio Fonseca) 249
푸히아, 안토니오(Antonio Pujía) 35
프랑코, 프란시스코(Francisco Franco) 252
프레이리, 파울루(Paulo Freire) 72
프레이스타브, 레비(Levi Freisztav) 270
프리드리히 1세(Friedrich I) 79
피노체트, 아우구스토(Augusto Pinochet) 264
피사로, 프란시스코(Francisco Pizarro) 220

ㅎ

하드리아누스 4세(Hadrianus IV) 79
하라리, 살림(Salim Harari) 272
해덕, 도리스(Doris Haddock) 285
헬만, 호세(José Gelman) 284
후디니, 해리(Harry Houdini) 121
후세인, 사담(Saddam Hussein) 342
휴즈, 올가(Olga Hughes) 309
히메네스 데 시스네로스, 프란시스코(Francisco Jiménez de Cisneros) 265
히메네스, 후안 라몬(Juan Ramón Jiménez) 135
히쉬어, 키티(Kitty Hischier) 121

동물명

대시(Dash) 247
레오(Leo) 56
마르티뉴(Martinho) 58
모르간(Morgan) 55
차파로(Chaparro) 235
치치스터(Chichester) 57
페레스(Pérez) 59
페파(Pepa) 58
필리피(Filipi) 137
후디니(Houdini) 121

후마니타스의 문학

한낮의 어둠
아서 쾨슬러 지음, 문광훈 옮김

시간의 목소리
에두아르도 갈레아노 지음, 김현균 옮김

나는 라말라를 보았다
무리드 바르구티 지음, 구정은 옮김